U0887551

站在巨人的肩上

Standing on Shoulders of Giants

TURING 图灵教育

www.ituring.com.cn

站在巨人的肩上

Standing on Shoulders of Giants

TURING

图灵教育

www.ituring.com.cn

TURING

Twitter Power 2.0

How to Dominate Your Market One Tweet at a Time

微博营销

140字的淘金游戏

第2版

[美] Joel Comm 著

刘吉熙 杨硕 译

人民邮电出版社

北京

图书在版编目（CIP）数据

微博营销 : 140字的淘金游戏 : 第2版 / (美) 科姆(Comm,J.) 著 ; 刘吉熙, 杨硕译. -- 北京 : 人民邮电出版社, 2011.7 (2011.12重印)
书名原文: Twitter Power 2.0 : How to Dominate Your Market One Tweet at a Time
ISBN 978-7-115-25099-5

Ⅰ. ①微… Ⅱ. ①科… ②刘… ③杨… Ⅲ. ①网络营销 Ⅳ. ①F713.36

中国版本图书馆CIP数据核字(2011)第055165号

内 容 提 要

本书是一部详细剖析微博营销的专著。作者在书中展示了怎样利用微博这个新兴的社会化媒体形成一个固定而庞大的全新意义的消费者群体，以取得即时商务的优势，迅速拓展品牌的影响力。

面对日益崛起壮大的微博使用群，本书不仅仅是企业专业营销人员的必备参考，更是任何想利用社会化媒体力量创造价值的小企业主或个人的指南。

微博营销：140字的淘金游戏（第2版）

◆ 著　[美] Joel Comm
译　刘吉熙　杨　硕
责任编辑　朱　巍
执行编辑　王一枝

◆ 人民邮电出版社出版发行　北京市崇文区夕照寺街14号
邮编　100061　电子邮件　315@ptpress.com.cn
网址　http://www.ptpress.com.cn
北京隆昌伟业印刷有限公司印刷

◆ 开本：700×1000　1/16
印张：15.5
字数：256千字　2011年7月第1版
印数：4 001 – 5 000 册　2011年12月北京第2次印刷

著作权合同登记号　图字：01-2010-6564号

ISBN 978-7-115-25099-5

定价：45.00元

读者服务热线：(010)51095186转604　印装质量热线：(010)67129223
反盗版热线：(010)67171154

对本书的赞誉

“几个月以来，我看到也听到许多有关微博的热议，但若不是Joel揭示了其中的奥妙，我也不会真正理解它对于市场营销的意义。现在，我很清楚地认识到这个自由的平台能如何帮助我进一步与客户建立联系，而我也会更勤奋地发微博。事实上，我已经开始了！这要归功于Joel。感谢你写出了这样优秀的著作，Joel。它必将成为许多人事业成功的助推剂。”

——Stephen Pierce，www.MakeRealMoneyOnTheInternet.com

“在和Joel Comm相处的短暂时间里，我能够清晰地感觉到他非常懂得如何建设一个可赢利的互联网企业。本书无疑为那些致力于扩大企业视野、追寻最新互联网技术的企业家们设定了新的标杆。如果你也是其中之一，那么我建议你马上读一读这本书，并将其中的原理应用到你的企业中。”

——Bill Bartmann，Billionaire Business Coach公司

www.billionaireu.com

“我很幸运。Joel Comm就坐在我的身边解释了什么是微博，它是如何运作的，而我能够且应当如何将它应用到我的业务之中。Joel比其他任何人都更了解如何运用微博的力量，证据就是他自己利用微博获得了巨大成功。你们要比我幸运得多了：在这本书中，Joel会孜孜不倦地告诉你有关微博的一切，却不需要你为他提供午餐。”

——Dan O'Day，广播广告行业领袖

www.twitter/dan oday

“我很惊讶，竟然还有那么多人没有用Twitter来联络客户以及合作伙伴。Joel Comm在本书中展示出如何利用这一非常简单的工具就能够增加商业成功的概率，进而再一次引领了未来的潮流。这本书激励了我，将促使我将社会化媒体营销提升至另一个境界。”

——Christopher Howard，财富及个人成功学专家

“社会化媒体给予在线商业的是燃料，用以驾驭未来数年即将到来的下一个因特网浪潮。如果你希望始终与大多数成功的企业同步，甚至立于营销策略的前沿，引领潮流，那

么本书是必不可少的参考。Joel证实了即便投资很少的时间和精力也能够获得长线的回报，这是一项非常伟大的工作。他不愧为当代的社会化媒体大师。”

——Kristophor Jones，Pepperjam公司首席执行官
*Search Engine Optimization*作者

“Joel Comm对社会化媒体的理解，对于企业促进其业务的增长是卓有成效的。他不仅理解，更能以有效的方式将它们清晰地表述出来，这让他脱颖而出，同时他的风趣幽默也使你欲罢不能。”

——Jen Groover，商界女强人
Butler Bag 公司创始人

“我是Joel忠实的粉丝，并一直关注着他，他出色的能力和过往的成就的确让人折服。(在本书中) 他阐明了这一最新线上交流工具的重要性以及它的发展趋势。在我看来，他始终立于因特网的发展前沿，像一个睿智的向导，帮助你理解并把握高速发展的网络世界中那些最精微的变化。”

——Tony Rubleski，畅销书*Mind Capture*作者
www.MindCaptureBook.com

“谢谢你，Joel，谢谢你以这样新鲜有趣的方式来解读微博。你已经证明本书并不只是讲述如何吸引粉丝来创造新的销售额，它更是关系到品牌构建、焦点小组创建、思想交流以及情感辩论。当你阅读此书的时候，书中提到的一切都正在通过电脑、手机、个人数字助理甚至电视等所有可能的途径，实时地发生着。请赶快加入微博的世界，启动它那与生俱来的超乎想象的病毒式传播功能，创造无穷的可能性。”

——Dan Nickerson，www.YouMetDan.com

“我在Twitter上关注Joel已经有一段时间了，我要坦白——他打乱了我的计划，但是以一种积极的方式。尽管在微博平台上每次能发布的文字有限，但他总是能在微博上吸引我的注意力。这足以说明，Joel非常了解应当如何使用这个新兴的社会化媒体工具，发挥出它最大的能力。如果你希望在企业中借助微博的力量，Joel绝对是你应当重点关注的人物。”

——Yaro Starak，www.entrepreneurs-journey.com

“在Twitter方面，我是个新手。毫无疑问，微博是现今网络上最令人沉迷的事物之一。它除了能让你实时跟踪每个人的状态，与那些你平时很难接触到的人谈话，在树立网上影响力方面，它也无疑是一个伟大的工具。确认你在这个方面已跟上了Joel Comm的步伐，因为他确实走在这一领域的最前端。”

——Matt Bacak，IT成功人士

序

每天，有六千万封电子邮件从世界各地发出。而社交网站MySpace的用户也已超过1.86亿。科技赋予我们如此丰富多彩的交流方式，但我们真的是在利用它们与他人沟通吗，还是只为应付敷衍罢了？网上那些与自己有着相同价值观的人，我们真的把他们融入到自己的生活中来了吗，还是只为搜集他们的个人信息？通过这些交流方式，我们是在加深感情，还是仅仅维持现状？

我们总是渴望能跟每个人都建立良好的关系，而随着科技的进步，我们有了更多结交新朋的渠道，朋友越来越多，但与朋友加深感情的时间却被挤压得越来越少。人际关系的质量决定生活的质量，这个道理想必大部分人都懂，而这也是我在与来自80多个国家的350万人共事的经历中深深感悟到的。生活即人际关系，因此，人际关系也遵循生存的法则——要么生长，要么消亡。你的人脉网络深广与否完全在于你的选择。假如你选择用心关怀与你最亲密的人，不时对亲朋好友嘘寒问暖，这些关系就会绽放怡人的芬芳；假如你选择悉心呵护与客户的关系，真正满足客户的需求，这份关系就会郁郁常青。相反，如果你放弃培养这种关系，就等于自断财路；如果你不经常与亲朋好友联系，这些关系则会失去存在所需之骨骼血肉，只剩下一副空皮囊。

肯·布兰查德（Ken Blanchard）曾经将生活比喻为一场大富翁游戏——在这场没有"重玩"键的游戏中，无论我们拥有多少财产，买了多少栋房子，待到结束时"一切都要回到盒子里去"。最终留在身后的只有那些我们曾呵护培养过的人际关系，以及我们影响过或被其影响的生命；最终带着我们的印迹留在世上的是我们一起分享的那些经历。两个人相遇，就会创造第三个世界。凭借当今发达的科学技术，你的第三个世界能够以指数级增长。

Twitter这样的科技成果带给我们的不仅仅是与他人分享日常生活经历的机

会。我们不仅可以利用它与他人即时分享生活琐事，还能以更有意义的方式去联系更多人，只要能够真正认识并领悟到Twitter的潜力与价值。试想一下，有了Twitter，你就不会再错过与家人分享生活中的奇妙时刻的机会；有了Twitter，你就有了低成本、高效率的营销工具，它不仅可以帮助你满足现有客户的需求，更能在拓展新客户的征程中助你一臂之力；有了Twitter，你就有能力去建立关系网、交际圈，网罗与你志同道合的朋友，彼此分享创意。

在本书中，乔尔·科姆（Joel Comm）详细介绍了一些有助于扩大现有关系网、掌握更多有价值人脉的工具和技巧，并阐明了采用这些方式拓展人际网的优势所在。他向我们展示了Twitter在品牌扩张方面的巨大作用，Twitter可以帮助我们建立一个个交际圈，并最终让圈中的每一个人都受益匪浅——不仅可以实现个人的自我超越，也能实现个人社会价值的飞跃。

乔尔不仅是一位良师，更是一位与我们有着共同兴趣与激情的益友，他向我们展示了不费吹灰之力就能为世界做出贡献的方法。通过本书的论述，乔尔教给我们的不仅是怎样利用科技产品做出回应，更重要的是，他还教我们如何利用这些新的工具与他人联系。他让我们知道，Internet不仅给予我们建立深层交际网络的自由，更可以帮助我们获得并维持不同以往的高质量的生活，即更有意义的生活。

此致

敬礼!

安东尼·罗宾斯（Anthony Robbins）

潜能开发导师

罗宾斯国际研究公司主席

著有*Unlimited Power*与*Awaken the Giant Within*

前　言

刚完成本书第一版时，我就收到了推帖：恐怖分子正袭击孟买。恐怖分子乘船抵达印度孟买，然后分成两拨，分别袭击了当地几家酒店、一个火车站及一座犹太人中心，至少有 173 人在枪战或爆炸中丧生。

这场恐怖袭击始于 2008 年 11 月 26 日，一直持续到 29 日。不仅有线电视及网络不时更新这场恐怖袭击的实况新闻，当地民众也通过 Twitter 发布大量推帖，只要是推客都可以即时看到恐怖袭击的最新动态。

是孟买当地的民众用手机告诉全世界，他们的城市里正发生着什么，他们的家园正经历着怎样的磨难。

那段时间，新闻传播业仿佛经历了一场革命。

发布新闻报道的不是专业记者，而是普普通通的民众，并且所有的报道都是实时从现场发出的，而非那些事件发生几个小时后，才经制片或编辑过滤、剪辑过的“新闻”。

最重要的是，这些报道大多以对话的形式完成。在 Twitter 上看到消息的读者可以自由提问，由身处事发地点的人们解答。读者还可以通过同样的方式表达他们对受害城市与民众的支持与关心。

显然，这是伟大的时刻：对印度来说，这一刻是异常悲痛的；但对于这个允许任何人发布 140 个字符以内的帖子以便全世界的人们阅读的系统来说，这一刻无疑彰显了它的力量。

尽管这是一本以商业为目标的书，能够用以指导企业家、经理人、商人运用微博实现利益最大化——我还是在其第一版的序言中细致描述了孟买遭恐怖袭击时 Twitter 的使用情况。

但我未曾想到 Twitter 的影响力还会继续扩张，而没有局限于协助新闻的报道与制作。

征兆于 2009 年 4 月初显。当时，摩尔多瓦的激进分子利用 Twitter 等社会化媒体服务组织反政府游行。不过，让 Twitter 的力量真正显现出来的，是 2009 年 6 月伊朗总统选举事件。当时，当地主流媒体记者都被限制在办公室里，而互联网连接又被切断了，当地民众只能利用代理软件或其他方式，将抗议之声传播到伊朗以外的世界。他们以视频、图片等方式向外传递消息，但利用最多的还是推帖。

Twitter 专用的 # 标签功能强大，它让每一个人都能追踪该事件的发展，也为刚刚上传的 Twitter 视频吸聚人气。Twitter 成为民间传播信息发出声音的一个渠道，影响深远。

或许，这一点儿都不值得我们为之惊叹。毕竟，在伊朗事件发生的几个月前，Twitter 的增长速度就已经令人叹为观止了。据尼尔森在线（Nielsen Online）的调查数据显示，2008 年 2 月至 2009 年 2 月间，访问 Twitter 网站的网民数上涨了 1 382 个百分点，从 47.5 万人爆增至 700 万人，这个速度是惊人的。Twitter 网站的访问人数在接下来的 4 个月里持续上升，达到了 1 000 万之多。

推客也得以亲眼见证粉丝数量的激增。2009 年 4 月，明星推客艾什顿·库彻向 CNN 发出挑战，看谁的 Twitter 粉丝数量率先突破 100 万。在这场备受瞩目的竞赛中，库彻获得了最终胜利，不仅如此，截至 2009 年 8 月，他的粉丝数量又增长了两倍。

Twitter 有一个优势，就是允许推客自主优化 Twitter 的服务，在原有的服务及用法上实现再创新，进而促使 Twitter 本身也发生变化。改进后的菜单与界面，让推客与其粉丝的互动更加简便。曾经只能由第三方提供的搜索服务，现在也成了每位推客的时间轴上不可分割的一部分，并成为 Twitter 的主打产品之一。

最重要的是，许多公司已经找到各种各样的方法将 Twitter 转化为营利的工具。

2008 年年底，当我整理本书第一版的书稿时，Twitter 影响力之强大已经初露端倪。如今，这种影响力更得到了充分发挥，它所呈现的力量与形态是任何人都没有预料到的。

引　　言

Twitter 能为你做什么

要创业，在线营销是十分理想的方式——可以足不出户，完全按照自己的节奏来安排，有时甚至连启动资金都不需要。

利用网络为消费者提供产品和服务，我成功创立了一家营业额达到 7 位数的公司。尽管这家公司始于我那间小小的卧房，却最终令我踏上了全国乃至世界各地的巡回演讲之路。

利用网络创业，哪怕规模不大，也需要辛勤付出，而随时随地关注最新的网络工具与发明就是其中一个重要环节。

说起来容易，做起来难。不是所有的新星都能成长为明日巨星。网络上充斥着各种链接，均吹嘘自己的产品与服务潜力巨大，实则言过其实，往往经不起时间的考验。要想创业成功，很关键的一点是学会分辨哪些工具可以为公司盈利，哪些工具只会浪费时间。

有时，这是显而易见的。Facebook 与 LinkedIn 推出之初，其今后的影响力与重要作用就已突显。毫不费力，且几乎无需任何费用，不但能帮你与久违的老友重续友谊，还能有效维系现有的友情并建立起新的人际关系，这样的工具总能吸引大量用户。

另外，有了社会化媒体网站，企业家就可以轻松地建立人际关系，让自己的市场始终赢得顾客的关注与参与。对网络企业家而言，这就意味着充分理解已变得越来越重要的社会化媒体。

然而，Twitter 的价值还远没有充分展现出来。

Twitter 所使用的系统已经简单到了极致，任何用户都可以通过它发布 140 个字符以内的文字来告诉朋友自己正在做什么。

无论是用电脑还是手机，随时随地，你都可以发发感言，晒晒心情，让你的粉丝能即时了解你的状态。

这就是 Twitter 的运作方式。

就这么简单。

但对于那些习惯每周写好几篇四五百字博文的网络企业家来说，要接受这件事多少有些痛苦，因为 140 个字符的限制无疑是将平民和莎士比亚拉到了同一水平线上。

到底怎样才能使这 140 个字符值得一读呢？

你应该不会以为仅凭这几个字就可以吸引读者，甚至为自己的公司建立品牌、推销产品并最终创造利润，对吧？

答案却是："为什么不呢？你不但可以，而且可以做得很好。"

实践证明，Twitter 有着难以置信的诱惑力；对于商家来说，其价值也不容小觑。

自从我无意中发现并开通了它之后，我的拇指就因不停地敲击键盘输入信息而酸痛。我为之废寝忘食，并充分享受到其中的乐趣。就像写博客一样，写微博的过程也总是妙趣横生。不同的是，它一点儿都不费力。

仅凭 Twitter 给我带来的乐趣就足以让我推荐它，但娱乐并不是 Twitter 唯一的特性。Twitter 操作起来十分简便，是发现新用户与新客户的重要工具，也是建立人际关系网的强大工具，更是获取信息的有效渠道。

在 Twitter 的帮助下，我与合作伙伴、客户及其他企业家之间的联系也得以巩固和加深。

Twitter 还扩大了我的品牌影响范围，让更多人认识了我的好品牌并了解到我所经营的业务。

Twitter 还让我接触到了平常没有机会结识的专家，并从他们那里得到了许多宝贵意见。

同时，Twitter 也给我的网站带来了数量稳定的用户，并成为我与他们之间进行沟通的重要渠道。每当我的网站中上传了新内容，我就可以通过 Twitter 通知他们。

Twitter 更让我有机会阅读到许多精彩的文章，结识一大帮新朋友。

本书中，我会详细阐释如何将Twitter的作用发挥到极致，如何让微博——即网络短消息——为你的生意锦上添花。

首先，我会简要介绍一下社会化媒体这一概念。Twitter的兴起也是得益于人们对网络的痴迷，这种痴迷也曾为MySpace和Facebook这样的社交网站赢得了高度评价。尽管单独使用时，Twitter展现出的魅力也势不可挡，但当它与其他社会化媒体结合起来时才能最大程度地发挥威力。本书的核心是Twitter，但会从社会化媒体的概览写起，这样可以帮助读者将自己的微博与其他网络工具衔接起来。

对Twitter的介绍在本书的第二部分，将着重介绍它的运作方式与功能，并说明Twitter如此强大的原因。Twitter网站乍看之下并不起眼，却蕴藏着令人咋舌的丰富内容。稍后，会对其巨大威力背后隐藏的真实原因进行细致的剖析。

接下来，本书的内容将更加贴近实际。希望读者都注册一个Twitter账户，并给自己选择一个用户名。这两个步骤都非常简单（不过也有可能犯错并为此付出昂贵的代价），同时Twitter也允许推客建立个人档案，以便其他推客了解自己。Twitter的个人档案只包含基本资料，而其他社会化媒体网站上的那些花哨玩意儿，Twitter都没有。但这并不表示你就可以满足于平庸。

个人资料也是重要的营销页面。只要稍动脑筋，稍加创新，个人资料就可以起到很好的引导作用，将Twitter访问者带往你的商业网站，提高公司的形象。本书中，将详细讲解个人档案应包含的内容，如何设计个人档案，以及如何利用个人档案获利。

随后将讲解最重要的知识点，这也是推客必须掌握的内容：如何吸引粉丝。

这个知识点极为关键。尽管每一条短消息（推客习惯称之为tweet，即推帖）是公开的，但是，如果没有人知道你的存在，你的推帖也必然从者寥寥。

推客采用各种不同策略来吸引粉丝，结交新朋友，维持交际网的联系。在难以计数的策略中，有的简单，有的则较为复杂，需要动动脑筋，当然，有时还需要花些钱。

依据经验，我仔细甄选了几个在吸引粉丝方面最行之有效的策略加以详述。

吸引粉丝并不是一件难事，留住他们才是更大的挑战。只有当网页内容确实引起粉丝的兴趣时，才算真正俘获了他们。

这种观点并不新鲜。只要尝试过利用网站挣钱的人都知道，网站的内容是成功的关键。如果文采出众，能够应付各种篇幅的文案，还能上传高质量视频与照片，那你就在内容创作上拥有很高的灵活性与很大的选择空间。而由于内容是被限制在每条 140 个字符的推帖里，创作就显得更有挑战性了。

在任务变得更有挑战性的同时，趣味性也随之增强了。可以在短时间内快速完成一条推帖，这样对读者也没有太高要求；另外，一旦习惯了写这种短消息，就可以信手拈来，不会太劳神费力。

至于 Twitter 上什么样的内容算得上好，稍后会做讲解。另外还会介绍成功的推客常用的几种推帖。

不过，Twitter 只是达到目的的一种手段。使用 Twitter 的终极目标是建立广泛的人际网络——尤其是对公司有益的那部分。因而在接下来的两章中，我们会讨论把两种不同类型的粉丝联系起来能带来哪些好处。

本书还会涉及如何通过问题处理、赢得推荐、提供支持等方式与客户进行沟通。

一旦拥有了粉丝并爱上了 Twitter 这种交流方式，之前所做的一切努力就会有回报了。获得回报的方法有很多，随后就会为大家一一介绍。

首先是它可以扩大品牌的影响范围。Twitter 可以作为一种十分有效的品牌营销工具为任何一种商业形式所用，已经有不少全球性的大公司利用 Twitter 来为自己的产品宣传造势了。接下来的讨论中会为大家说明如何利用推帖及粉丝来扩大公司品牌的影响力，并介绍高效的品牌营销应遵循什么样的法则。

Twitter 也可以用来宣传博客文章，这是把 Twitter 粉丝变成博客访问者进而变成收入来源的重要方法；当然，宣传店铺或零售渠道也未尝不可。尽管从严格意义上来说，Twitter 并不是一个商业平台，但只要措辞得当，同样可以提升用户转化率、提高相关商业平台的销售额。

Twitter 还向 Facebook 学习，设计了专门的插件与应用程序，帮助用户依靠现有的服务获取更大的利益。我会为大家介绍几个有用的插件与应用程序，另外，在本书第 11 章中，还会为大家讲述如何将优秀的解决方案添加到 Twitter 平台上。

在本书的最后列出了一份 30 天搞定 Twitter 的详细计划，这个计划足以在一个月之内将你从一个无名小卒打造成社会化媒体圈中的焦点人物。

Twitter 的限制性极强，内容相对专一。用户在其他网站上可以制作视频，上传大量媒体文件，或进行其他花哨的活动，但 Twitter 却排斥这些功能。

Twitter 也算不得真正的销售竞技场。尽管有公司在利用 Twitter 创收赢利，但仅把它当作一个低成本甚至是免费的广告手段的话，是不会有任何结果的。

实际上，这样做只会浪费你的时间，而这些时间本该用来做更有意义的事情。

Twitter 本质上是一个交流工具，是与他人交流、让他人了解你的生活与工作的渠道。

可以把它当作一个威力无比的巨型咖啡间。它是人们闲聊、相互了解、建立关系网的地方，是人们结交新知的地方，最重要的是，它是人们相互沟通的地方。

Twitter 不是大卖场，强势推销在 Twitter 上是行不通的。

要想在 Twitter 上取得商业成功，秘诀仅在于四个步骤：了解我、喜欢我、信任我、付钱给我。事实上，这也是任何一种商业的成功秘诀。

人们总是倾向于与自己熟悉、喜欢并信任的人做生意。这就是会议如此重要的原因。会议给志同道合的人提供了聚在一起畅所欲言、增进信任的机会。

信任一旦建立，买卖也就水到渠成了。

当然，会议的作用是 Twitter 无法取代的——没有任何方式能达到相互握个手、一起喝一杯或一起吃顿饭所能达到的效果，但 Twitter 确实能帮助商业人士结交更多的潜在合作伙伴与客户，展示自己的优点，建立信任，并最终创造利润。

目　录

第 1 章

社会化媒体的前景展望

曾经，谁都可以成为一名媒体出版人，前提是你要有几百万美元的启动资金、一个由编辑与作家组成的团队、一间每秒钟能印十二份印刷品的印刷厂以及一个全球销售网络。

当然，想进入无线广播或电视领域也无不可，只是难度略大一些。

不论是媒体中的哪个领域，其对社会产生的影响都一样——生产大量信息。我们不曾与媒体互动，而只是一味地被动接收着那些作家、编辑、制片人为我们炮制的话题，被灌输着他们的想法。如果喜欢这些内容，我们就会继续读下去、听下去或看下去，提供这些内容的公司就能盈利。

如果不喜欢，我们自然不会再买那本杂志，或者干脆切换到其他频道。如此以往，广告主就会因为广告投放效果欠佳而拒绝与这些公司合作，最初为该出版物投资的数百万美元也就打水漂了。

现今，一切都变了。创作并公开发表几乎不需任何成本，这就意味着，即使欣赏到该创作成果的人不足百万也无妨。即使只专注于一个极小的细分市场，甚至是一个只对搜集莫桑比克邮票感兴趣的市场，你仍然可以形成一个拥有足够人数的商圈，甚至能通过广告与销售产品赚取利润。

这就是典型的“长尾理论”（Long Tail），也是互联网中利用最出色的理论。

但，网络出版带来低成本的同时，还有另外一个影响：我们不再只是单纯地接收专业的作家与出版人说教；我们彼此间开始了交谈。

你我这样的普通人可以尽情用自己的语言方式讲述喜爱的话题，与他人分享自己的观点——我们不是学新闻出身，更没有过长年报道当地庭审案件的经验，可能有些人甚至连拼字游戏都不擅长，更不用说写出锦绣文章了。

同时，我们也在倾听。这种对话是双向的。

如今，任何人都可以建立一个网站，在网站上发表自己的文章，上传自己制作的视频，其他任何人则可以对这些内容随意发表自己的看法，从而影响这个网站的性质与发展方向。

这就是社会化媒体（Social Media），它掀起了一场空前的出版业革命。

1.1 如何定义社会化媒体

社会化媒体有着丰富的内涵，可以借指许多不同的事物，社会化媒体产生及运作的方式也多种多样。不过，社会化媒体最佳的定义也许就是这样：由受众创造内容的媒体。

比如，Facebook 并不是一家出版公司，其网站上的内容无一出自 Facebook 之手。事实上，它根本不必撰写任何文章或帖子供网民阅读，也不必上传电影或照片供人们欣赏。

它只需允许网站用户替它完成以上所有事情，内容便源源不绝了。

就好比福克斯公司要解雇所有的演员、制片、新闻主播、编剧，然后将公司大门完全敞开，向全世界宣布：任何人都可以以福克斯为平台开办自己的节目。

而且，还允许人们免费利用福克斯的影视媒体网络播放自己的节目。

当然，即使这是真的，你仍需要让受众知道节目播出的频道与时间，而你在制作节目时也要充分考虑到受众的喜好。若能采用最专业的制作手法，投入最多的时间与精力并与观众产生共鸣，就必然会成为这一领域中最成功的人。

然而，即便这样，受众也不能参与到节目中来，但社会化媒体中最重要的组成部分却恰恰是受众的参与。

假设在 Facebook 这样的网站上建一个群组，没有人会指望你提供所有的文章或照片。相反，应该期待群组成员添加各自的故事与照片。

即使是博客作家，当他们发表一篇新博文时，也会期盼读者能够参与进来共同讨论，对文章做出评价，因为读者的评价往往能为作者带来新思路、新信息。

这就是社会化媒体“社会化”的一面，换句话说，参与（participation）是当今出版业的重要特点。

娴熟地使用社会化媒体的人不仅创作内容，还创造交流互动。

而交流互动则能创造社区。

这就是社会化媒体的绝妙之处，无论网站的初衷是否是想为参与者建立稳固的关系，社会化媒体带来的结果就是在参与者之间架起了沟通的桥梁。

若这种关系是围绕一个企业建立的，它就可以为企业品牌带来忠实的拥护者，而这正是专业销售人员自直销产生之初就梦寐以求的。

如此一来，对社会化媒体的定义就十分模糊。从广义上来讲，社会化媒体描述的是一种出版形式，在此出版形式下，新闻不是经由实体出版的而是通过某种意义上的交换得来的，而且，信息交换就发生在社群里，而不是茶余饭后的闲聊中。

从狭义上来讲，社会化媒体描述的是一个渠道，出版商与营销人员通过这个渠道把信息呈现在成千上万的人面前，并鼓励他们建立稳固、忠诚的关系。

不管其定义是什么，事实证明，社会化媒体这一新生事物受到了万众追捧。

Facebook声称自己的活跃用户超过2.5亿——这仅是活跃用户的数量，还不包括那些虽在Facebook上创建账户但从未使用过的人。从2007年初开始，Facebook平均每天都新增25万个注册账号，其活跃用户的数量每6个月翻一倍。每天使用Facebook的用户接近总注册人数的一半，每周分享的内容超过10亿条，其中包括各种博文、记录、照片、新闻。

MySpace的推出略早于Facebook，它在公布其用户数量时更为审慎，但外界普遍认为其受欢迎的程度并不亚于Facebook。据说，每四个美国人中就有一人使用MySpace，而在英国，拥有MySpace账户的人数已跟养狗的人数持平。

MySpace一度在一天之内产生过140亿条用户评论，有100亿人次创建好友关系，并收获了8百万张上传照片。

Twitter的推出比MySpace晚了两年多——两年恰恰是网络事物的生命周期。尽管在用户总数量上，Twitter可能稍逊一筹，但其增长速度却相当惊人。Twitter靠的是风险资本，它对用户的数量也严格保密。不过，据可靠消息，仅在2008年3月，一百万名推客每天相互发出的短信就多达300万条，这些推客中有20万是每天登录Twitter的活跃用户，推客之间建立了400多万份相互关注。而推客通讯录（www.twitdir.com）公布的数据显示，截至2008年10月，登记在册的推客已有3 262 795名。

此后，这个数字一路飙升。随着小甜甜布兰妮、艾什顿·库彻（Ashton Kutcher）以及欧普拉·温弗里（Oprah Winfrey）等名人的加入（欧普拉在自己的节目中、在 Twitter 创始人之一埃文·威廉斯（Evan Williams）的帮助下发出了第一条推帖），推客的增长速度由缓慢上升变成直线飙升。仅 2009 年 4 月，Twitter 的访问者数量就比 3 月增长了 3 倍。据说，到 2009 年夏，推客数量已经达到了 1700 多万。

尽管如此，Twitter 现象中还有一点特别值得留意：Twitter 的利用程度相当不充分。

早在 2008 年 2 月，Twitter 网站的官方博客就有报告称，大约一半的推客只有 10 名粉丝，而这部分推客关注的对象也仅有 10 人。排在前 10% 的推客都有多于 80 多位粉丝，同时，他们关注的对象也都超过 70 人。

那时候，要想挤入前 10% 只要吸引 80 多名粉丝即可！

相比之下，那时的我拥有将近 5000 名粉丝，同时还关注了 1700 个人。

也许你会认为，既然推客的增长速度如此惊人，我的粉丝的数量也会有变化。没错，的确变了。到 2009 年夏天，我的粉丝已增加了 14 倍。其他推客领军人物也发现他们的粉丝数量达到了相当高的水平，有些人的粉丝达到一百万人，还有些名人的粉丝甚至多达几百万人。

虽然少数人拥有大量粉丝，但 Twitter 上的大部分人还是关注者。社会化媒体分析公司 Sysomos 的调查显示，76% 的推客拥有的粉丝在 18 人以下，而 99% 的推客的粉丝数量都不超过 700，更有大约半数的推客拥有的粉丝不到 7 人。

以上局面很可能是由 Twitter 的高跳出率（Bounce Rate）造成的。尼尔森市场调查公司曾经做过一项争议性很大的调查，结果显示，第一个月的新鲜劲儿过去之后，60% 的推客再也没访问过 Twitter。对此结果，有推客表示，许多人只是转移到了 TweetDeck、HootSuite 这样的第三方程序上发帖、看帖，于是尼尔森重新进行调查，但得到的结果却一模一样。

尽管如此，这项调查仍说明了一些问题——在 Twitter 发展的鼎盛时期，新闻里总有关于它的报道，在那几个月里注册成功的推客有 40% 一直坚持使用 Twitter。尽管这些用户中只有少数人会定期发帖子，但这恰好为专注于 Twitter 的用户提供了许多脱颖而出、吸引大量受众的机会。

随着参与者队伍的壮大，Twitter 已经形成了一个进行大众营销的良机。

然而，上述所有数据说明的仍是表面问题，并不能真正体现社会化媒体的流行程度。YouTube 每个月都能吸引六千万不同的访问者，而这种吸引力正源自于网民主动上传的视频。几乎每分钟都有总时长大约 10 小时的视频上传到 YouTube 上。

再加上不计其数的博客（仅 Technorati 追踪到的英语博客就超过了一亿篇），社会化媒体的大众化特点已经显而易见，它不仅改变了所有人创作、使用信息的方式——也改变了商业人士使用这些信息及拓展销售渠道的方式。

1.2 到底社会化媒体有什么过人之处

不难发现，社会化媒体网站人气十足，势不可挡。那又如何？电话簿里有许多人的联络方式，数量也很庞大，但却不能成为特别有用的营销工具。

社会化媒体网站并不只是用以罗列名单的地方，更不只是用以罗列老朋友名单的地方。

每个网站的用户都是一个特殊的群体。

这句话乍听起来有点奇怪。不管你是在浏览 Facebook、MySpace、Flickr 还是 Twitter，看到的东西都很相似——用户的头像、用户之间来往的信息、用户的个人资料，如生活、工作、籍贯、爱好等。

但细究之下，就会发现不同之处了。

尽管这些网站表面上看来有些雷同，但实际上，每个网站都有其独特之处，其用户群也各有特点。

比如，Facebook 起源于哈佛（启动不到一个月，哈佛就有一半学生注册了 Facebook 账户），最初也只对大学生开放，因此受过高等教育的用户占了很高的比例。Facebook 自称拥有 85% 的四年制大学的市场份额，且“非大学生用户的比例超过半数”。

显然，这说明许多 Facebook 用户仍是在校大学生——正是某些公司正急需寻找的潜在客户，希望他们收入增加后会发展成为真正的客户，从这个角度看，Facebook 无疑是一个绝佳的市场。

用户受过高等教育的社交网站不止 Facebook 一家。尽管 Twitter 目前的用户数量少于那些老牌的社交网站，但在以惊人的速度发展的同时，它对用户还是比较挑剔的——这种挑剔尽管只是用户自发形成的。

追踪推客的情况并不容易。尽管有些人喜欢根据一些与财富有关的词语出现的频率来选择关注对象（如“富人区”，结果却发现自己关注的都是当地的律师），但是对 Twitter 用户进行摸底调查仍不是一件易事。不过，网络监测公司 Hitwise 还是成功完成了一些调查，调查结果十分有意思，给人的印象颇为深刻。

Hitwise 调研部总经理、《点击：人们的网络活动及其重要意义》一书的作者比尔·唐瑟（Bill Tancer）在 2008 年 8 月的《时代》上发表了一篇文章。他在文中指出，推客中有 63% 为男性，且当时 57% 的美国访问者（并不都是用户）来自加利福尼亚——这个数字应该可以反映出 Twitter 对高科技工作者的吸引力很大。不过，Twitter 对外公布的数据显示，美国以外的用户，尤其是日本、西班牙、英国的用户，贡献了网站流量的 60%。Twitter 还表示，若换一种登录方式调查，如使用手机登录，则国际用户的数据也会发生很大变化。

更有意思的是，唐瑟还发现，2008 年夏天推客中所占比例最大的年龄段是 35~44 岁，占到总人数的四分之一，而 Twitter 开通之初人数最多的年龄段则是 18~24 岁。

不过，最有意思的还是唐瑟的另一个发现：Twitter 访问者中只有 14% 的人有稳定工作。他是这样描述这部分人的：居住在洛杉矶、费城、迈阿密等大都市，来自不同国家、不同种族的单身青年。另外，还有 12% 的“年轻世界公民”（Young Cosmopolitans）——40 来岁、家庭年收入在 25 万美元以上的用户。

2009年，围绕 Twitter 的各种新闻与宣传令上述数据产生了微小的变化。Sysomos 2009年6月的报告显示，只有一半多一点（53%）的用户是女性。纽约地区的推客最多，紧随其后的就是洛杉矶、多伦多、旧金山以及波士顿。该报告还显示，65% 的推客都在25岁以下，但 Sysomos 同时也指出只有大约 0.7% 的推客会透露自己的真实年龄，而愿意这么做的很可能都是年轻人。

尽管许多 20 岁左右的年轻人只是出于好奇才加入到 Twitter 大军中来，但 Twitter 显然不只是年轻人用来代替手机短信的工具。Twitter 有一支庞大的粉丝队伍，成员都是年纪稍长的专业人士，还有足足四分之一的高收入用户群体。这些特点令 Twitter 价值倍增，成为任何一名胸怀抱负的商人的必备工具。

因此，不难发现，社会化媒体网站吸引的不仅仅是找地方与朋友聊天、找免费音乐下载的年轻人，还吸引了众多聪明、受过教育、手里攥着大把闲钱的人。

当然，还吸引着许多专家。

这一点在针对某一专业领域的网站中体现得更加明显，如图片分享网站 Flickr。尽管 Flickr 对其用户资料三缄其口，但只要使用一段时间，就不难发现它的用户中有大量的专业摄影师。

图片并非 Flickr 的唯一吸引力；摄影爱好者还可以通过 Flickr 听取那些愿意与他人分享经验的专家的建议。

即使是 StumbleUpon 这样的社会化书签网站，也会在用户提交的评论中出现一些十分专业的评论（见图 1-1）。

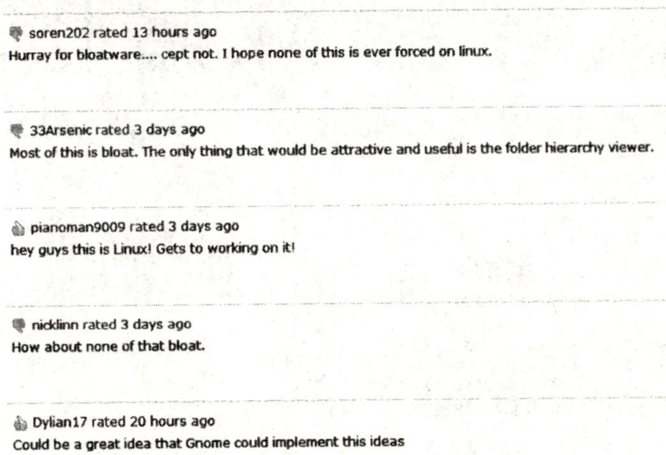

图 1-1 明白这几位 StumbleUpon 的用户在说什么吗？我也不明白……

显然，社会化媒体网站能够吸引大量网民，其中许多都是受过高等教育、薪水丰厚的高级专业人士。

由此可见，社会化媒体为商业人士提供了向自己理想的目标市场推销产品的大好机会。

1.3 社会化媒体网站分类——足以满足所有市场的需求

社会化媒体受欢迎的原因之一是它形式多样，众多以千万用户计的交友类网站是大家最为熟悉的。不过，制作、分享社会化媒体内容的方式繁多，不止交友类网站这一种。

1.3.1　博客

没错，博客也是社会化媒体的一种形式。博客文章涉及的话题五花八门，凡是你能想到的，几乎都有人写过（见图 1-2）。尽管只有一小部分博客出自专业人士之手，但所有的博客都有创造收入的潜力。就连我母亲也有自己的博客，她经常在里面写一些游记（她的博客地址是 TravelsWithSheila.com——顺便替我向她问声好）。

图 1-2　这是我的博客主页。在这里，我来写，你来评

真正让博客成为社会化媒体一部分的，是其免费使用的特点。当然，如果希望拥有自己的域名，并将博客放到自己的服务器上，就会产生少量成本——我说的"少量"，是指每月花销不超过 20 美元。另外，某些吸引读者的策略也可能需要一定的成本。

但一般情况下，没有必要花这些钱。

要想成为博客作家，只需登录提供博客服务的网站，如 Blogger.com 或 WordPress.com，注册成为会员，然后动笔创作——就这么简单。

只需几分钟，就可以开始为社会化媒体创作内容，也可以创建自己的社会化媒体世界了。

不过，博客也是需要花费一些精力才能打理好的。需要定期更新其中的内容；虽然可以在博客里放任何东西，小到短篇文章，大到超长视频，但必须努力取悦你的读者，吸引读者关注你的博客。打理博客很有意思，也有利可图，但辛勤的汗水也是必不可少的。

最重要的是，可以接受访客写的文章，也可以聘请枪手为你鼓吹造势，甚至你的评论已成为吸引读者的关键因素，但博客内容的方向和主题仍需你自己来把握。

博客的确是社会化媒体的一种形式，不过，同时也是一个有明确管理者的社交场所。

1.3.2 会员制网站

某些社会化媒体渠道体现出来的组织严密性在会员制网站上也有所体现。尽管在网络世界中，会员制网站远少于博客网站，不过它们的存在也无法让人忽视。跟其他社会化媒体网站一样，会员制网站的内容主要依靠其会员提供。

我有一个会员制网站 toponenetwork.com。这个网站的会员只有千余人，离 Facebook 的规模还有很大一段距离，不过，大型社交网站也不是我的目标。我只选择性地吸纳那些下定决心要在网络营销方面有所作为的人（见图 1-3）。

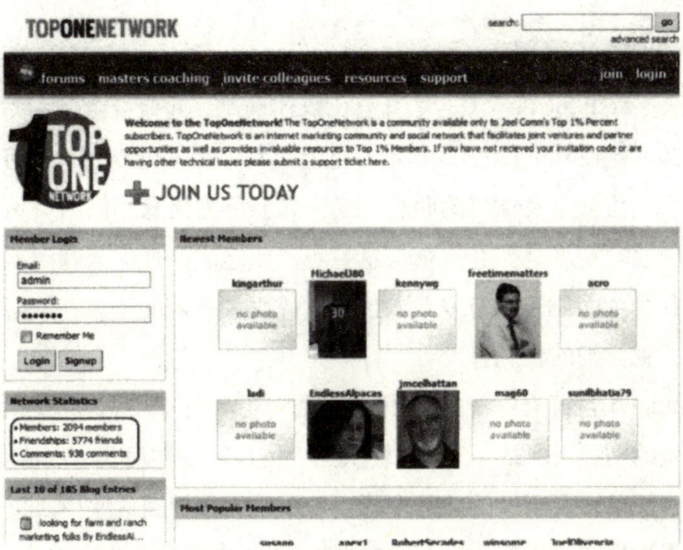

图 1-3 我的会员制网站很大程度上扮演着社会化媒体网站的角色。看看我的会员为我带来了多少评论，又结成了多少友谊

创办这个网站是为了传播我的理念，并与其他顶尖的营销高手分享有价值的营销信息，但营销人员之间的交流与活动才是网站的核心。

不管我多么希望是我的建议与理念在吸引着大家，但只要对网站里讨论的内容稍作了解就知道，事实并非如此。

会员之间交流、分享着各自的奇思妙想，以此为契机建立有效的人际关系，帮助自己完成高额交易或建立合资企业。

如果我的网站也是综合性的，必然不会产生上述效果。

如果 toponenetwork.com 设立的目标不明确，营销人员就不可能通过它找到彼此，更别说建立人脉圈、分享有价值的信息了。

但这也不表示会员制网站就不能成为大规模网站。像 Match.com 这样的相亲网站也是社会化媒体的一种。人们要花钱才能得到的内容正是网站会员自己填写并上传的个人资料与照片。

Match.com 本应还有一份网络杂志，不过没有人愿意每月花 25 美元订阅。

但人们却愿意每月都花同样的钱获取其他会员主动上传到网站上的个人信息，并与这些人联系。

社会化媒体网站最独特的吸引力在于使用这个网站的群体，而不是网站本身。

1.3.3 Squidoo

表面看来，Squidoo并不怎么像社会化媒体网站。其他社会化网站会为用户提供交友的机会，但在Squidoo上，却不一定能交到那么多的朋友。但可以在这里创建自己的网页，扮演信息枢纽的角色，成为人们所需信息的门户（见图1-4）。

该网站创建的初衷是打造一个信息中心，使之成为任何人在寻找信息时到达的第一站。在这个网站上会有专业人士为你提供最基础的信息，同时告诉你去哪儿获得更多、更详细的信息。

我用 Squidoo 已经有一段时间了，我觉得这个网站既有趣，又很实用。它提供了一个免费的网页（网站称之为“镜头”），用户可以利用其中的模块构建内容，使用起来十分简单。所要做的就是把想要发布的内容放到这些模块里。

如果镜头受欢迎，还能从中获取广告收益。

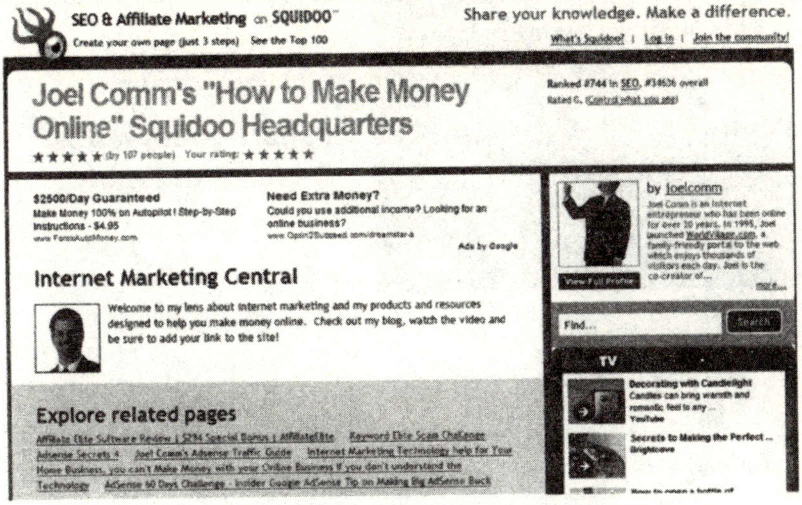

图 1-4 我在 Squidoo 网站上的“镜头”，均出自本人之手

社会化因素又在此体现出来。没错，Squidoo 为其用户提供的内容均来自其会员，但鉴别哪些镜头值得一看的任务则全权委托给了用户。这种颇有默契的协作使得网站的影响力与日俱增。

尽管不能在 Squidoo 上添加好友，但随着镜头的推广，你最终一定能够结识到许多新朋友。

1.3.4 照片共享网站

Squidoo 镜头中最重要的内容就是链接。lensmaster 这个工具是为了帮助用户从其他地方获取所需资源而设计的，Squidoo 网站并不需要提供所有内容。

事实上，Squidoo 提供的只是一个网页，仅此而已。

当然，链接并非唯一可以分享的内容，积极的联络工作也是确保他人知晓这些链接的重要环节。

自数码相机问世以来，人们就需要一个低成本甚至免费的方法与他人分享照片，这样，对这些照片感兴趣的人都可以上网查看。Facebook 与 MySpace 也都允许用户上传图片，但这两个网站都不是专门的照片网站。在这类网站上，用户可以自由分享的内容不仅仅是图片，还可以分享视频、个人经历，进行群组讨论等。

不过，专门的照片网站也是有的。这些网站完全依靠用户上传的照片来吸引更多的用户（见图 1-5）。

图 1-5 Flickr 是照片分享类网站中的权威

丰富的资源让 Flickr 这类网站也成为社会化媒体现象的一部分，通过它们同样可以拓展你的人脉 (Flickr 是最受欢迎的照片分享网站之一，现为 Yahoo! 所有。)

就像 Facebook 与 MySpace 一样，Flickr 的用户也可以添加好友，并加入到各种群组中去分享图片，参加竞赛或参与各种讨论，可以讨论拍摄儿童照片时哪种亮度最好，还可以讨论不同镜头的最佳使用条件（见图 1-6)。

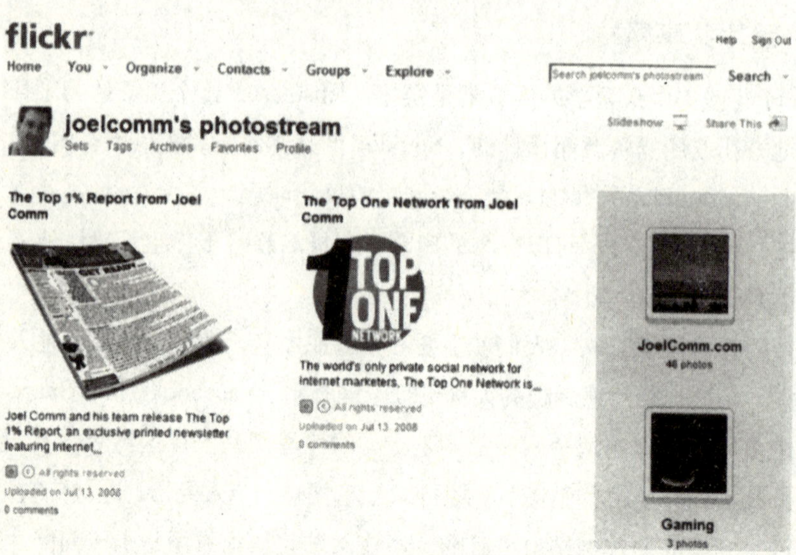

图 1-6 没错，我也有专门的 Flickr 网站工作小组。你甚至能通过这个网站看到我的宅院

Flickr还设有标记与评论功能，用户可以标出自己最喜欢的照片，也可以在照片下方写上自己的评论。这两种功能都是结交朋友的有效方式。每年付 24.95 美元会员费成为专业会员，还可以看到自己上传的照片的各种相关信息，如多少人看过该照片，多少人喜欢该照片，该照片得到了什么样的评论，甚至还能看到浏览照片的人来自哪个地方。

上述种种与他人互动的方式是我们在网络上获得成功的关键，而成功产生的效应自然也很圆满。2006 年，来自冰岛的艺术系学生丽贝卡·古德斯雷夫多特（Rebekka Gudsleifdottir）就因为拍摄的照片在 Flickr 上吸引了众多粉丝而被某广告公司看中，从而为丰田普锐斯汽车拍摄了一组广告海报。微软 Vista 系统中使用的许多图片也出自 Flickr 摄影家之手。

每天 Flickr 上都有许多图片的使用权售出，冲印出来的照片也有诸多买家，这得归功于网站用户提供的内容，为此打下了良好的基础，当然，后期的公关宣传也不可或缺。

这就是经典的社会化媒体。

1.3.5 微博

微博终于登场了。微博是社会化媒体领域的新事物。从某些方面来看，它甚至与其他现有的社会化媒体形式背道而驰。

总体上，社会化媒体网站是希望会员提供的内容越多越好的。也许某些网站会对内容的类别作出限制，如只接受图片（现在，Flickr 也开始接受视频），或者对会员设定限制条件（如我的网站就只接受网络营销人员为会员，而婚恋网站则只接受单身人士）。但就整体而言，这些网站都希望自己的会员为网站提供尽可能多的内容。

微博网站对网站内容有严格的限制，而这种严格的限制反而有助于激发用户的创造性。

1.4 近观微博

社会化媒体网站多种多样，发表微博的方式也不止一种。目前最受欢迎的方式就发生在规模稍大的社会化媒体网站之内。

当 Facebook 意识到许多用户都十分喜爱与朋友分享自己的动态时，便在网站中加入了微博系统（见图 1-7）。

图 1-7　微博兴起后，Facebook 迅速迎头赶上

不过，Facebook 的微博系统只局限于站点内部，其他人只有在登录 Facebook 时才能看到你的更新状态。这一点与 Twitter 不同，推客还可以通过网站将自己的动态发送到好友手机上。

不过，这对 Facebook 的用户来说仍是一项强大的功能。若推客希望自己的状态更新能在更广阔的范围内传播，他们也可以使用 Facebook 的 Twitter 应用程序。这样，他们就能在 Facebook 内部更新自己在 Twitter 上的微博。我自己也用这款程序，非常方便。可以在以下网址找到这个程序：www.facebook.com/apps/application.php?id=2231777543，也可以直接通过搜索下载。

Facebook 并非唯一一个在自己网站内加入微博功能的社会化媒体网站。面向专业人士的社交网站 LinkedIn 也在网站中融入了一个可以让用户与他人分享当前活动的系统（见图 1-8）。

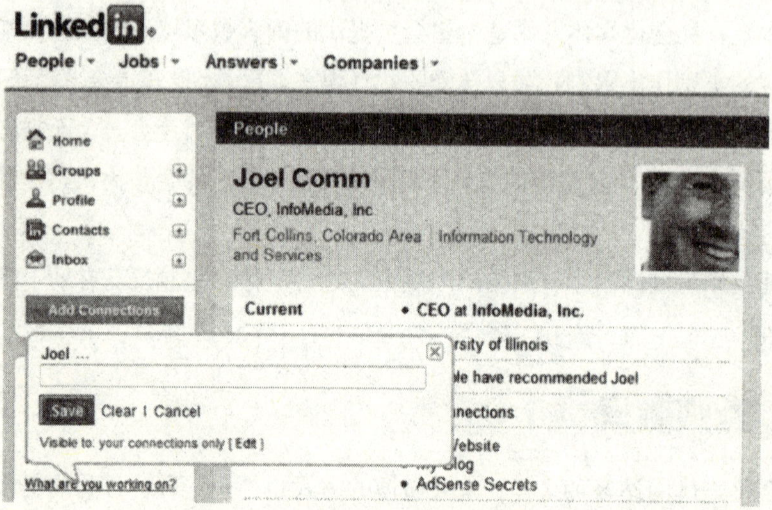

图 1-8　这是 LinkedIn 风格的微博

不仅如此，该网站还提供了一种简洁实用的程序，叫做“公司动态提醒”，以方便用户追踪人们在帖子里发表的言论。

这是微博首次专门以商业人士为目标对象，其间的价值也不难理解，毕竟，这极大地方便了公司去了解自己的员工、客户及供应商的想法。

1.4.1 Spoink

Twitter 最大的优势是简洁，而 Spoink（www.spoink.com）则有许多复杂的功能，比如，用户可以通过电话向网站发布音频内容，它还能通过多种平台及邮箱传送即时消息（见图 1-9）。

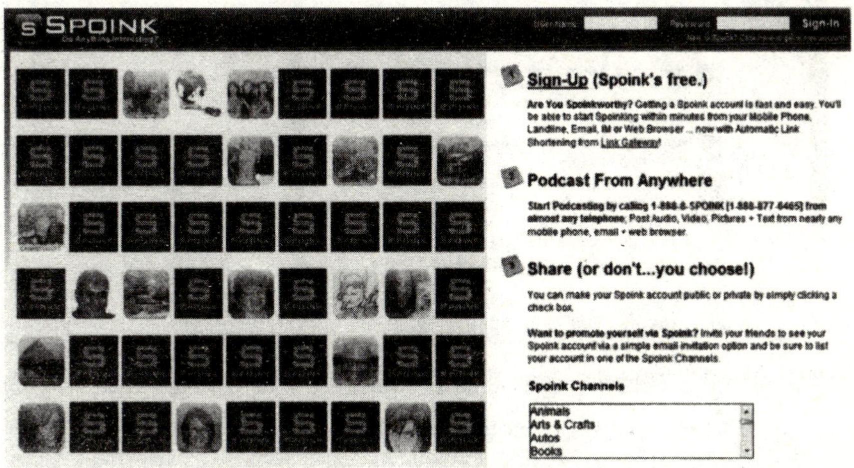

图 1-9　Spoink 是富媒体类的微博

这对于微博功能来说太过复杂，但并不表示它一无是处。相反，它也有很多用途。不过，除非你要在“富媒体”领域中战胜某一特殊的挑战，否则，作为一种交流工具，要想实现与众多网民的互动，与不同的平台联合起来用总比方法单一更有效。

1.4.2 Yammer

微博功能发展迅猛，它只要求用户回答一个简单的问题并允许任何人看到答案。Yammer（www.yammer.com）保留了微博最根本的特点，但缩小了问题的范围，同时也缩小了受众的范围（见图 1-10）。

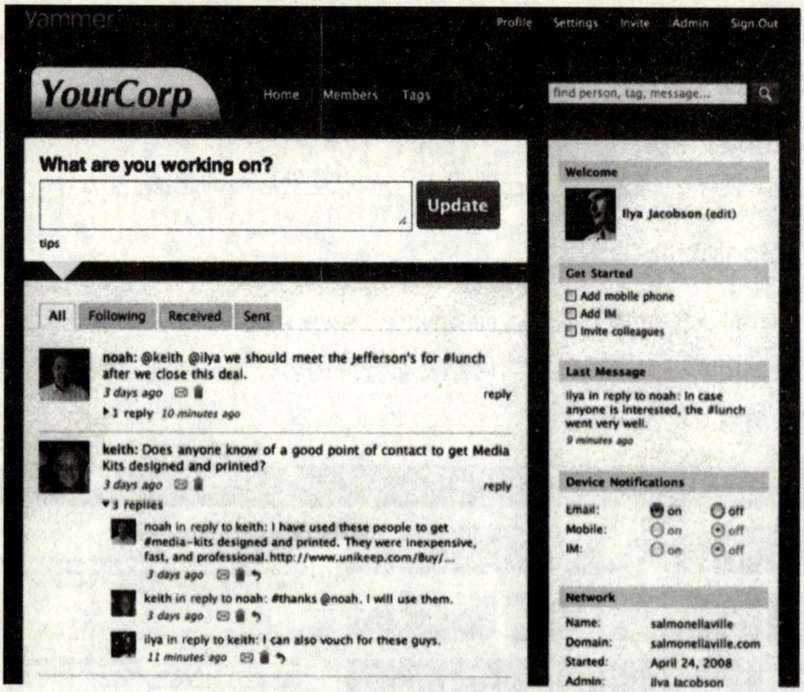

图 1-10 Yammer 自身的局限性更加突显了 Twitter 自由讨论的特性

Yammer 并没有邀请其用户与他人分享自己在做的事情（否则大家讨论的话题范围太大，可能是“在拯救一只被油浸透了的小鸟”，也可能是“在吃一个鳄梨三明治”），而是与 LinkedIn 类似，它要求用户解释自己正在做的项目或工作。

但这个问题的答案只有拥有相同公司邮件地址的 Yammer 网站用户才看得到。

这可以算是一种有用的交流工具，但只是对同领域的业内人士有用，对大众营销来说并不方便。

1.4.3 Plurk

Plurk（www.plurk.com）这个名字不怎么中听，但它的想法却很有价值。可以把它看作 MySpace、Twitter 及 Facebook 的结合体。Plurk 上帖子的呈现方式不是竖直的，而是水平的，看起来更像是一条绵长的时间轴（见图 1-11）。

除了能看到人们说话的内容，还能清楚了解他们说话的时间和顺序，以此去感受他们的一天。

图 1-11 Plurk 把博客变回了微博

Plurk 的用户还可以给自己的帖子加限定词，如“分享”、“提问”、“我要说”等标签，以此来标示帖子内容的性质。尽管 Plurk 对帖子长度也有 140 个字符的限制，但用户可以加入图片与视频。还可以对帖子的读者设定限制，只允许小范围内有共同点的朋友阅读。

Plurk 还有一个功能叫做“卡码值”（Karma），它会随着用户在 Plurk 上活跃度的增加而增值，卡码值越高，用户可以解锁的功能就越多。显然，设置该功能的目的是为了鼓励用户多使用 Plurk，但对那些希望立刻就能体验网站全部内容的用户来说，这个功能就让人颇为扫兴。

博客作家克里斯·汤姆森（Chris Thomson）曾对 Plurk 与 Twitter 做了一个详细对比，发现了两个网站的重要区别。比如，Plurk 允许用户对刚刚上传的帖子进行编辑，克里斯认为最有意思的当属 Plurk 需要用户全神贯注这一特点。Plurk 的对话性比 Twitter 更强，有点类似于即时消息，这意味着你不能发完帖子就立即离开网站。

你可能还需要去关注别人对帖子的回应并参与到对话中去。

Plurk 是 2008 年 5 月问世的，不知道它今后将如何发展，能吸引多少名会员。而 Twitter 会一如既往地吸引那些受过高等教育的成功人士，他们往往希望自己的交流对象同样也是某方面的专家，如此一来，Plurk 的发展方向很可能是以娱乐为主要特色的微博平台。

这个特点将会给 Plurk 带来独特的营销力量。

对两个网站比较一番之后，克里斯得出的结论是：他会同时使用这两个网站。也许，其他的博客作家也会做出同样的选择吧，一个纯粹为了娱乐，另一个则是为了与专业人士建立关系。

1.5 Twitter隆重出场

最后，我们要隆重介绍Twitter，因为正是Twitter为微博树立了标准。

Twitter成立于2006年7月，创始人是3位程序员：埃文·威廉斯（Evan Williams）、杰克·多西（Jack Dorsey）、比兹·斯通（Biz Stone）。威廉斯一直从事商业活动，曾开办过一家名为Pyra Labs的公司，专做项目管理软件。该公司软件中的记笔记功能就是www.blogger.com的前身，最后Google收购了Blogger这一免费的博客服务网站。有观点认为，是威廉斯首次使用blogger一词来形容写网络日志的人。

2004年，威廉斯离开Goolge并创办了自己的播客公司Odeo。两年后，他又与另一名程序员比兹·斯通共同创办了Obvious。Blogger被搜索引擎巨头Google收购后，比兹·斯通加入了Blogger。新成立的Obvious公司收购了Odeo，随后又将其卖给了Sonic Mountain。Obvious公司目前正专注于发展Twitter。

Twitter最初的创意来自于Odeo的一名员工，名叫多西。斯通曾与mSpoke的市场开拓与产品管理部副部长一起接受ReadWriteTalk.com的采访，当时，斯通描述了第一次讨论Twitter这个创意的情景：

> “当时，我们中间有几个人在想一些有趣的点子，于是想到了把手机短信服务与网络结合起来。”斯通说道，“（多西）忽然想到，如果我们只看即时消息工具（如AIM）的状态栏，把它想象成人们正在进行的活动的缩小版……并且把它做得超级简单，就设计为‘我正在做什么’……我们偷偷摸摸地研究了两周，终于做出了一个模型。我们把这个模型给团队中的其他人看，看过的人几乎都乐了。他们都喜欢这个东西，觉得它特别有意思。那个周末我们试用了这个模型，越发觉得它有很强的吸引力，于是我们决定要继续研究下去。”

斯通描述的事情发生在2006年3月，Twitter最初是Obvious公司内部员工之间一个有趣的交流工具（科技公司也许会有熔岩灯与弹跳球，但似乎往往不设休闲用的咖啡间)。

Twitter 于 2006 年 10 月正式问世，一举摘得 2007 年 3 月评比的 SXSW 网络大奖，到 2007 年 4 月，Twitter 就成为了由多西领导的独立实体。

有 SXSW 网络大奖带来的知名度，又有一向关系友好的 Blogger 公司的大力推荐，最重要的是，它还有允许其他开发者为网站本身延展业务的开放平台，Twitter 网站开始了腾飞之路。

然而，问题也随之产生。据报道，2007 年 Twitter 的正常运行时间只占 98%，一年之中有 3 整天处于非运行状态，尤其是在重大科技会议期间损失最为严重(这也从另一个侧面说明了其用户群的特点)(见图 1-12)。

图 1-12 这是 Twitter 宕机时的标志画面“宕机鲸”。它由陆怡颖（Yiying Lu）设计，图中一群叽叽喳喳（twittering）的小鸟拉起了托住白鲸的网。自从它频频出现在 Twitter 网站上，这条白鲸也发展成为了一个独立的品牌

当然，Twitter 取得的成功也举世瞩目。世界名流、著名企业以及政府机构都在使用 Twitter，如巴拉克·奥巴马总统（@barackobama）、美国全食食品超市（@wholefoods）以及英国议会（@UKParliament）。

美国红十字会（@redcross）也利用 Twitter 作为交流地方灾情的快捷工具。

Twitter 有两个不同凡响之处。

首先是简单。尽管现在的 Twitter 有大堆的工具及插件来拓展其功能，但本质上，它仍是一个用 140 字符以内的文字描述生活现状的简单到极致的交流工具。

简洁明了一直是 Twitter 的核心，这也带来它的第二大特点：达成飞跃的临界质量（Critical Mass）。

万事开头难，社会化网络服务也不例外。比如，前文我们提到的 Plurk 向用户承诺了许多有趣的功能，但若不知道其他用户的情况，不知道是否有朋友在使用，人们是不会愿意加入进来的。

要想让社会化媒体网站像滚雪球一样逐渐壮大，成为人人都想加入的网站，往往需要特别的助力。Facebook 的助力就是他们在哈佛大学的成功营销，并以哈佛为起点，逐渐扩展到其他大学。

而Twitter的助力就是SXSW网络大奖，这个奖项让所有人都开始讨论Twitter，把 Twitter 看作一颗最闪耀的新星。

只要突破这个临界点（一千万用户在握，它当然会有），Twitter 将永远是微博领域的王者。

下一章将详细解释 Twitter 可以在微博领域维持王者之位的原因。

第 2 章

Twitter 为何如此风行

其实，就整体而言，Twitter并非独一无二。

Twitter的规模的确较大，这在微博领域（不含其他社会化媒体网站）称得上是独一无二的。

它拥有其他网站所不具备的氛围。

其增长速度之快已经令诸多社会化媒体巨头十分不安，迫使它们抄袭Twitter。

但，允许人们传播短消息的功能并非Twitter独有。我们已经介绍过许多网站都在提供同样的功能，只是形式略有差别而已。

但Twitter目前仍是最强大的微博工具，也是营销人员绝对要重视的网络工具。

2.1 Twitter 及其成功

之前已经介绍过，Twitter就是一种交流工具，它鼓励人们将自己的动态以短篇文字的方式发送给有兴趣的朋友。

最基本的步骤是上网登录Twitter账户，在文本框中输入想要发送的文字。任何查看你资料的人都可以看到你发送的动态（见图2-1）。

推客登录到自己的主页后会看到一连串好友的最新动态，这些好友都是自己选择的关注对象。另外，推客还能在自己的主页上看到关注对象之间正在交流的短消息，并可以随时加入到他们的谈话中去。（但是，在自己的主页上看不到关注对象发给非关注对象的消息。如此一来，结交新朋友的机会在无形中掩藏起来了。因此，经常查看关注对象的资料，并及时跟进自己错过的对话是很有必要的。）

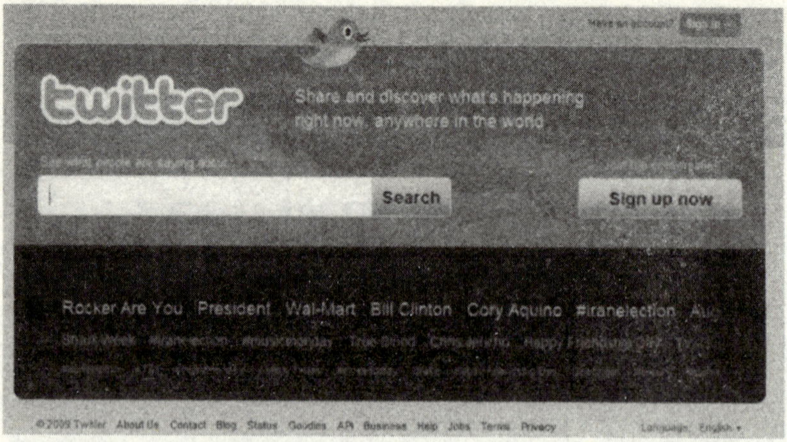

图2-1　Twitter新版主页突出强调了其搜索功能。你的Twitter主页与本图所示会略有不同

这样，在Twitter上的活动就主要包括两部分：发送自己的动态，阅读他人的推帖。

但这仅仅是开始。

Twitter的创新之处在于互联网与手机的结合。Twitter帮助用户实现了用手机随时发布个人动态的可能，有些地方的用户还能用手机接收他人发来的消息。

假设你正在一家酒吧里与合作伙伴开会，双方就一个合资项目达成了协议，你想立刻与朋友分享这个消息。这时，你只需掏出手机，发一条短消息到Twitter上就可以了（见图2-2与图2-3）。

当然，这条短消息是收费的。尽管Twitter不收取任何费用，但仍需要支付电信运营商提供的短信服务费。

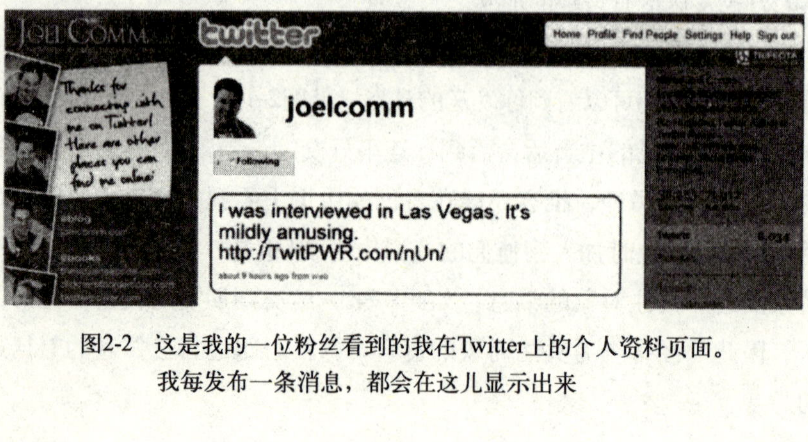

图2-2　这是我的一位粉丝看到的我在Twitter上的个人资料页面。
我每发布一条消息，都会在这儿显示出来

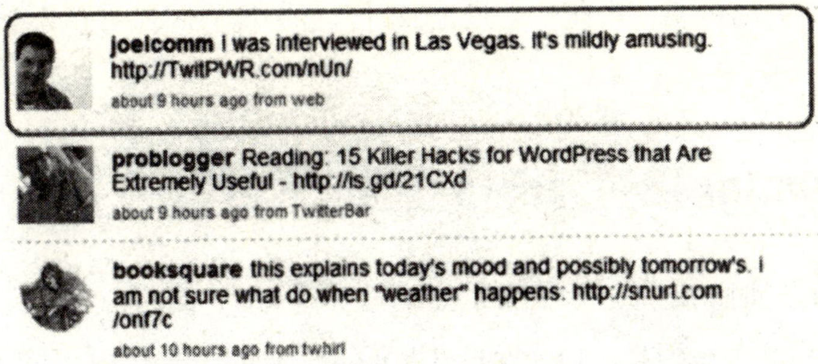

图2-3　我发布的消息也会出现在粉丝Twitter账户的主页上

随后，Twitter会自动把这条短消息发送给所有的粉丝，包括选择用手机接收推帖的粉丝。

这种功能给用户带来极大的便利。之前也提到过，美国红十字会也已经认识到了Twitter的巨大潜力，并利用Twitter发布最新灾情信息。

完成这一切依靠的是Twitter的迅捷、庞大的使用群与流动性。

红十字会的志愿者可以通过手机发送短消息至Twitter，让广大民众在第一时间即时了解新成立的避难所或森林大火改变蔓延方向的消息。比如，2009年5月，森林大火威胁到了加州圣巴巴拉市，当地居民就通过Twitter来了解有关撤离灾区、道路封锁及营救中心等的信息。Twitter在当时扮演了极为重要的角色（见图2-4）。

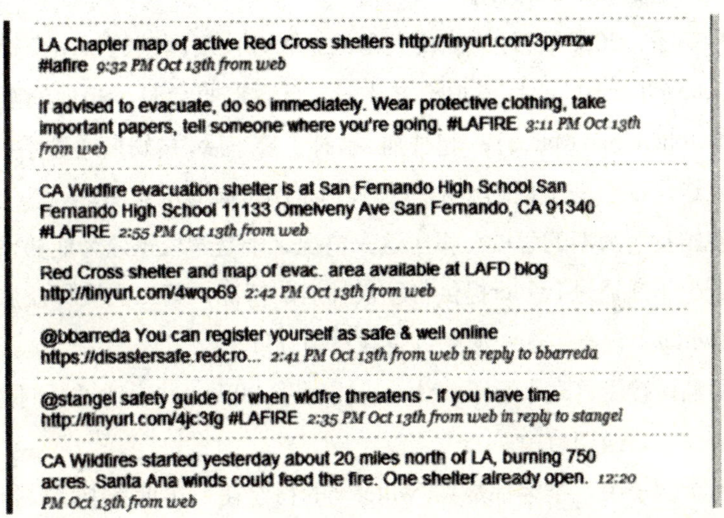

图2-4　美国红十字会的推帖（@redcross）提供与灾难相关的各种信息与动态更新

此外，Twitter的另一个优势是反馈及时，这一优势同样可以为个人用户带来丰厚的回报。

2.2 Twitter及时反馈功能的巨大能量

推客可以随时随地通过手机发送短消息至Twitter，而其粉丝同样可以随时随地即时接收到这条短消息，Twitter的速度正体现于此。开发这项功能的初衷只在于增强Twitter的趣味性，事实却证明这项功能更可以作为一种极为重要的求助方式。

2008年6月，佐治亚州亚特兰大市的一位牧师帕斯特·卡洛斯·惠特克（Pastar Carlos Whittaker, @loswhit）被困在了达拉斯机场，下一趟航班要6个小时之后。一想到自己奔波劳累了一天还要睡机场地板，帕斯特就觉得很郁闷。于是，他在Twitter上讲述了自己的困境。

不到两分钟，他就收到了7封邮件、3通电话以及大量的推帖。

最重要的是，慈善机构Remedy4ThisHeart的特雷弗（Trevor DeVage）出现了，他给帕斯特送来了机场附近君悦酒店的房间钥匙。

帕斯特得到的回应无疑是雪中送炭，不过，有时候推帖引起的反响甚至会对人们的生活产生更为重要的影响。

再举个例子，2008年4月，加州大学伯克利分校新闻系的学生詹姆斯·巴克（James Buck, @jamesbuck）在拍摄埃及一次反政府集会时，与他的翻译默罕默德·默里（Mohammed Maree）一起被捕。被押上警车后，詹姆斯通过手机给Twitter上的粉丝发送了仅含一个词的短消息：被捕（Arrested）（见图2-5）。他的粉丝立刻向美国使馆及詹姆斯的学校汇报了这一情况，于是学校迅速为他聘请了一名律师。詹姆斯也不断通过Twitter提供自己被捕后的情况，第二天被释放后，他又用一个词在Twitter上宣布了这一消息：重获自由（Free）。

而他的翻译就没这么幸运了：Maree被拘留了90天，并遭到了严刑拷打，他不得不绝食抗议，才换回自由。

上述两个例子中，推客都是靠Twitter上的粉丝在现实世界中采取行动，但是回应也并不总是产生在现实世界。

图2-5 正是这条推帖将学生记者詹姆斯·巴克从埃及监狱中解救出来了

把自己的生活细节及时告诉亲友的确很有意思，但这种行为只是单向的，并不是Twitter最吸引人的地方。

Twitter更是一种双向交流工具，理解这一点非常重要。

这就意味着你不仅可以就专业事项提出问题，请求帮助，还可以获得许多专家建议。

2.3 随时随地与智者保持接触

本书稍后将详述如何有效利用Twitter，它不仅可用作发布消息的广告牌，更应作为与各类人物交流的工具。

通常，你交流的对象只限于朋友或客户。但是，由于Twitter的用户群大多是接受过良好教育的专业人士，它完全可以作为一个24小时开放的帮助中心，它能解决的问题遍及所有你能想到的领域。

去看看推客的主页面，就会发现图2-6的内容很熟悉。

在众多描述自己当下状态的帖子中，总会夹杂着一些求助帖。有人问哪儿能买到某个小发明，也有人会问晚饭该吃什么。（推客似乎都很关心饮食！）

有些问题过于浅白，有些问题则很深奥，不过Twitter都能应付自如。

比如，图2-6中，用户singedhalo问了一个有关房地产数据库的问题，不到四分钟就有人给出了正确答案——MLS（如果想知道MLS代表什么，别问我，不妨上Twitter问问）。

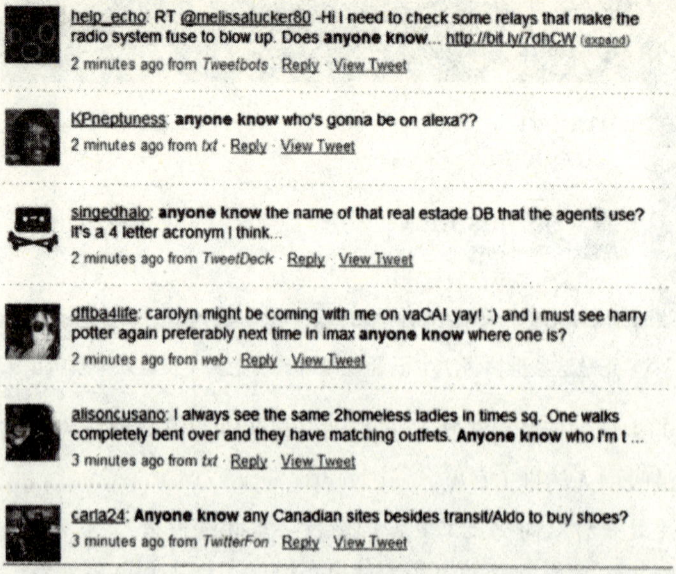

图2-6　在search.twitter.com网站上搜索关键词anyone know（有谁知道），结果表明求助类推帖，至少类似这样的求助，每分钟内至少会出现好几条

以上就是Twitter的发展史。这个工具简单到不可思议，却对人们的生活产生了极大的影响。它从社会化媒体网站中分离出来，只专注于一种功能，现在已经获得了世界上最睿智、最会赚钱的人的青睐。通过它，可以把无辜的人从监狱中解救出来，也可以为错过航班的牧师找到暂时栖身之处。

它很有用。它很重要。它可以为任何一名网络营销人员带来收益。

但必须懂得如何有效利用它。本书将为大家介绍一些重要的技巧、策略与方法，并教大家如何最大限度地利用Twitter。

因为它的实用性、综合性都很强，你需要亲自动手，并相信只要有付出就会有回报。

因此，就让我们从头开始吧……

第3章

以正确的方式开始 Twitter 之旅

Twitter 最主要的吸引力在于其简洁性。许多社会化媒体网站在用户注册时，都会问用户许多私人问题，内容从毕业院校到最喜欢的颜色，无所不包。

而在 Twitter 上，人们都很乐意告诉大家自己午饭的菜单（以及早饭、晚饭、早午饭、下午茶都吃了什么，喝咖啡时又加了什么进去），但其实 Twitter 从没有要求用户回答这些问题。

实际上，Twitter 总是力求保持网站内容纯净、使用便捷。

本章将着重介绍使用 Twitter 的一些基本知识。这些知识一点儿都不难理解，其重点在于了解 Twitter 网站的工作方式及其使用方法。我会着重讲解如何注册为推客，什么是粉丝和推帖，以及如何发送、接收非常重要的信息。

3.1 注册——Twitter 的注册页面是最具亲和力的吗

从某种程度上说，所有的网络公司都会碰到一个进退两难的选择。他们看着 Google 的主页，在白色背景的衬托下，唯一的搜索栏十分醒目，于是他们深深意识到“简单就是美”。

但是，他们确实又有许多内容想放到网站上去。看着自己列出的清单，最终往往决定将所有内容都填充到网站主页、注册页面及所有其他页面上，但实际上，需要这些信息的只有很少一部分用户，而真正用到这些信息的人更是少之又少。

求全的诱惑力实在是难以抵挡，但仍掩盖不了它错误的本质，如果把商业搞得像婚恋网站或交友网站一样复杂多样，结果只会很糟。

Twitter 并没有犯这种错误。点击 Twitter 主页面上大大的绿色按钮（你绝对不会看不到它)，进入注册页面，只需填写四项内容：姓名、用户名、密码及邮箱（见图 3-1）。

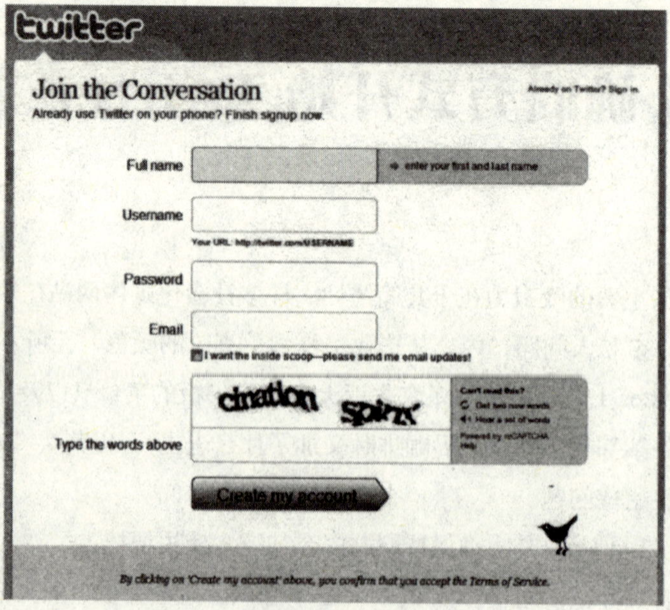

图 3-1　在对话之前先要进行自我介绍

当然，还需要输入几个单词来证明正在注册的你确实是个活生生的人。

简单到不能再简单了，对吧？

不过，老实说，简单也有简单的弊端。

这就是你可能犯错的第一个地方。

Twitter 要求用户提供两个名称，因为两个名称的使用地点与方式各不相同。

你的全名会出现在页面的右侧、个人简介的上方。另外，某些第三方客户，如 Twitterific，会要求用户提供全名。

另外，用户名也不只在登录时会用到。它也是你主页的 URL 的一部分，当向别人介绍、推荐你的 Twitter 时，显示的也是你的用户名。

这与给网站选域名是一个道理。选不好，就会影响 Twitter 账户吸引粉丝、建立口碑的能力。如果慕名而来的人因为无法辨识出你的用户名而找不到你，就会错失许多良机。

也许，在你看来，用户名只是你进入 Twitter 账户首先需要输入的信息之一，但用户名的选择确实值得你好好斟酌。

全名通常比较随意，只要它没有被其他人使用，并且长度在 15 个字符以内即可，不过，使用网站的域名也是一个不错的选择。这样，你的网站就可以与 Twiiter 账户绑在一起，令其他人知道二者互为补充。

不管如何选择，一定要确保达到以下几点要求。

(1) 与你紧密相关

用户名的形式“twitter.com/用户名”能让推客很容易被找到。如果不愿意搜索，只需把他的名字放到 twitter.com 的后面，就能看到他是否在线了（通常，书面称呼某个推客时会把 twitter.com 换成@）。

换句话说，用很简单的方法就可以换来无尽的欢乐。比如，可以试着找 twitter.com/billgates 或者 twitter.com/stevejobs，或者任何你能想到的名人，观察一下看谁已经成为真正的推客。

不过，只有当选择的用户名与你自身紧密相连，人们才能通过这个简单的 URL 轻松地找到你（见图 3-2 与图 3-3）。

图 3-2 与图 3-3 左图是我为自己的 Twitter 账户选择的用户名，右图是它在浏览器地址栏中显示的 URL 地址。这个选择有创意吗？没有。便于记忆和寻找吗？当然

Twitter 站内的搜索引擎十分精确，这让用户名的选择更加重要。Facebook 的站内搜索引擎如果没能找到与你提供的关键字相匹配的条目，就会提供一些建议或与关键词接近的搜索结果，但 Twitter 只会告诉你找不到你想寻找的人。

随便挑一个用户名，意味着你放弃了一个唾手可得的极有价值的优势。

(2) 简单好记

如果你的用户名与你紧密相关，那就应该很好记，但也有例外。比如如果选择的用户名过长，即使是很小的输入错误也会把潜在的粉丝拒之门外。

设置密码时可以利用熟悉的数字、字母组合，这样，即使长一点也能记住，

但绝不可以这样设置用户名，尤其当这个用户名是 URL 的组成部分时。

用户名应该越短越好，不仅要简单好记，更要与你的身份、职业密切相关。

你可以改变 Twitter 账户的 URL，但改的话一定要趁早，还要改好。当粉丝达到一定数量时，改变用户名会让粉丝感到困惑，而且过去的对话也只能留在原来的账户里，新账户中无法显示。因此，你应该竭力避免修改用户名。

只有当你的账户名给人真实、亲切的感觉时，Twitter 的效用才能发挥至最大。因此，一般来说，最好的办法就是将自己的真实姓名或公司名称用作全名。

3.2 谁在用 Twitter？你的第一批粉丝

输入姓名，选好用户名，设置好密码，再证明你是一个活生生的人，而不是坐在电脑前滥发垃圾信息的机器人之后，就可以开始 Twitter 之旅了。而要成为一名粉丝，只需两个步骤。

任何一个步骤都花不了一两分钟，但我想告诉你一个小窍门：应该跳过第一步，至少目前应该暂且跳过。

Twitter 向你提出的第一个要求就是搜索自己所有的邮箱（如 Hotmail、Yahoo! 及 Gmail），进而找出自己的联系人中有哪些已经注册了 Twitter 账户（见图 3-4）。

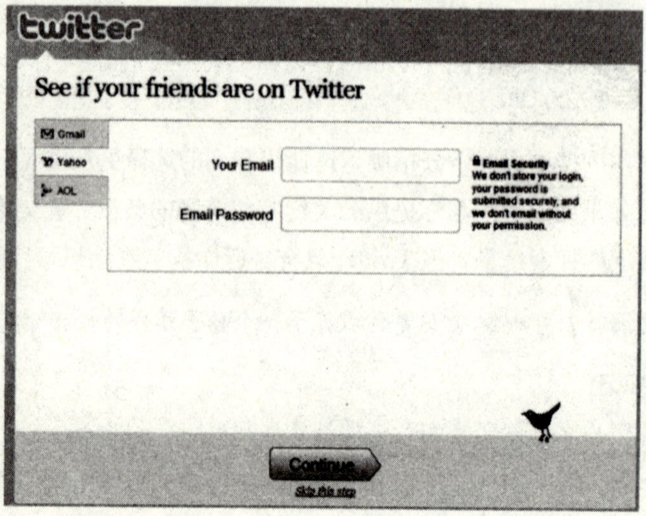

图 3-4 的确可以在创建个人资料前就在 Twitter 上搜索。但是，最好还是先创建个人资料

显然，这个方法非常非常有用。

这就意味着你可以立刻关注你的朋友。当然，也可以邀请他们关注你。

既然如此有用，为何还建议首次登录 Twitter 时跳过第一步呢？

> 赢得粉丝的最佳办法是自己去主动关注他们。

当开始关注一个人时，这个人就会收到系统消息，提醒他你正在关注他。

紧接着，这个人很可能会访问你的 Twitter 页面。然而，此时他能看到什么呢？什么都看不到。

你连照片都没有，更别说对网页有任何设计了。

> 谁会选择关注一个连个人资料都不齐全的人呢？

通过邮件在 Twitter 上找到好友与熟人，并立刻关注他们——这样的机会太难得了，不应该在自己的页面还空无一物时就匆忙挥霍掉。稍安勿躁，等页面得到完善以后再行动。

那时，关注这一举动才能为你赢得好的口碑，才会有人推荐你的 Twitter，才能真正发挥这一步骤的作用。

而完善个人资料后，仍可以返回并进行第一步，因此才建议暂时跳过第一步，从第二步着手。

在第二步，你会看到许多由 Twitter 网站推荐的重量级的推客。同样，这并不是一件坏事。这样一来，当首次登录自己的账户时，主页上就不会空白一片。你可以看到一连串最新的推帖，而发这些短消息的可能是尼尔·盖曼（Neil Gaiman）、葆拉·阿巴杜（Paula Abdul）等形形色色的知名人物。这样的内容会让你很快了解 Twitter 真正的价值所在（见图 3-5）。

不过，你无论如何都会很快体会到 Twitter 的真正含义，而那些重要的推客拥有成千上万的粉丝，他们是不会反过来关注你的。

这样，你的个人资料就会显示你关注了许多人，但却没有一个粉丝。

从理论上说，所拥有的粉丝人数最好要超过所关注的人数。原因稍后会做解释，现在你只需知道，当所关注的人数大于粉丝数量时，你就像一个到处寻找盛宴的人；反之，当粉丝数量大大超过关注的人数时，你就是那场盛宴。

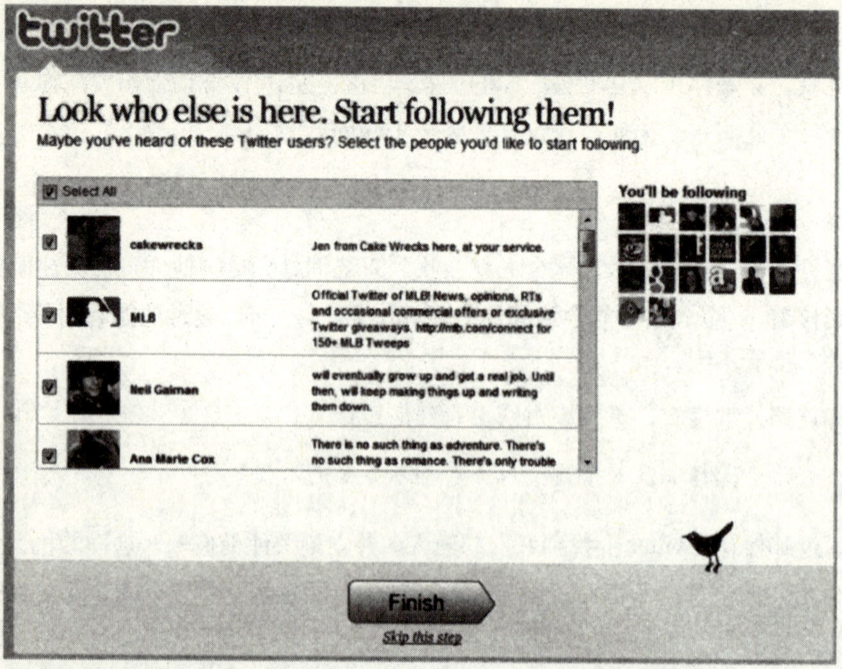

图 3-5 喔，看，这些都是 Twitter 上的名人。但是，关注他们是你使用 Twitter 的目的吗

一开始，你关注的对象在数量上肯定超过你的粉丝，因此，这不算大问题。注册 Twitter 账户时，不要盲目地关注 Twitter 为你推荐的所有推客，但也不要错过自己感兴趣的推客。

3.3 建立富于魅力的个人资料

跳过第一步，并按我的建议完成第二步之后，就能看到自己的 Twitter 主页面了（见图 3-6）。

当然，此时页面上没有什么内容可看。

页面背景是默认的蓝色背景，你的头像也是默认的，那是位于一个棕色方框里的奇怪的 o_O 标志。

你既没有粉丝也没有关注别人，当然就没有任何动态。

但是，你的粉丝在阅读你的推帖时看到的页面并非图 3-6 显示的画面，而是点击图 3-6 右边的 tweets 后出现的页面。在这个“tweets 页面”上，只要在线就能看到你过去发布的所有推帖，其他人只要输入“twitter.com/你的用户名”或点击与你的用户名相连的链接也可以看到这个“tweets 页面”。

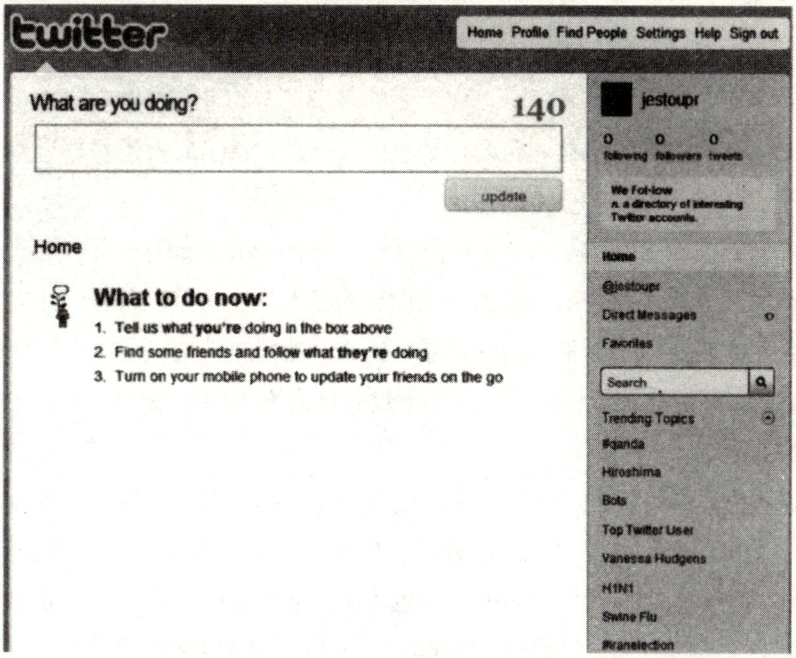

图 3-6 这是一份空白的 Twitter 个人资料。把它想象成一块空画布，在这里你能够在一个高起点，而不是从低起点绘制一幅营销杰作

当然，主页面上也会显示你的推帖，只不过它们会被你关注的对象的短消息重重包围。主页面是你的阅读页面，是默认的登录首页。只有你才能看到这个页面，它是独一无二的，因为你所选择的关注对象的组合就是独一无二的。

需要熟悉主页面上的几个链接。点击右边工具栏里的 following（关注），就能看到另一个页面，显示的是关注对象的名单。可以选择名单的显示方式：按头像显示、按用户名或姓名显示，或者在一份扩展的表格里依次显示他们的个人资料及最新发布的推帖。另外，与关注对象互动的方式大致有 4 种（见图 3-7）。

图 3-7 针对关注对象，可以采取四种措施，从交谈到屏蔽

第一种是 mention（提及某人），使用这一方式发布的推帖中会自动包含这个人的用户名。如此一来，推帖的可用字数就相对变少了，但你提及的这个人却可以方便地查看并回复这条推帖，最重要的是，这样做可以避免强行把这条推帖的链接放在你关注的人的名单里。在你关注的人所发布的推帖上点击回复也可以把他的用户名自动包含到正在编辑的短消息中，当然，手工写入用户名也能达到同样的效果。

也可以直接给你关注的人发“私密消息”（direct message）——当然，前提是你也是他关注的人。这些私密消息存在推客的私人收件箱里，只有收件人才能看到。私密消息本是一个非常有用的创意，但收件箱很快就变成了垃圾邮件的聚集之地。我已经放弃使用收件箱了。等你创建好自己的 Twitter 账户以后，你八成也会这么做。

当发现有人关注你时，也可以选择“不关注”（unfollow）他们，这样他们的动态就不会出现在你的主页上了。若某人被你“屏蔽”（block）了，你就不会再出现在他的主页上，同样你发布的推帖也不会出现在他的主页上，他要想了解你的动态就只能去查看你的时间轴（timeline）。如果有人骚扰你，“屏蔽”是一个非常有用的功能，常常用以对付那些时不时地出现在粉丝名单里、传播色情内容的机器人。

点击 follower 可以看到粉丝的名单。粉丝就是指选择跟踪阅读你的推帖的人，与他们的互动方式也不外乎上述四种。

同样可以“提及”某个粉丝，给他发“私密消息”，或者将他“屏蔽”。粉丝名单能显示出你是否同时也是他们的粉丝。如果不是，你也可以选择关注他们——只需直接点击“关注”按钮，或在下拉菜单里选择（见图 3-8）。

图 3-8 有两种方法供你反过来关注你的粉丝

在 following、followers 及 tweets 这三个链接下面，是一个小方框，它通常链接到 Twitter 的某项特殊功能上。这些特殊功能并非由 Twitter 提供，而是某些公司或个人为了增强 Twitter 的实用性与趣味性而在 Twitter 平台上自主研发的。有时候，某些功能会带有“赞助”（sponsored）字样，这就表示 Twitter 计划用它来做广告。目前，Twitter 以外的其他公司还不能直接利用这个小方框来做广告，也不能把广告与推帖关键字联系起来（后者往往对公司更重要）。即便这样，其他公司也不能放松警惕，反而更应该对这个区域多加关注。

小方框下面有四个链接。点击 Home 就可以回到自己的 Twitter 账户主页，这很简单，但是下面的“@你的用户名”非常重要。以后你就会发现你会经常点击这个链接——至少一天一次。

这个链接显示的是所有提到你名字的推帖。通常都是直接发给你的公共消息，但有时也会有讨论你的短消息。不管是哪一种，你都应该看看，有必要还可以回复这些推帖。

在这个最常用的链接下面，还有两个链接：Direct Messages 和 Favorites。前者对应的是你的私密消息，后者收藏着你最喜欢的推帖。你可以把喜欢的推帖都放在 Favorites 里，方便将来查找。

再接下来是一个搜索栏。可以查看提到你的用户名的那些推帖，但看不到是谁在谈论你的产品或行业，也看不到是谁提到了你的真实姓名或你所关心的其他关键词。这些推帖只是追踪你的用户名而来的。若想追踪其他的关键词，可以选择在搜索栏中输入，而该搜索栏会保存你的检索要求。这一功能十分实用，能帮助你迅速搜索到大家对你最关心的话题都讨论了什么。等 Twitter 推出地理定位（geolocation）功能后，还可以将搜索范围缩小到你周围的推客身上，从而专注于本地市场的开发。你保存的关键词就在搜索栏下方的列表中。

下面要介绍的是跟在搜索栏之后的“热门话题表”（trending topics）。顾名思义，这个表中包含的就是当前在 Twitter 上最受欢迎的话题。在这之后列出的是你目前正在关注的对象的用户名。

当然，只有等你开始使用 Twitter 之后，上述这些列表中才会呈现内容。

那就让我们开始吧。

个人主页的顶部有一个文本框，你的第一条推帖就将从这里发出。文本框下方是 Twitter 对你的下一步活动给出的几条建议。

但是，那些并不是下一步该做的事情。你的 Twitter 之旅当然不能从“在上面的文本框中输入文字，告诉我们你在做什么”开始。

“我们”是谁?

“我们”当然不是所有的推客。谁也不会一一去看每一个 Twitter 新用户发出的第一条短消息。

“我们”当然也不是你的粉丝。此刻，你一个粉丝都没有！这时候发送第一条短消息没有坏处，但也毫无益处。因为它没有读者。

或者说，至少在有人开始关注你之前不会有人去阅读它。那时，你发布的第一条推帖是任何人都能看到的。而且，这第一条推帖只是你出于好奇而对 Twitter 功能的一个尝试，内容往往不会太有趣。

就像你为了体验网页制作而随意做的那个网页一样，体验完了就不会再去管它了，但其他人却可以自由查看。

（为了满足你的好奇心，我可以实话告诉你，我在 2007 年 5 月发布的第一条推帖的内容是：“新手上路。”你可以访问 www.myfirsttweet.com 看到这条推帖，当然还有其他许多人的第一条推帖。正如我所言，第一条推帖的内容通常都不会太精彩。）

所以，就不要想立刻就发推帖的事了。

不用担心找不到关注对象。

当然，如果在路上，也不要急着用手机发推帖通知大家你的加入。

应该点击页面右上角的设置（setting）按钮，填写并完善个人信息。

这时，会看到一个表格，形式与其他社会化网站要求用户填写的个人信息表相差不大。这个表格中包含的问题看似简单，但在回答之前仍需要仔细思量一番（见图 3-9）。

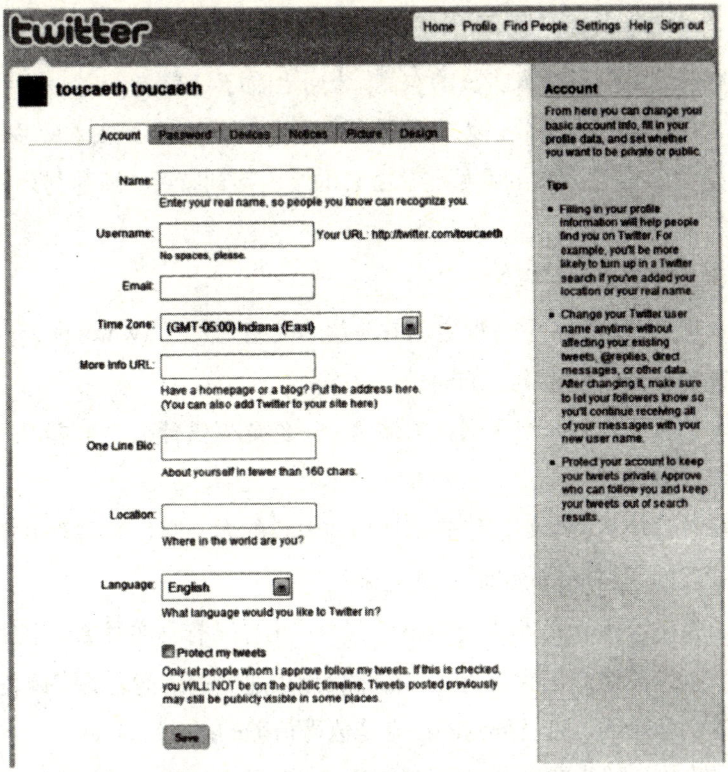

图 3-9 Twitter 上所谓的“设置”实际并不仅限于技术方面的选择。对于成功的 Twitter 营销来说，设置页面是最重要的页面之一

3.3.1 昵称与用户名

先从昵称开始。

当然，谁不知道自己的名字呢？因此，这一步不难。不过，也不一定简单。

也许你有不只一个名字。你的姓名算一个名字，你自己的网站也有一个名字，而你的公司名称可能跟前两个完全不一样。

这样你的昵称就有三种选择，而且前提是你只有一家公司、一个网站。若你的事业版图更大呢？那面临的选择就会更多了。

至于用户名，我已经在前文中指出了它的重要性。这个用户名是可以直接在浏览器中输入的。这一点很重要，即使它可能会一直出现在个人主页的上方，但却永远谈不上美观。

因为你的用户名同时也是一个网址，不管选择什么词语来做用户名，显示出来都只像一个英文单词。

你的昵称会出现在个人主页的右侧，揭示出你真正的身份。

因此，在决定昵称之前，必须先确定这个 Twitter 账户要代表的品牌是什么。

这个 Twitter 账户发布的推帖与你自己的个人活动有关，还是与公司、个人网站的活动有关？

你看出其中的差异了吗？

这个选择至关重要，它将决定你的粉丝的类型、你的 Twitter 所提供的内容以及你今后能建立一个什么类型的圈子。

用户名的重要性就相当于网站的域名——你能提供什么，单看用户名、域名就应该一目了然。

我的粉丝都是希望学到网络营销技巧与建议的人。当他们需要建议时，他们并不是去找我的公司 Infomedia[①]，而是来找我。

因此，我在 Twitter 的个人资料中既有用户名，又有真实姓名，以便其他人能顺利找到我，并使他们在看到我的推帖时也能迅速辨别出消息的来源是我。

这样他们就能确定自己得到的消息是值得信赖的。

另外，我的公司为宣传自主研发的 iPhone 应用程序建立了具有高互动性的时间轴。你可以在@ifart 找到它，它与我的个人 Twitter 中的内容截然不同。该时间轴的负责人通常需要花很多时间来回答粉丝的问题，与之互动。互动是大多数时间轴的重要组成部分。但是，公司的这个时间轴只是针对产品设立的，吸引的只是对产品感兴趣的人。而我的粉丝可能会对这个时间轴感兴趣，但他们对 iPhone 应用程序以外的话题也很感兴趣。因此，为了能让这两部分人都能与我的公司互动，我创建了两个不同的时间轴，一个属于我个人，另一个以公司产品为主题。

记住，如果想建立多个时间轴，就需要提供相应数量的不同邮件地址。那么，如果邮件地址不够用，就会很麻烦，因为不得不为建立时间轴而去专门申请邮箱。事实上，邮箱地址太多，在管理上多少也会有些不方便。我教你一个窍门：申请一个 Gmail 账户。这个邮件服务器在识别邮件地址时会忽略其中的英文句点；这样，邮件地址的任何一个位置加一个句点，对于 Twitter 来说就是不同的邮件地址，

---

① Infomedia是本书作者创办的一家小型软件公司，曾在2008年为iPhone提供了一款应用程序iFart。——编者注

而在 Gmail 看来则没有任何变化。例如，对于 Gmail 来说，john.doe@gmail.com、j.oh.nd.oe@gmail.com 都是 johndoe@gmail.com，而 Twitter 却会认为这三个邮件地址截然不同，可以用来申请不同的时间轴。

请注意，在主页面的右上角，Twitter 还提示说改变用户名不会影响你发布或收到的推帖。

但这并不代表你就可以不假思索地用第一个蹦到脑海中的名字当用户名。

尽管账户里保存的短信息不会受到影响，但必须把用户名改变的消息逐一通知给你的粉丝。当粉丝队伍壮大以后(第 4 章里介绍的策略能够帮助你吸引粉丝)，这"逐一通知"的过程可就很痛苦了。

实际上，一个简单的策略就可以解决这个问题：申请多个账户用于发布不同类别的推帖。尽管 Twitter 不允许恶意抢注域名的行为（尝试抢注域名的推客的账户会被封)，但是，如果你觉得将来可能会用到多个账户，我还是建议你尽早以中意的用户名申请。

毕竟 Twitter 这个平台可是越来越受欢迎，小心你喜欢的名字被人抢注哦！

3.3.2 电子邮件

选择昵称与用户名不会太难。如果有多重身份或拥有多个品牌，那可能需要稍加思考，但通常情况下，该如何选择你自己应该心中有数，况且你也可以申请多个账户。由于不同的时间轴要对应不同的邮件地址，因此，唯一的限制因素就是可用的邮箱数量。

这就意味着选择邮箱要简单得多。

这个邮件地址不是任何人都能看到的。

如果有人要在 Twitter 上与你联系，方法只有两个：要么回复你的推帖，要么给你发私密消息。

但他们看不到你的邮件地址。

在此输入的邮件地址只是用来接收 Twitter 群发的简报或修改密码。

如果你有"密码健忘症"，那么这个邮件地址的选择就非常重要！一定要是一个你惯用的。

3.3.3 时区

在网络上，时间是个非常奇怪的东西。打开邮件管理程序，你会发现收到邮件的时间是千奇百怪，而且看起来与邮件发出的时间毫无关系。

通常，这不是什么大问题。

但在 Twitter 上，推帖反映的是你当下正在做的事情，因此时间显得格外重要（见图 3-10）。

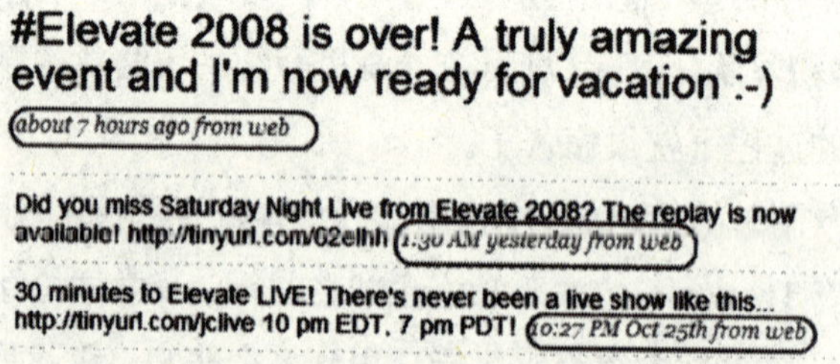

图 3-10　粉丝在我的推帖后可以看到的三种时间戳。其中只有一个时间是正确的，但至少先后顺序没错，这就够了

因此，对于最近的推帖，系统可以显示出它是多久以前发出的。如果是一天以前的推帖，系统就会根据粉丝选择的时区来显示其发出时间。时区的选择在图 3-9 展示的设置页面上进行。

我认为这会产生一些混乱。我更希望能根据我自己选择的时区来显示我关注的对象发出推帖的时间。

当然，这个问题并不严重，但我认为 Twitter 完全可以做得更好。

3.3.4 信息更为丰富的 URL

下面的内容十分关键。

表面看来，利用 Twitter 的个人资料似乎只能推广一个网站。实际上，只要稍加创新，就可以突破这个数量的限制，这一点稍后还会涉及。

此时，需特别注意在页面右上角的昵称下面显示的那个链接，在这个页面上它显得十分惹眼。

人们若对你感兴趣，想了解你的真实情况，就会点击这个链接。

因此，这个链接的威力不可小觑。

通常情况下，它是通向你的主网站的链接，有时出于宣传需要，它也能改为另一个宣传页面的链接。比如，要为一本新的电子书或某个附属产品做推广，就可以发布相关的推帖，并把个人资料中的链接改成推广某个页面的链接。

如此一来，你的推帖就能成为招揽潜在客户的新渠道。

这下，你明白这个链接的作用了吧?

但是，千万不要在这儿用缩短后的 URL。推帖可用的字数特别少，因此需要用缩写的 URL。但是，在填写个人信息时，URL 地址就必须填写完整。完整的 URL 信息能够引发读者的好奇心，尽管它不一定能吸引读者立刻点击这个网址，但却可以提高它的曝光度。

3.3.5 一句话的个人简介

到目前为止，我介绍的几项内容都非常非常简单。

它们很重要，因此需深入理解它们的重要性，而不可只关注那些浮于表面的东西，但你也不必为此抓耳挠腮，只需稍花点心思即可。

你的个人简介也需要下点功夫。

写自我介绍从来都不是件有意思的事，尤其是为商业目的而写。应该多选取生活中对他人有吸引力的事例写进去，并尽量表现得专业一些，但千万不能说大话、空话。

通常情况下，要做到以上几点已非易事。

而 Twitter 则把它变成了一个非同寻常的挑战。

Twitter 把个人简介的长度限制在了 160 个字符的范围内。

没错，比起你随意发布的推帖，你可以用来描述你一生的文字仅仅只多了 20 个字符。

别紧张，其实在此事上完全可以放轻松些!

这就意味着不必描述细节，也不必把做过或为他人做过的所有事情都写进个人简历里。只需选取最重要的一两件事实，然后用一句话概括起来（见图 3-11）。

曾经有很长一段时间，我的个人简介都是这么写的：

> “丈夫，父亲。作家。演讲者，社会化媒体专家，教师。基本上算是个好人。”

图 3-11 我曾在 Twitter 上使用的个人简介。需要加上我的地理位置吗？也许需要，但这并不是最关键的，加上后反而显得过于强调了品牌的地域性

这条个人简介的结构很简单，也很容易模仿，可以完全借用这种模式。如果你经营一家体育网站，可以这么写：

“足球迷，青少年教练，各种体育运动的狂热爱好者，就是膝盖不给力。”

这种个人简介的模式就是用三两个简短的概括性词语描述你的职业等特性，再加一句调侃的话做结尾。

如果想用这个模式写个人简介，只需做个填空题：

“(职业描述 1)，(职业描述 2)，(职业描述 3)，并喜欢(个人描述)。”

想通过 Twitter 宣传自己作品的专业摄影师可以这样介绍自己：

“精通婚纱摄影与个人写真，创新型艺术家，专爱用镜头记录孩子们最囧的时刻。”

花圃设计师可以这么写：

“植物外科医生，园艺专家，用来创作的双手已沾满绿色，最爱修剪齐整的草坪上散发的那股清香。”

写体育博客的人也可以利用这个模式写下这样的个人简介：

“湖人队球迷，纽约大都会队的超级粉丝，《梦幻足球》修炼到教练级，喜欢开车去郊外烧烤。”

你应该已经明白，这种模式的个人简介只容许陈述一两个事实和一点点个人资料。相对于 Twitter 给你的这点空间，这就足够了。许多推客都愿意采用这种个人简介的模式，他们有足够的理由作出这样的选择：简单、实用。

如果人们想了解更多，只需访问你的个人主页即可。（我说过，URL 中提供的网址非常重要！）

因此，个人简介的一种写法就是用 160 个字符对自己做个总结。我用的就是这种方法，非常简单实用。

另一种写法是描述一个特定的项目。

这是 Twitter 另一个用处。如此一来，推帖的主题就不再是你，而是某个特定的话题；一个项目结束时，就可以换到下一个话题。

英国喜剧演员兼编剧斯蒂芬·弗赖伊（Stephen Fry，@stephenfry）因通晓技术知识而闻名。他创建了一个网站，并经常更新网站内容，在上面发表文字或视频博客与播客。同时，他每天都会发布好几条推帖，即使工作时间也不例外。

他这么做很可能是因为他喜欢这件事情，毕竟，Twitter 的趣味性很强，但毫无疑问，他发布的 Twitter 动态也会引起人们对其最新作品的关注，为即将发行的作品积累一定人气。

举个例子，2008 年秋，英国广播公司（BBC）请斯蒂芬去世界各地拍摄一系列有关濒危动物的纪录片。每到一处他都会改变他的地理位置，以反映他发布 Twitter 动态的地点；同时，他还坚持更新自己的个人简介，以描述他当前所做的事情（见图 3-12）。

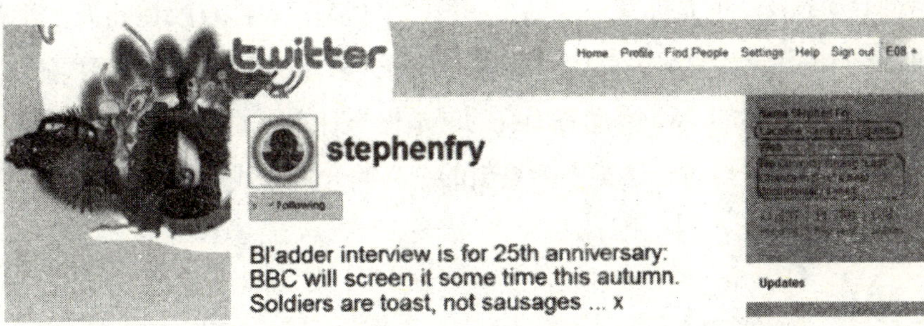

图 3-12 拥有八十万名粉丝的英国名流斯蒂芬·弗赖伊是 Twitter 顶级用户之一。看看他是如何利用自己的个人简介及地理位置的变化来为自己最新的计划做宣传

他的 Twitter 动态还有益于宣传其个人品牌。尽管这些 Twitter 动态大多是围绕他的活动展开的（没错，甚至包括他住酒店时早饭吃了什么）。不过，由于个人简介被放在了一个大项目的背景下，新的粉丝很容易理解，宣传效果也很好。

而这一点，任何一个营销人员都很容易做到（见图 3-13）。

图 3-13 这样的个人简介看起来像是推帖，其实不是

再比如，一名摄影师被派往阿拉斯加对当地油井进行为期一周的拍摄，他也可以通过改变 Twitter 上的方位来反映自己实际生活中的地理位置，并改变个人简介：

“正在阿拉斯加为壳牌集团拍摄油井。”

花圃设计师也可以通过编辑个人简介来告诉大家他正在进行的一个项目：

“正在为文图拉市新建的 Ben Sheffer 公园设计花圃。”

正在给《梦幻足球》游戏写通关秘笈的人则可以这样写：

“正在写一本《梦幻足球》的基本教程。”

比如，我在写这本书时就曾多次改变 Twitter 上的个人简介，以显示工作进展。

Twitter 动态反映的是你某一时刻正在做的事情，但不能反映在几天、几周或几个月内进行的活动。这时，就可以利用个人简介来介绍你在一段时间内的活动，而在这段时间内，你的 Twitter 动态围绕的就是你当时进行的那个特定的项目。

当拥有大量的粉丝时，这类不断更新的个人简介就会成为一个强有力的宣传手段。

3.3.6 方位

在要求用 160 个字符对自己做个简要概述后，Twitter 问的下一个问题就是：

“你在哪里？”

上文我们已经介绍过，利用“方位”（location）的变化可以反映出开展某个项目的地点场所，因此“方位”这一步骤也很有用。

不过，通常情况下，大部分时间你的工作地点都是在同一个地方，因此改变“方位”时要格外小心。

我从未故意隐瞒我住在科罗拉多州拉夫兰市这一事实。实际上，我经常会在自己的博客里谈到这个地方。科罗拉多州非常美丽，能生活在这里，我深感庆幸。

但我的产品与我生活的地方毫无关系。每当参加一个会议，我都会遇到来自全国（美国）的人；我更知道，我的读者、研究的受众以及产品的用户已遍及世界各地。

我并不认为 Twitter 个人资料中“方位”这一项会影响我的个人品牌，但我不希望人们会误以为我的产品只与科罗拉多州有关。这显然不是事实，因此，“方位”这一信息我选择不填。

如果“方位”这一栏的信息可能会将你的工作地域化，你也应该让它空着。

3.3.7 保护我的推帖

“语言设置”这一栏，这里跳过不讲，因为大家一看就能明白。下面要讲设置页面上最后但可能是最重要的一项内容。

Twitter 的最后一个问题是：你是否已经准备好让所有人都有权看到你的推帖，还是要将推帖设置成保密状态，只有经过批准的人才能看到？

如果你使用 Twitter 的目的是市场营销，请不要选图 3-9 中的勾选框。

你应该允许所有人查看你的推帖。身为营销人员，你当然希望你的 Twitter 页面吸引的访问者越来越多，所以不要拒绝那些认为你的推帖精彩有趣的人。热情地接纳他们，你的粉丝自然会越来越多。

试想，如果人们连你的推帖都看不到，又怎么会成为你的粉丝呢？闭关自守，在 Twitter 上面对的读者就只能是亲戚、朋友及其他自己选择的联系人。

这就跟商店主人挂上“停止营业”的牌子，只做熟人生意是一个道理。

当然，如果只想发布一些私人的东西，这么做也无妨。不过，这是 Twitter 的另一个用途，不是这儿所讲的以营销为目的的用途。如果想利用 Twitter 建立个人品牌，拓展生意，还是空着这个勾选框吧。

3.4 选择 Twitter 头像

上文所讲的个人资料设置都是在设置页面里完成的，可以选择个人主页顶部的设置按钮，然后在弹出的对话框中选择账户（Account）这一标签即可。

其实，在弹出的对话框中共有 7 个标签页可以选择，但一开始只能看到 6 个（见图 3-14）。名为联系方式（Connections）的标签页最初是看不到的，除非你选择使用某些 API，即可拓展 Twitter 现有功能的程序（该内容稍后会有涉及）。现在，我们跳过“密码”、“设备”、“注意事项”这几个标签页，直接讲解与个人资料密切相关的标签页，以便提升你在其他推客面前展现的形象。

图 3-14　刚加入 Twitter 时看不到“链接”标签。但是，你会发现，Twitter 网站把你的个人简介放在了“账户”标签下，并把“头像”与“设计”分开

我始终认为应该在充分完善主页面的内容之后，再开始发布或接收推帖。一旦完成了个人资料的设置（如果不满意，以后还可以修改），下一步就是上传照片了。

你需要上传一张近期个人靓照，作为 Twitter 资料的一部分。

这一步没有其他选项。

如果不上传照片，你的头像框中就只有两个奇怪的圈圈。这不仅毫无吸引力，还会让人觉得你不在乎自己用在 Twitter 上的时间。

那些上传照片用作自己头像的人，往往也会期望能看到你的真容。

因此，不但要上传照片，还要选一张足够好的，既能展现你职业的一面，又能显露出你个性的一面——就像你在推帖中表现的那样。

不过，要记住一点，头像显示框很小。尽管人们可以点击照片查看大图，但很少有人会这么做。因此，最好选择一张面部特写照，这样，即使照片缩小到大拇指指甲大小，也能让人看清楚你的模样。如果选择全身照作为头像，那么别人是绝对看不清楚你的表情的，因为你的脸在他们的屏幕上只剩米粒大小而已。

另外，照片中的你最好处于微笑、轻松自在的状态。

说起来容易，做起来难，许多人都在选择头像这一步犯下了各种错误。

只要略微浏览几个社会化媒体的网站，就会看到一张张模糊的、虚焦的或完全不合时宜的照片。针对如何给自己的社会化网站主页（包括 Twitter）选取头像照，有以下几点建议。

(1) 不要自己举着相机给自己拍照

胳膊出现在照片中并不美观。实际上，这样的照片让人觉得你连给自己拍照的朋友都没有，或者连相机的自拍模式都不会用。不管出于哪种原因，都很难在人们心中留下好的印象，而且，这样也确实拍不出好照片。

我在社会化网站上使用的头像照都是由专业摄影师拍摄的。如果很认真地想通过社会化媒体做市场营销，应当慎重考虑照片的选择。可以去附近的照相馆拍，也可以利用bettertweetshots.com的服务。这个网站会根据你所处的位置，为你精心挑选一名摄影师，让他亲自上门为你拍摄一组专门用于网络的肖像照，最低收费为99美元。

最起码，应该请人帮你按一下快门，千万不要让自己的胳膊出现在头像照里。

(2) 选择好相机

现在，许多笔记本都有内置摄像头。对于台式电脑来说，摄像头几乎跟键盘、鼠标一样成了必不可缺的标准配件，就连最便宜的手机都设有照相功能、邮件设置以及便携式摄影工坊。

但是，这些都不可用。

这类镜头拍出来的照片容易失真，效果不好。因为，它们在拍摄时很难对焦，成像模糊，画面易有颗粒感。

如果要跟远方的朋友或生意伙伴视频聊天或开视频会议，摄像头确实是个不错的选择，我也常用。

如果要在朋友的生日聚会上抓拍一些照片，则手机最为方便。

但是，如果拍照的目的是为了把它放在社会化媒体网站上代表你的形象，那就必须选用专业的相机。其他设备都很难呈现理想的效果。

(3) 背景尽可能简单

因为放头像照的空间十分有限，照片背景里有任何多余的东西都会影响有限空间中最重要的元素——你自己。

理论上讲，你应该占据照片上大部分空间，背后最好空无一物。

如果你的背后是地平线、大海或天空，也许并无大碍，但如果背景较为杂乱（如街道、建筑物、私人轿车），就会使人们的注意力从你身上分散到背景上，就突出不了你。

找一堵白墙为背景，或者站在高层建筑物的阳台上以天空为背景，然后，让朋友举起相机站在你的正前方为你拍照。

(4) 展现自己

最后一点建议：一定要用你本人的照片，而不要用你养的猫、狗或仓鼠等宠物的照片，也不要用自己最爱的卡通人物的图片，更不要用那些自以为能很好地显示你个性的不规则曲线。

如果这个Twitter账户是以公司为核心的，那么也可以用公司的标志作为头像。否则，还是贴出一张你自己的靓照吧。

社会化媒体的核心就是个人品牌的建立与推广，即你以个人身份建立人脉网以及运用这些人脉为你创造价值。

要想建立广泛的人脉，露脸是必需的，害羞可不行。不管你个性害羞与否，都要抛开所谓的面子问题，养足精神，拍一张美美的照片放到个人资料里。

而且，一定要是一张专业的富有亲和力的好照片！

3.5 设计 Twitter 个人资料

下面，我们要开始讲正事了。

挑选头像时，你只有一个选择：务必要选一张清晰、专业的面部特写照，且大小与 Twitter 提供的相框一致，以免其他人眯着眼睛才能看清楚你的相貌。

相比之下，个人资料设计就要复杂得多了。

Twitter 的个人简介留给用户自由发挥的空间很小。毕竟，当个人简介被限制在 160 个字符以内时，就不可能写出太多内容。

而且，Twitter 网站在对待链接的问题上显得十分小气。大部分人想要推广的网站数量都不止一个，另外，把自己的 Facebook、Flickr 或 MySpace 介绍给推客也是个不错的选择。

为什么非要把你的粉丝限制在一个营销渠道上呢？

只能在个人资料里放唯一一个链接，感觉就像一个孩子被带到了糖果店，却只允许他挑一块糖果。

事实上，巧妙地利用背景图片，就能够获得另一个拥有所有糖果的机会。

但是，需要开动脑筋，认真谋划一下。

Twitter 已提供了 12 种背景图片供用户挑选（见图 3-15）。

可不要贪图方便，就从默认的 12 种背景图片中随便选一个了事，一定要自己设计，然后点击"改变背景图片"（Change background image）上传（如图 3-15 所示）。

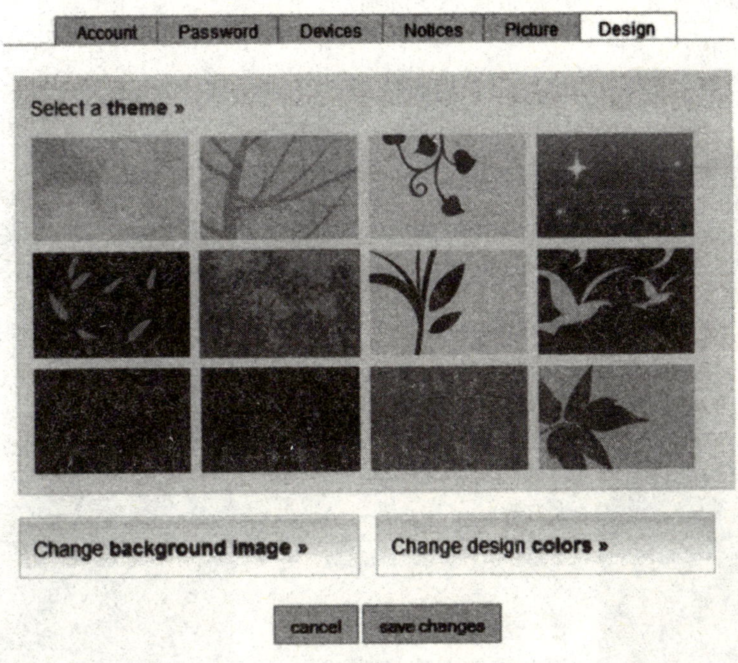

图 3-15　Twitter 个人资料的设计很灵活，也非常有用，这与它表面给人的感觉不同

不要让 Twitter 主页的左半部分空着，也不要为它设置不相干的背景，要充分利用这个空间推广自己的业务（见图 3-16）。

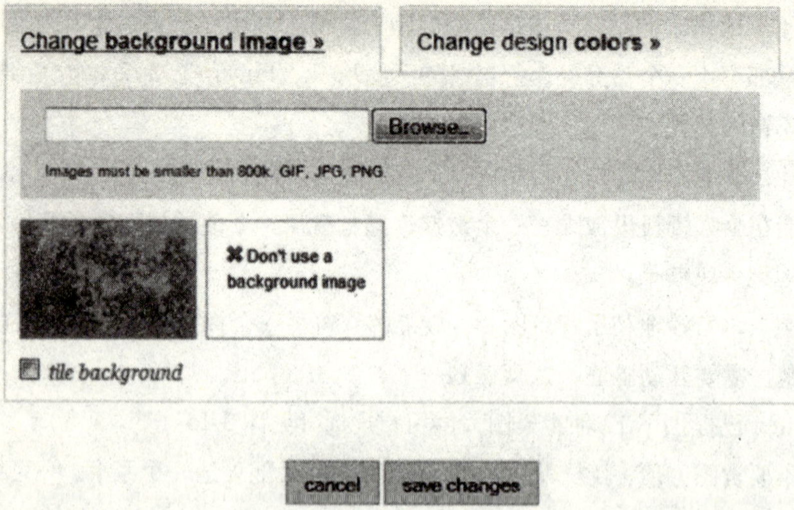

图 3-16　改变背景图案，开始经营你的 Twitter 产业吧

左边这片带状空间是你价值不菲的财产，不好好加以利用就等于丢掉了一块唾手可得的肥肉。

图 3-17 显示的就是我的个人资料页面。

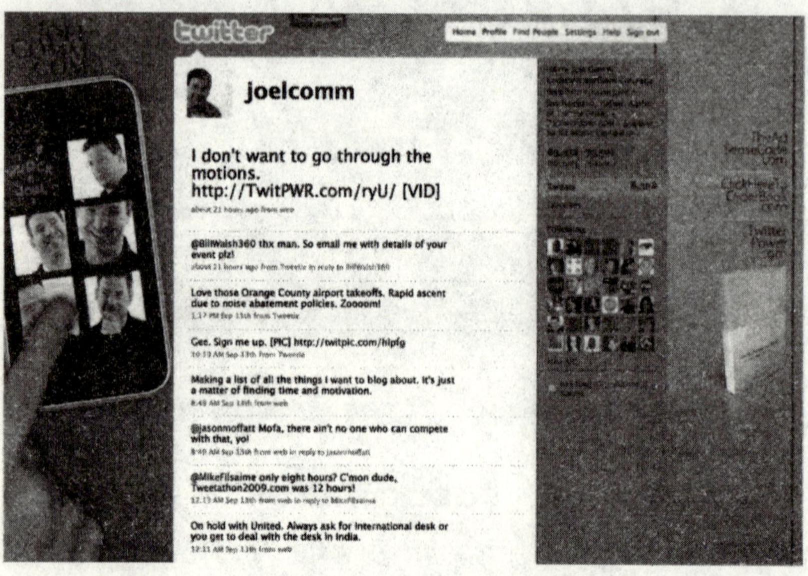

图 3-17　我特别设计的背景图案不仅说明了我的身份，为我的网站与新书做宣传，还告诉人们我的联系方式。这是一个很有意思的方式。那么，你希望你的背景图案表达什么内容呢

背景图片是请 TweetPages 为我设计的。TweetPages 是一家专门设计 Twitter 背景图案的公司，可以在这个网站上找到相关信息：twitpwr.com/tpjc。我觉得他们的设计很不错，并跟他们商定，可以在价格方面给予本书读者一些优惠。如果需要他们的服务，就可以使用统一的九折优惠券，优惠券的密码是 TWTPWR。

观察页面的左侧，可以把它看做由四部分组成。

第一部分在左上角。这个部位是页面的门户，要起到介绍的作用。它应该告诉人们你是谁，并让人一眼就辨识出你的职业。

在我的个人资料页面上，我利用个性化的签名实现了上述两点。你当然也可以把公司标志放在这儿。

注意，这与传统意义上的网页不一样。人们进入这个页面后第一眼关注的一般不是这个部位，而是你最新发布的 Twitter 动态，这些鲜活的内容总是更加突出，更吸引人的眼球。看过 Twitter 动态之后，人们才会将目光转移到页面的左上角，看看这些精彩的推帖出自谁手。

> 因此，这个角落应该放一张视觉上极具吸引力的图片或文字，用以吸引读者继续往下看。

而下面就是信息栏。

通常，在 Twitter 个人资料页面上，Twitter 动态的旁边都设有一个竖直的版块，里面包含了推客的基本信息，更重要的是，它还指明了更多有关推客的信息的存放之地。有时，这个版块包含的信息只是一些 URL 而已。

TweetPages 为我设计时，把信息栏放在了背景图案的右边，而传统方式则在左侧，这让我的页面看起来更有趣，也更有吸引力。另外，我的背景图案的设计符合最受欢迎的分辨率要求（见图 3-18）。

秀完我的照片，现在轮到你了。

我决定给我的 Twitter 账户选择一个较为活泼的背景图案。

最近我在研发 iPhone 应用程序的过程中取得了成功（没错，我就是目前闻名于全球的 iFart 手机应用程序的发明人），我觉得这份成功既体现了我的个性，又能令我显得与众不同。

当然，专门定制背景画面的好处之一就是你可以随心所欲进行调整。因此，也许几个月后我就会换一个新的背景。如果不想把自己的照片放在背景图案里也不必勉强，设置何种背景主要还是应当取决于公司的性质以及需要着重宣传的内容。

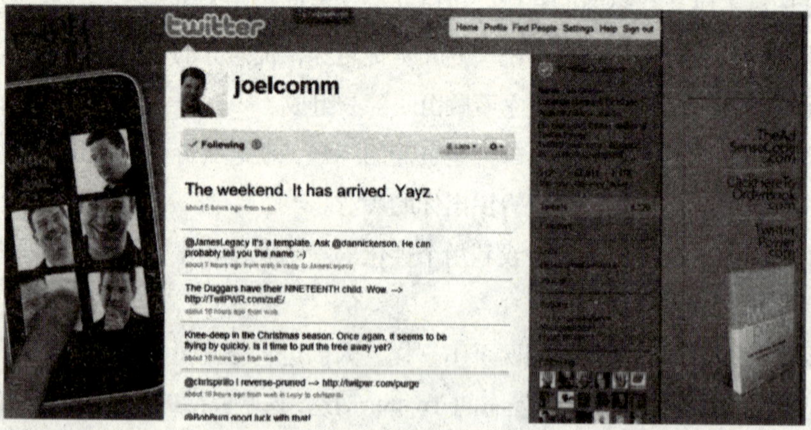

图 3-18 TweetPages 负责我的背景图案设计，让它适合任何一种浏览器的分辨率。这无疑是个明智的选择

如果宣传的是个人品牌，那就放一张或一组照片，且照片尺寸要比个人资料里的头像大，这样才会取得良好的效果。

你的个人资料能以缩略图的形式出现在其他人的 Twitter 页面上，可以点击查看。当人们打开你个人资料的页面，看到除头像以外还有别的照片，就会立刻觉得得到的信息比缩略图提供的简单自我介绍要多，从而满足了他们了解内幕消息的心理，并对你产生亲近感。

如果宣传的是产品或商业品牌，就可以在这儿放一张产品的图片，或把它设计成信息栏，并加上产品的介绍文字。

信息栏一般以简介开头。简介可以写得很简单，感谢人们对你的关注，并告诉他们去哪儿能看到你的详细信息。

我理解为什么 Twitter 不愿意像 Facebook 那样把联络人称为“朋友”（friend）。网上结识的人与现实生活中的朋友不一样，他们也许很重要，很有价值，有些可能就是你生活中的朋友，但是你与他们之间形成的是一种全新的关系。这种交情淡如水，发展速度更快，彼此的负担也更轻。一般不会有粉丝要求你凌晨三点去机场接他，而朋友如果有这个需要就不会不好意思向你开口，而你也不好拉下脸拒绝他的请求。

但是，用“粉丝”来指代联络人也不够准确。团体内部也会有领导者，但其成员却从来不会把自己看作粉丝——至少这不是在明星的后援会。

我在表示感谢时更愿意感谢他们与我联络，而不是感谢他们做了我的粉丝（见图 3-19）。

图 3-19　如果你要在个人资料页面上感谢某些人，那就感谢他们与你“保持联系”。千万不可感谢他们“关注你”

不介意的话，你也可以仿照图 3-19 显示的模板，或者用我之前使用过的一个版本也可以。那个版本是这样的：

> “关注我，就可以从我发布的 Twitter 动态中学到有关市场营销、社会化媒体的许多知识。”

这个版本很容易模仿，它既涵盖了成为你的粉丝所能得到的好处，又概括了你的职业，还是号召大家行动起来点击“关注”按钮的动员书。

如果想通过 Twitter 宣传你的旅游博客，就可以这么写：

> “关注我，和我一起漫游世界，访遍名胜古迹，尝遍各地美食。”

这种模式既简单，又实用。

信息栏包含的只是一些链接，这些链接将为粉丝提供更多与你相关的信息。同样，这一部分看似简单，实际却可以成为你的 Twitter 形象中最重要的组成部分。

可以尽可能多地吸引粉丝，把你每天的动态一一呈现出来，让他们了解你，并向朋友推荐你。但是，如果粉丝的作用仅此而已，那他们对你来说就毫无实际的价值。

你需要他们查看你其他的网站，需要他们点击那些网站上的广告，购买你的产品。

你需要他们帮助你挣钱——这显然不会直接在 Twitter 上发生。只有把他们带到你其他的网站上，才能实现这个目的。

人们可以在工具栏里找到你的其他网站的信息。

请注意我是如何做到既能提供多个网站的信息，又能利用标题把这些网站信息区分开的。

这与在网站上应用的策略截然不同。在网站上放置链接信息时，更常见的方法是放几个外部网站的链接，这样就能掌控网站用户的去向，在投放广告时就可以避免内部竞争。

我的秘诀是：右侧的工具栏实际就是广告，其功能与 Google 的 AdSense 广告单元类似，但却是你专属的 Google AdSense 广告单元。

AdSense 应该算是互联网上使用率最高的广告网络。AdSense 广告系统由 Google 负责运营，自动发出广告，为投放页面选择与其内容相匹配的广告。Google 能成为拥有数百亿美元资产的大型搜索引擎公司，正是依靠这些广告提供了资金来源。

我也从这些广告中受益不少。

不能直接把 AdSense 广告单元放在 Twitter 页面上，但可以制作自己的类似 AdSense 的信息单元来推广自己（见图 3-20）。

图 3-20 这不是 AdSense，但功能类似于 AdSense……几乎一模一样

图 3-20 中的设计与前面所讲的有些许区别，但基本原则完全一致。你的 Twitter

动态就是你发布的内容（当然一定得是优秀的作品），广告就放在动态的旁边。表面上看，这不像广告，因此人们不会马上排斥这些内容，相反，他们会希望了解这些内容。

人们的这种心理正是 AdSense 广告系统运行的基础，而它也可以被我们用在自制的 Twitter 广告中。

一个 AdSense 单元通常会包含多种不同的链接，以便给读者充分的选择空间，这样，他们至少会找到一个感兴趣的链接。同样，有许多不同 URL 的工具栏也会更吸引读者。

人们可以通过标题了解到网站经营的内容，标题下方就是这些网站的 URL 地址。

然而，Twitter 右侧工具栏与 AdSense 有一个十分重要的区别：工具栏里的链接不能直接点击。

它只是一幅图片，是 Twitter 时间轴的背景，仅此而已。

显然，这是一大弊端。不过，也可以通过巧妙的设计克服这一弊端。我把我的工具栏里的标题和关键字都设置为蓝色，让它们看起来更像是链接。

也许它们本身不具备链接的作用，但却和链接一样吸引眼球。

最后，我把页面底部的空间让给了一个我特别想要突出宣传的事物。过去，我放的是在写本书第一版时用到的社会调查，这份调查对我理解人们使用 Twitter 的方式起到了很大作用。现在，我把这本书的照片放在了这儿（见图 3-21）。书的照片不仅有助于你赢得读者的信任，同时还给书做了宣传，一举两得！

图3-21 信息栏的底部为我的宣传提供了最后一击

这个部分是信息栏的最后一部分，其妙处就在于我可以随时改变里面的信息。

当有新产品需要推广时，只需对背景图片进行简单的编辑，换掉右侧下方的照片即可。

现在，你也许会认为我应该把要推广的产品放到信息栏的顶部，这种想法固然不错，但实际应用时还请三思。

信息栏的顶部必须放最重要的产品——要能代表最想推广的品牌才行。对我的 Twitter 页面来说，最重要的产品就是我的个人品牌。

我的 Twitter 页面的核心不是我的作品，也不是我当时宣传的主打产品，而是我本身。因此，只有我的个人品牌才能放到页面的顶部。书也是我想要推广的事物，但论重要性只能排在第二位，因此被放在了底部，还附上了照片，目的当然是为了让它显得更突出。

瞧！多么简单！

之前使用的背景底部还有一句公告，告诉大家我不会回复任何私密消息。私密消息只有发送人与接收者才能看到。Twitter 设计私密消息的初衷很好，如果运行得顺利的话也很有帮助，只可惜没能成功。我每天都会收到几十条私密消息，但大部分都是自动发送的。如果真的有人给我发了一条重要的信息，那么这条信息一定会被其他滥发的垃圾消息淹没。如果确实有重要的事，其实有更好的方式可以与我取得联系，我把它们列在了背景画面的底部。

3.6 为 Twitter 设计商业背景

更确切地说，背景设计其实算是简单的，只有背景图案选择的技术性要略强一些。

其实它的技术性也算不得非常强，但如果你跟我一样对平面设计一窍不通，那最好把背景图案的设计工作外包给专业设计师。

只需确定版面编排与内容，其他复杂的设计与制作工作就交给设计师去做吧，因为，一个设计的成功需要有精准的尺寸作为保证。

比如，休·布里斯（Hugh Briss）通过自己的网站 TwitterImage.com 为推客量身定做背景图案。其设计费用起价为 100 美元，已经成功为某些 Twitter 达人制作了精美的背景图案，如克里斯·皮瑞罗（Chris Pirillo，@chrispirillo）、博客专家达伦·罗斯（Darren Rowse，@problogger）。

不过，近来我越来越喜欢马特·克拉克（Matt Clark）的设计作品，他是TweetPages（twitpwr.com/tpjc）的专属设计师。这个网站的作品质优价廉，价格从23美元到103美元不等，23美元是设计工具栏的价格，花103美元则可以设计整个背景图案。另外，该网站还提供许多现成的背景模板供用户下载，有免费的，也有收费的，但每个收费模板也只需99美分。这个网站很值得大家去观摩一下，购买设计时不要忘了使用优惠券（密码为TWITPWR），可以享受九折优惠。

外包给专业设计师是制作专业背景图案的最简单方法。实际上，还有许多其他方法来制作 Twitter 背景图案，其中也不乏简单的方案。

只要是我能做到的，你也一定能够做到！

1. 尝试 DIY

用 Photoshop（或选择 Gimp、Paint.Net 等更简单的免费平面设计程序也行）设计背景图案相对而言比较难。

需要了解以下几点对背景图案的基本要求。

- 背景图片大小的上限为800kb。
- 背景图片的尺寸没有固定限制。我的是1 200像素×650像素，以保证它不管在什么尺寸的屏幕上都能完整显示出来。
- 左边工具条的尺寸为80像素×587像素。
- 顶部 Twitter 标志的高度为14像素，因此，应保证你的图像最高点与 Twitter 标志持平。

注意，尽管可以把背景图案的右侧设置成工具条（或任何功能），但这并不能保证它能在不同大小的屏幕上显示出来。若电脑屏幕较小，它可能会被 Twitter 时间轴覆盖。如果把工具条放在左侧，信息添加在右侧，也会使读者混淆。你只需让读者看到你其他网站的链接与推帖，然后去你的网站搜寻更多信息即可。不过，休·布里斯设计的一些整洁美观的背景图案可以把屏幕两侧都利用起来。

如果懂得调整图案的颜色、形状，并掌握设计程序的使用技巧，自己创新当然更好。如果不懂这些技巧，那就尽量让设计保持简洁。

2. 使用免费模板

推客韦恩·萨顿（Wayne Sutton，@waynesutton）上传了一个免费的基础模板，供大家下载使用。

可以去 www.box.net/shared/lgw2pz4gso 下载这个模板，保存到自己电脑上之后打开文件，就可以根据需要编辑照片与文字了。

不过，这个模板只是两侧工具条的模板，不能提供页面其他部分的独特设计。幸而，我们还有许多其他工具能帮我们达到这个要求。

3. 使用免费背景设计

设计师娜塔莉·约斯特（Natalie Jost, @natalie）在 TwitterPatterns.com 上放了许多精美的背景设计免费送给大家。不过，这些设计只能用于 Twitter 页面——若想将这些设计用于其他网站则需要花钱购买——不过，这些设计确实很漂亮，值得一看（见图 3-22）。

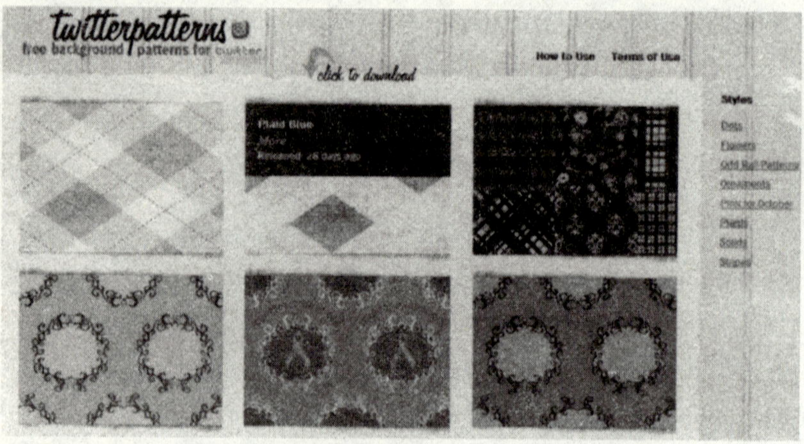

图 3-22　娜塔莉·约斯特的网站 Twitterpatterns.com 提供了许多美丽的背景图案——而且都是免费的

另外，GrungeTextures.com 这个网站也提供了大量精选的背景图案，只要符合“创意共用许可”（CC）的前提就可以免费使用。

3.7 正确选择颜色

自己制作一份充满诱惑力的背景图案的过程是有趣的，但技术性可能比较强。如果你实在觉得很棘手，或者希望有一份真正独特的设计，那么找一名设计师替你完成背景图案的设计也不成问题。

不过真的没有必要这么做。凭借自己的努力，半小时以内速成一份优质的背景图案并非难事，特别是在有现成模板的情况下。

Twitter 还为用户提供了一些颜色方案，不过，要想正确选择，还需要细心与技巧。对背景图案来说，最重要的一点就是清晰。

你一定不想看到用户眯着眼睛阅读文字、寻找链接，最后却仍落得个眼花缭乱、败兴而归的结局吧？

选好背景图案后，就可以为以下 5 个页面元素设置颜色（见图 3-23）。

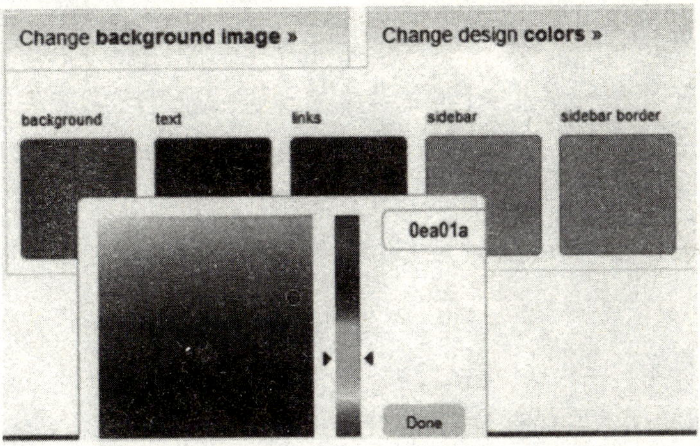

图 3-23 要想设计出成功的 Twitter 背景图案，颜色也是重要的元素之一。可以从调色板中选择颜色，也可以手工输入色彩值

3.7.1 背景

如果已经制作好了自己的背景（background）（当然，你应该已经制作完成了），那就不用过于担心背景色的设置。背景色只会出现在电脑屏幕上背景图案的右侧。

如果能确保背景图案足够大，能够完全覆盖尺寸最大的电脑屏幕，那么背景色根本不会显示出来。

当然，为了安全起见，还是应该选择一个与背景图案色彩搭配协调的背景色。背景色要用纯色，不含任何设计，这样，即使你的背景图案过窄也不会太明显。

3.7.2 文本

此处的文本（text）颜色设置是指右侧工具条中文字颜色的设置。Twitter 时间轴中的文字颜色为黑色，背景为纯白色，这是 Twitter 系统设置好的，不能改变。

除非已经胸有成竹，想到了更为巧妙的设计，否则就直接将文字设置成黑色或其他较深的颜色，并给工具栏的背景色挑一个相对较浅的颜色，使文字显得更突出。

记住，网络设计只看设计带来的结果，不看设计本身的效果。你的颜色组合可能是世界上最美的，但如果没有人阅读你的文字、查看你的链接，这个设计仍是失败的。

3.7.3　链接

这就解释了为什么在信息栏中的链接（link）一定要设置成蓝色。

链接只需采用 Twitter 默认设置的蓝色即可。这样，粉丝就能马上明白你的网站的参考信息是链接，他们可以点击查看更多有关你的信息。

若用别的颜色，就很容易把他们弄糊涂，你也会因此错过大量点击，从而可能失去提升销售额的良机。

3.7.4　工具条

前文已经指出，右边显示个人信息的工具条（sidebar）应该采用浅色调，这样才能更加突出你的个人信息。但工具条的颜色也要与背景图案的设计相协调，因此，需要多试几次才能找到最合适的。

中立的灰色几乎可以和任何颜色搭配，如果对自己的选择不确定，那就用灰色吧。

3.7.5　工具条边框

最后，右侧工具条边框（sidebar border）的颜色应该是整个页面上最不起眼的。工具条的边框包括外边框与内边框，内边框会把工具条中个人信息的各个板块分隔开。

实际上，只有当选错颜色的时候，才会注意到这些线条。试着把边框的颜色设置得鲜艳一些，如明黄色，就明白我说的究竟是哪个部分了。

一般而言，最安全的选择是黑色，但主要还是取决于背景图案的设计。也可以把边框的颜色设置得跟工具条背景一样，这样就完全看不出边框的存在，而且正符合“简洁”原则，也算是一个不错的选择。

正确设置 Twitter 页面的背景图案十分重要，不仅仅是为了美观，更是为了给自己创造一个对外宣传品牌信息的宝贵机会。

因此，这并非是在浪费时间。

3.8 “注意事项”需要注意的地方

完成背景图案的制作以后，你的 Twitter 之旅就万事俱备了。不过，还欠点东风，因为还有几个小细节需要关注。

首先要完成“注意事项”的设置。

在这项设置里，可以选择被 Twitter“骚扰”的频率。

只要愿意，这个频率可以非常高。不过，高频率并不可取，应该只是让它偶尔“骚扰”一次，且每次“骚扰”都能帮助你吸引粉丝，增强网站的营销能力。

Twitter 刚开始运作时，有一项设置与 @replies 页面有关。这个设置决定了其他人回复给你的短消息是否会出现在你的时间轴上；如果选择是，还可以进一步选择时间轴显示哪些人的回复。可以让时间轴显示所有人的回复，或者只显示来往于关注对象之间的短消息，当然，也可以什么都不显示。

现在不是这样了。Twitter 做出了一项争议很大的决定，让时间轴只显示你关注的人彼此之间发送的短消息（见图 3-24）。

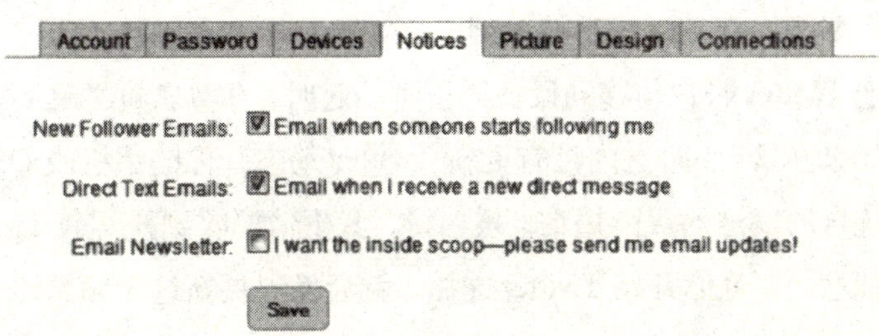

图 3-24 Twitter 上的“注意事项”可能会令人迷惑

比如，若你关注了我，你就可以在登录 Twitter 时看到我给你关注的另一个人的回复。但是，我给其他你没有关注的人的回复，你只能在我的时间轴上才能看到。

这个决定有利有弊。

其弊端在于它屏蔽了你认识新朋友的机会。与业内人士联系是 Twitter 的一大优势，而在联络人中找出同行最好的办法就是查看他们的对话及交流对象。如果你只能看到出现在自己页面上的 Twitter 动态，就会错失许多交朋结友的机会。

诚然，这个决定对你而言也并非一无是处。它意味着，如果希望把 Twitter 利用到极致，仅浏览出现在自己页面上的 Twitter 动态是不够的，还要查看其他推客的时间轴才行。同样，为了看到你的交流对象，人们也会访问你的时间轴，这样你的个人资料、背景图案及其他链接就有更多机会呈现在他们面前。

限制@replies 的功能也许会降低交际机会，却增强了你的营销能力。

另外，还要设置两个提醒功能，至少刚开始的时候一定要选。当有人*加你为关注对象或给你发私密消息时*，要接受系统给你发的提醒邮件。

在建立粉丝队伍之初，应该悉心关注每一个加入进来的人。不过，一旦队伍的规模逐渐壮大，每天都有数十个新的粉丝加入，这些一股脑涌入的提醒邮件就会变得很烦人，而且毫无用处。

收到私密消息的提醒邮件也是如此。就像我说的，这些邮件几乎毫无价值。因为许多人都把账户设置成自动回复，只要有人关注他们，账户就会自动回复一条私密消息表示感谢，这样，你的收件箱很快就会变成垃圾文件夹了。而且，这个收件箱也没有搜索或筛选功能，即使收到重要的私密消息，也很难从中找出来。因此，刚开始可以把提醒功能设置成启用状态，方便你了解私密消息的用法；一旦掌握了所有要领，就把提醒功能关闭。

只有当把 Twitter 账户与移动设备连接到一起时，*自动震动提醒*（Auto Nudge）才会打开。如果你 24 小时之内没有更新 Twitter 动态，你的手机或即时消息账户就会收到系统自动发送的提醒短信。坦白讲，我更情愿收到提醒我 Twitter 更新过于频繁的短消息。一旦你开始 Twitter 之旅，就会发现更新过于频繁比一整天不更新更加危险。

最后，Twitter *简报*也许很有意思，但一定不会比 Twitter 博客更有意思，浏览 Twitter 博客才是你每天都该做的事，因为 Twitter 博客里总有许多有用的信息。

3.9 用手机更新 Twitter

在开始发布 Twitter 动态之前，还有最后一件事情要做——设置手机 Twitter。

在电脑上使用 Twitter 已足以为你带来很大的乐趣与好处，而通过手机发送、接收推帖则把你的 Twitter 经历变得更加妙不可言。Twitter 从开发之初就把手机的使用特点考虑在内了，因此出现上述情况也不奇怪（见图 3-25）。

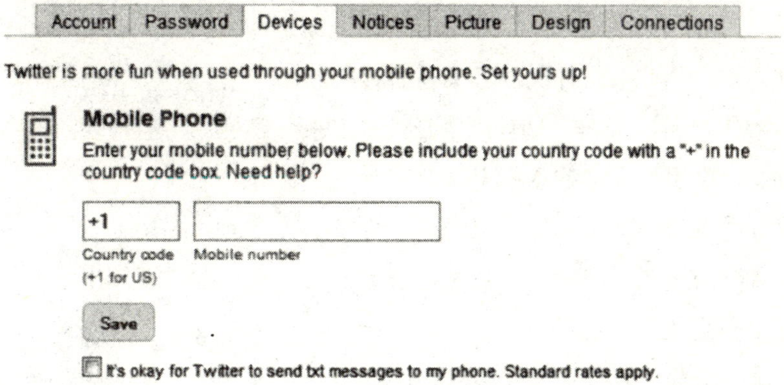

图 3-25 Twitter 还允许你用手机接收、发布推帖。不用电脑同样可以保持在线

可以随时随地更新 Twitter 动态——在餐厅等餐的时候，在车管所排队的时候，甚至在会场观众席上都可以通过手机 Twitter 与粉丝分享演讲内容。

手机令 Twitter 更加方便，同时意味着，你忘记更新 Twitter 的几率也少得多了。

要想用手机收发推帖，点击设置页面中的“设备”（Devices）标签，输入手机号码，然后在校验框中打上勾，Twitter 就允许你像收发短信一样在手机上收发推帖了。

接着，你会收到一个代码，美国用户把代码发送到 40404，加拿大用户发送至 21212，德国用户发送至 49 17 6888 50505，印度用户发送至 5566511，其他国家或地区发送至 +44 7624 801423，手机 Twitter 就设置好，可以收发推帖了。沃达丰[①]的英国用户还可以发送短信至 86444 来收发推帖。

① 沃达丰（Vodafone LSE）是当前世界最大的移动通讯网络公司之一，在全球27个国家均有投资，当然包括中国。其总部在英国伯克郡的纽布利及德国的杜塞尔多夫。——编者注

不过，由于你允许用手机收发推帖，麻烦也随之而来。当关注了很多人时（要想建立粉丝队伍，你自然也需要成为许多其他人的粉丝），你的手机就会响个不停。

因此，在开始关注他人以前，用手机发送 stop 或 quit 至 Twitter 账户，这样你的手机就被设置成了只发送而不接收推帖的状态。

以后，你也可以发送“on 用户名”（如 on joelcomm，这个用户名是你关注且又希望接收其动态的人的用户名），这样，只有你精心挑选出来的人的动态才会出现在你的手机上。

设置好手机 Twitter 后，你可以通过手机发送至 Twitter 账户的命令有很多，不胜枚举，图 3-26 列出的几个只是九牛一毛。

关于这个话题，要特别说明的就是这些！

上述设置都完成之后，你就可以发布第一条推帖了。

Twitter Mobile Commands

@username + message

Sends a tweet to another Twitterer. Your message appears as a reply in their timeline.

D username + message

Sends a private message to a Twitterer's device, and saves a copy in their Web archive.

WHOIS username

Lets you read a Twitterer's profile information.

GET username

Retrieves a Twitterer's latest tweet.

NUDGE username

Asks a Twitterer to post an update.

FAV username

Marks someone's most recent tweet as a favorite.

STATS

Lets you see how many followers you have and how many people you're following.

INVITE phone number

Sends an invitation to join Twitter by SMS to someone's mobile phone.

图3-26　手机Twitter上的各种命令

3.10 发布第一条推帖

点击页面顶部的“主页”链接，回到你的 Twitter 主页。

在主页的顶部，呈现的是 Twitter 始终如一的问题：“你在做什么？”

该问句下面就是用于回答的输入框——只能输入 140 个字符。

现在就开始吧！

输入任何你想输入的文字，然后点击 update（更新）按钮（见图 3-27）。

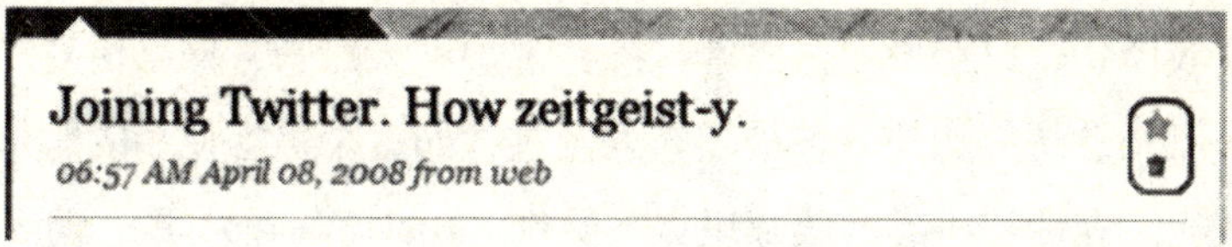

图 3-27 对于自己的推帖，不管你是喜爱还是厌恶，发布之后，Twitter 仍给你选择的机会

想不出任何能体现出你的智慧火花的妙语也没关系，因为在这个阶段，只需要随便写点东西，体验一下过程就可以了。写句“加入 Twitter!”就已足够。

现在，所有人都能阅读你发布的这条动态。

如果觉得让所有人看这条早已用滥的台词很恐怖，点击这条动态，就能看到它的时间戳。再点击这个时间戳，就能对相应的动态进行操作。在你所发布的动态右上角有两个图标：一个星号，一个垃圾箱图标。

选择星号，就是保存这条动态，选择垃圾箱图标，则是删除。将来，你一定会发现这两个图标真正的价值所在。

3.11 成为粉丝

在让其他推客发现自己的存在之前，还有最后一件事情要做——做其他用户的粉丝。

这是 Twitter 之旅中最简单、也最有意思的一个环节。Twitter 网站可谓人才济济，不愁读不到精彩内容，也不愁找不到值得关注的人。

如果已经想好要关注哪些用户，那就直接找到他们的 Twitter 主页，点击“关注”（Follow）按钮即可。如果还没想好，本书最后提供了一份 Twitter 通讯录，里面列有许多内容含金量颇高的推客。

我也非常欢迎大家去@joelcomm，成为我的粉丝。

3.12 简单说说安全问题

你马上就可以着手建立自己的粉丝队伍了。不过，在向 Twitter 世界进发之前，我还想唠叨几句有关安全的话。Twitter 不可思议的增长速度也吸引了各种不怀好意的人。据我所知，已经发生过黑客入侵并占用私人账户、网络仿冒、偷盗密码等事件。奥巴马总统的账户就曾被黑客入侵过，而这个黑客使用的账号却是在奥巴马就职典礼上宣读祷告辞的牧师里克·沃伦（Rich Warren）的。时不时地，你还会看到 Twitter 发出警告信息，提醒用户不要点击某些链接或关注某人。

一般来说，最好接纳 Twitter 发出的这些警告。

另外，许多应用程序也会要求你输入你的 Twitter 用户名和密码。这种让我输入密码的要求总是让我心怀忐忑，但实际上，到目前为止，这类要求 99%都没有问题。目前，Twitter 越来越多地使用开放授权（OAuth）身份认证系统，这并不奇怪，因为开放授权系统既可以确保数据的安全性，又无需用户输入自己的账户密码，从而很好地解决了此类问题。

相比之下，虚假账户的问题更严重，尤其是对 Twitter 上的知名人士来说。任何人都可以新建一个账户，然后以他人的名义发布消息。有些账户很明显是杜撰的，但杜撰这些账户的人并没有恶意，还会精心打理这些账户。比如，@darthvader 这个账户就是对《星战》反派人物达思·韦德（Darth Vader）的幽默讽刺，而 @don_draper 则是“Space 150”公司的策略与观察部主任保罗·艾沙克森（Paul Isakson）以电视剧人物唐·德雷珀（Don Draper）的名义创建的。Space 150 公司以数字化手段为其他公司提供维护、拓展客户关系服务，而唐·德雷珀（Don Draper）是电视剧《广告狂人》中的角色。保罗·伊沙克森想知道人们如果可以与电视剧角色互动会有什么反应，便创建了这个账户，并打算在得到结果后把这个账户交给公司去打理。AMC 电视台很不满意保罗的做法，迫使他关闭了该账户，不过现在 AMC 电视台也在利用这个账户为《广告狂人》做宣传，这确实不失为明智之举。

上述类型的虚假账户对公众而言没有危害性，而且，只要版权人没有异议（创建虚假账户的推客是在帮着做品牌宣传，版权人又何必抱怨呢），Twitter 就会睁一只眼闭一只眼。

令人担忧的是以下这种情况：有人擅自以其他个人或公司的名义，盗用他人的信誉来销售自己的产品。

我与这个问题的斗争也已持续了一段时间。

我只有一个 Twitter 账户——@joelcomm，别无其他。然而，我已经发现并报告过许多假扮成我的虚假账户，如@joel_lcomm、@joel_m_comm等各种奇怪的组合。创建这些虚假账户的目的就是以我的名义欺骗粉丝购买某些产品，而这些产品是我闻所未闻的。

当然，碰到这些情况的不只是我一个人。知名人士、大小公司都有可能遇到这些情况。如果有人以你公司的名义发布推帖，他们就是在偷取你的客户——更糟糕的是，他们还会偷走你的声誉。

Twitter对这个问题的处理很成功。把虚假账户的用户名发送到@spam，说明该账户为盗用他人账户，Twitter就会迅速关闭该虚假账户。但是，没有什么可以阻止这些人略微改变一下用户名之后卷土重来。

这也是Twitter引入“账户验证”（verified account）功能的原因。许多知名人士的账户上都设有该功能，如艾什顿·库彻（@aplusk）、欧普拉·温弗里（@Oprah）。设有“账户验证”的时间轴的右上方有一个天蓝色的复选标记，上面写着“账户验证”（Verified Account）。如果认为自己的账户也有申请“账户验证”的必要，可以去twitter.com/account/verify_request申请。

以上就是Twitter的基本信息。到目前为止，我给大家讲述了如何建立Twitter账户与如何制作有吸引力的个人资料。出色的个人资料也是营销工具的一种。另外，我还介绍了如何发布推帖，以及如何成为粉丝。

掌握了以上内容，就可以开始创建自己的粉丝队伍了。

第 4 章

吸引粉丝的关注

网站有用户，Facebook有好友，而Twitter有“粉丝”。粉丝“关注”的是你的推帖——这此过程中，他们也在“关注”你的生活。

然而，与其他网站用户或Facebook好友不同的是，粉丝不用费力就可以分享到你在Twitter上发布的内容。你发布的推帖会自动找到他们，甚至会被直接发送到他们的手机上，当然，前提是他们愿意接收。

但是，粉丝与其他网站用户及Facebook好友也有相似甚至一致之处，他们都是十分有价值的资源。你的粉丝越多，看到你的推帖的人就越多，你的影响力也就越大（见图4-1）。

吸引大量的读者需要时间，这是网络的特征——需要的时间肯定多于那些没有耐心的用户愿意付出的时间。但是，这份付出是值得的，并且也有许多办法来加快这个进程。

不管利用网络做什么，有一条始终不变的黄金法则：提供有趣、有价值、有吸引力的信息。

通常，推帖在描述你的现状，但也可以包含一些观点、通告及对话。想写什么内容都可以。甚至可以在推帖中包含一些链接，供大家深入阅读。显然，这一点十分有用。

但是，如果只是发布一些新产品的信息，或者一个劲儿地想把人们带到附属网站上去，那么很快就会失去这些粉丝。

不要忘了，有些粉丝会在手机上收到你的推帖。这就表示，他们可能是花钱买的这项服务。如果你提供的信息不能让他们觉得物有所值——不管是娱乐价值、参考价值，还是其他任何形式的价值——他们就不会再做你的粉丝了。

图4-1　备受欢迎的感觉非常好。这就是我的粉丝留给Twitter上其他粉丝的印象。要想找到内容正合心意的粉丝，浏览粉丝名单是个好方法。按下左边的按钮，就可以直接从他人的粉丝列表中选择关注对象。按下右边的按钮，就可以屏蔽或在某条推帖中提及这个人

大多数情况下，不用付钱给粉丝，但却要付出优质的网络信息——并且是限制在140个字符以内的优质信息。

本章将为大家讲解如何吸引粉丝。在听我讲解这些策略的同时还要谨记一点：提供优质信息是吸引大量粉丝的最好方法，也是牢牢抓住他们、让他们阅读你的推帖并坚持与你互动的唯一方法。在Twitter上，这就意味着不断提出有趣的话题，吸引大家参与。

4.1 数量抑或质量：根据需要决定粉丝队伍的性质

如果需要的是大量粉丝，那就几乎不需要任何技巧，简直可以说是轻而易举，信手拈来，不费吹灰之力。

只需浏览Twitter网站，成为每一个人的粉丝。

就会有人自动成为你的粉丝，也有人会纯粹出于礼貌成为你的粉丝。

罗马尼亚安全研究员斯特藩·坦纳斯（Stefan Tanase, @stefant）做过一个试验。他以欧森·库姆拉（Osen Komura）为用户名创建了一个Twitter账户（@osen），结果发现只要随机选择五万名关注对象，就能得到将近八千名粉丝，即他们选择成为你的粉丝的比例将近17%。

这完全有可能，你也能做到。如果极度渴望拥有一大群Twitter粉丝，就可以尝试这个方法。

但我绝不推荐这个方法，原因有许多。

首先，它会浪费大量的时间。很快你就会觉得这个过程单调乏味，还会让你的Twitter主页上充斥着各种杂乱无章的Twitter信息，而你却根本不在乎这些发布信息的人。

实际上，这么做就等于是在向推客发送垃圾信息的同时，同意接收别人给你发送的垃圾信息。

这样做的结局就是把一个本该十分有趣、有价值的经历变成了一根鸡肋，食之乏味，弃之可惜。

第二，Twitter为这种做法设置了障碍。如果你关注的人数远远大于粉丝的数量，Twitter就会阻止你关注更多的人，直到有更多的人愿意接收你的推帖为止。

Twitter启动阻止功能并没有一个特定的数字或比例。据Twitter的技术支持页面显示："（阻止功能依据的）数字因人而异，依据的比例也因账户而异。"

然而，这种方法最不值得推荐的原因在于它的营销效力等同于垃圾邮件。

只有少部分人会真正阅读你的推帖，愿意参与话题讨论的人寥寥无几。当针对新产品、博客新作或新书发布推帖时，真正关注的粉丝更是少之又少。

这也不表示你不应该期望拥有大量的粉丝。显然，如果是好奇的粉丝，多当然比少好。但是，拥有大量粉丝的后果往往是市场目标不够明确，粉丝转变成为客户或其他目标网站用户的几率较低。

换一个角度来看，如果只把目标锁定于那些对你的话题感兴趣的人，尽管可以维持多数人的活跃程度与参与程度，粉丝总数也仍是有限的。

另外，你还会错失那些有可能对你的话题产生兴趣的人。

究竟该怎么办呢？是建立一个尽可能壮大的粉丝队伍，还是尽量把目标锁定在特定人群上？

总的来说，你的粉丝队伍应该包括三类。一类是那些对你的话题特别感兴趣的人，这类粉丝应该是队伍的核心；一类是那些对你的话题略感兴趣的人，这类粉丝应该越多越好；最后就是那些可能只对话题的某些方面感兴趣的人，这类粉丝数量不需太多，能否吸引到他们要看你的运气了。

在实际操作中，人们对你的话题的兴趣浓厚程度很难衡量，而且，把一个兴致不高的粉丝变成忠实客户的几率取决于话题的质量。假设要利用Twitter来吸引人们关注《梦幻足球》方面的网站或产品，就能轻易吸引那些体育迷，即使他们不玩《梦幻足球》也无妨。

如果你的Twitter主题是别克君越，那就没这么简单了。粉丝的关注点是否集中比数量更重要。

> 是要人数众多的粉丝队伍，还是将目标锁定为小部分人群，取舍的关键在于话题的吸引力。

- 如果选择的话题很受欢迎（如体育或汽车），数量众多的粉丝对你来说不是问题。
- 如果话题只对一小部分人群有吸引力（如马球或太阳能汽车），那就最好缩小锁定的目标范围。

需要注意的是，一个话题的影响范围不一定局限于它所针对的市场。比如，营销人员在推广雪佛兰Corvette跑车的网站时，市场范围比较固定，但该营销人员选择的话题却可以针对所有车迷。

在选定粉丝目标时，先选择那些对你的话题最感兴趣的人，然后再扩大目标范围，把那些可能对你的推帖感兴趣的人吸引进来。

显然，解决这个问题没有可供遵循的科学公式。

能否在具有高度针对性的粉丝队伍与普遍性较高的粉丝队伍之间取得平衡，尚需取决于你对自己吸引力的直觉——吸引到那些对自己的话题只是略有兴趣的人的几率有多大？

这个感觉的准确与否主要靠经验的积累以及对自己的Twitter主题与读者的理

解。另外，理解这两类粉丝的区别，对把他们都吸引到自己的队伍中来也确实非常重要。

那么，怎样才能找到高质量的粉丝呢？

4.2 质量：如何有针对性地建立专家关系网

高质量的粉丝能做许多不同的事情。也许，有人会关注你所有的Twitter动态，关注你所有的链接，并购买你的产品。

这样的粉丝当然再多也不嫌多……但，要发现他们却不容易。

很少有推客会在自己的个人资料中注明自己想要买Corvette跑车、足球或其他任何商品。

Twitter上最好找的人是专家。

他们才是Twitter真正的实力所在。Twitter网站有许多既拥有某个领域的专业背景、又乐意与他人分享的用户。

找一些与自己话题相关的专家并说服他们成为你的粉丝，就给自己创建了一个覆盖范围广、又具有宝贵价值的关系网。

现在，要做的第一件事就是找到这些专家。

Twitter的搜索引擎一直不尽如人意。如果想在网站上找到某个特定用户，可以输入他的名字，然后期待奇迹出现。

你能做的就只有这个。

关键词搜索曾一直是个令推客头疼的问题，搜索结果还往往不能达到要求。现在，Twitter新增了一项功能，允许用户按照主题给自己的粉丝分类。但很少有用户会主动分类，因此这个功能基本没什么用。

我先前已经提到Twitter的一个好处是它允许第三方开发自己的程序或工具。有的工具十分有用，这一点本书后面的章节会有介绍。其中一个工具甚至吸引了Twitter注意，并决定买下它。Summize的搜索引擎现在已经成为了Twitter的一部分，直接输入search.twitter.com或点击Twitter主页底部的搜索链接就可以到达（见图4-2）。

图4-2 要在Twitter中深入搜索，你需要从Twitter中退出，而登录到search.twitter.com网站

这个页面列出了各种热门话题——包含当下人们讨论最为热烈的事件——以及一个搜索栏，可以在搜索栏里输入关键词，得到所有包含关键词的推帖。

这样，就能知道有哪些人也在讨论你所关心的话题。通过阅读这些人的个人资料与推帖，就知道谁才是这方面的专家。

现在，该搜索工具已经与Twitter融为一体了。就在页面右侧，专门设置有该搜索栏；更重要的是，可以保存自己的搜索。这个保存功能将问题简化了许多，跟踪那些你最关心的话题变得轻而易举起来。

如果想了解Twitter上的人是如何评价你的公司或产品的，只需以公司或产品名称为关键词进行搜索并保存这个关键词，就能实现一键监控了。

寻找专家时也可以如法炮制。如果不用Twitter的搜索引擎而改用自己Twitter主页上的搜索功能，这也无可厚非。但是，Twitter的搜索引擎功能更强大，它的“高级搜索”选项可以帮助用户更好地自定义搜索目标。可以选择搜索完整的短语、按人搜索、在某一确定区域中搜索，在某一特定时间段里搜索，也可以选择包含链接、甚至包含笑脸，等等。

你终究会发现这些搜索功能的价值。因此，尽管你也可以在自己的Twitter主页上找到自己领域的专家，花点时间去习惯Twitter搜索引擎也是值得的。

不过，不管使用哪种搜索方法，都能轻轻松松找到自己领域的专家。

假设想发布一些有关《梦幻足球》的推帖，你以“梦幻足球”为关键词搜索出来的推客都是潜在的粉丝。可以抱着他们会反过来关注你的希望去尝试着关注他们，但是这个方法很耗费时间（见图4-3）。

更有效的方法是找出推客中的重量级人物，然后把他们变成你的粉丝。

如果别人看到某位专家是你的粉丝，他们就会把你也当作专家，并希望成为你的粉丝。

明白了吗？

图4-3　在Twitter搜索网站上搜索fantasy football（梦幻足球），会得到一长串的结果。你可以依赖的线索之一：专家通常会把自己的照片放在个人资料中

与具有影响力的营销人员来往是在Twitter上取得成功的途径之一。找出你所关心的领域内的重要人物，然后加入他们的交际圈。

你会发现，一旦你成为网站上的名人，说服他人阅读你的推帖就非常简单了。实际上，成为名人之后，什么都不用做，只要保证你的推帖有意义、有价值、有意思即可。

在Twitter上结识专家群体可要比高中时融入学生团体容易得多，这是最令人满意的。

结交专家只需以下三个简单的步骤即可。

4.2.1　找出专家

找到所有在Twitter上发表过涉及你的话题的推客之后，需要缩小范围，在这些推客中找出最关键、最有影响力的人。

为此，搜索结果中值得你关注、最有用的信息是推客的照片与发帖频率。

专家都知道这两点的价值与重要性。

也可以调整搜索，在关键词中加入“指导”、“导师”、“专家”、“作家”等词语，帮助自己迅速、准确地找到专家。

出现合适人选时，应该检查这位推客的粉丝人数及最新发帖时间。成为专家的推客，对其粉丝数量没有最低要求，当然，最主要是要看这位用户帖子的质量。但是，有一个现象能显示出其专家的身份，理解该现象对你更好地理解Twitter也十分关键。

我曾说Twitter已经成为了网络上的“饮水机”。花点时间在公司的饮水机旁，你会发现某些人总是比其他人更有影响力。他们是话题的制造者、群组的建立者以及谈话方向的引导者。只要有人相聚的地方，都会出现这种现象。至于这些人的影响力是出于其自身的魅力、知识、自信心、精力、热情、干劲，还是其他各种未知因素，都无关紧要。但凡是聚会，其中总会围绕某些特别的人形成一个小集体（见图4-4）。

图4-4　蒂姆·拜尔斯是投资网站Motley Fool（www.fool.com）的写手，但他关于小品文写作的推帖使他成了连专业作家都竞相关注的对象。这项专长在其粉丝数量与关注对象数量的比例中得到了充分体现。高达3∶1的比例清楚地表明，人们纷纷访问他的Twitter账户，品读他的优美文字

Twitter上也是如此。而且，只要比较这位用户的粉丝数量与关注对象的数量，就可以看出这些小集体围绕的中心人物是哪位。

我还说过，在Twitter上，少部分人提供了大多数的推帖。就像在一个聚会上，讲话的通常都是那一小部分人——知道的逸闻趣事最多、最外向、讲话方式最亲切的人。

你要找的也正是这种人。他们是小集体围绕的核心，是你应该加入的领军人物集体。

不管你关注的主题是什么，找到十几个这个领域内称得上是专家的推客不应该花费太长时间。

找到后，就阅读他们的推帖并关注他们。

4.2.2　赢得专家的友谊与尊重

到目前为止，你只是找出了专家并关注他们的动态更新。

这个过程当然很有意思，但并不是每次都能把找到的专家变成自己的粉丝，你能保证的只是把自己变成他的粉丝。

要想成为别人心目中的专家，就要让自己在他们的粉丝名单及时间轴上显眼起来。

要做到这一点，必须首先把你跟这位专家的关系转变为友谊，让尊重成为你们之间的黏合剂。

Twitter提供的几个工具可以达到这个目的。

可以点击专家发布的推帖旁边的“回复”（reply）按钮，也可以直接给他们发私密消息。

一般来说，使用回复功能更好。因为这样就能让其他粉丝看到你的回复，即使这位专家不回应你，其他人也能看到你在关注这位专家，能看到你也在为此次讨论贡献自己的才智。

如此一来，你已经逐渐让别人把你当作专家看待了。

如果这位专家对你的言论作出回复，那你就赚大了。这位专家的粉丝都会看到他对你的回复，然后就去看他回复的对象。这样，你就能捡到一大堆粉丝，如果你继续与这些新的粉丝交谈，收获会更大。

如果你有一些特殊请求，私密消息就能大派用场，但前提是你已经用自己的言论引起了这位专家的注意，并提前告知这位专家你要给他发送私密消息。

否则，你就等于是给陌生人发电邮，还奢望他会回复。如果他不回复，那么他回应你的评论的可能性也很小，这样你就又失去了在公共场合下与他开始对话的机会。以上这一切的前提是他看到了你的私密消息。私密消息收件箱中总有太多的垃圾邮件，因此，许多以私密消息形式发出的有价值的请求都找不到了。

不管要以哪种方式引起别人的关注，一定要谨慎。没有人喜欢所有的粉丝都来打扰自己。也许Twitter为你提供了一个十分友好、开放的平台，令你与他人的交流变得异常顺畅，而这些人是现实生活中非常难得一见的；但是，如果想与他人建立友谊，就必须先有所付出。

4.2.3 付出要大于回报

友情和爱情一样需要用心经营。要收获友谊，就要把真正有价值的信息提供给那些你想吸引的专家。

可以挑一些他不知道的事情告诉他。

可以为他提供一些有用的信息资源。

如果你发现某个链接会对他所做的事情产生巨大影响，也可以把这个链接发给他（链接是很常见的东西，因此如果想用链接作为吸引他人眼球的方式，那么一定要确保链接所含的内容具有价值）。

而且，分享这种宝贵信息的频率越高越好。

Twitter能够正常运作，正是因为那些愿意无偿为他人提供宝贵信息的人们。也许有的信息表面上看起来一文不值，不过，它若真的毫无价值，就不会有人关注它了。

当你向别人证明你有宝贵的信息与他人分享时，你就会脱颖而出——即使是专家也掩盖不了你的光芒。

建立一支由专家组成的粉丝队伍需要一点时间，这些时间一部分要分配给搜索与阅读推帖——这个很容易上瘾；一部分要用来更新自己的Twitter动态，这样才能显得自己是这个群体中的活跃成员。

还有一部分时间要用来与业内的专家们对话，包括发私密消息与回复。

不过，上述活动开展的同时，你也会发现自己的粉丝数量也在上升——刚开始多的是那些你关注的人，渐渐地就又多了关注这些人的人。

4.3 数量：七条必杀技助你达到临界质点

前面已经指出，粉丝主要包含两大类。一类是那些对你的话题极为感兴趣的人，称为目标明确的粉丝；另一类则是对你的话题略微感兴趣的人，称为普通粉丝。

我还说过，如果希望同时拥有这两类粉丝，那么，这两类粉丝的比例取决于你的话题本身。

我们已经明白，吸引到目标明确的粉丝并非易事，好在这个过程确实能给你带来很多乐趣。阅读网站上其他重要人物的推帖时会学到许多东西，但需要付出一定的时间，而且，能否学到宝贵的知识一定程度上也要取决于推帖及其回复质量。

建立一支庞大的普通粉丝队伍要简单得多。

除了提供有价值的内容外，还有几个重要原则需要遵守。

第一，要参与进来，你就必须成为别人的粉丝。

在Twitter上，你可以关注各种各样的人，认识的、不认识的、想认识的，都可以。

只要你选择关注他人，你就会出现在他的粉丝名单里，这样一来，不仅他能看到，其他任何人都能看到。

要成为他人的粉丝，你不用事先获得对方的允许——只要发布推帖的人不设任何限制，所有的推帖都是公开的——也不用对方批准。只要点击“关注”（Follow）按钮，这个人的Twitter动态就会出现在你的Twitter主页上，只要你愿意，这些动态还会出现在你的手机上。

一旦找到关注对象，就能看到他关注的人与他的粉丝。如果在其中发现有意思的人，也可以关注他们，依此类推。

我已说过，完全可以通过这种方法来吸引粉丝，但这种方法耗时长、效率低。

第二，要参与对话。

到目前为止，我所讲述的Twitter信息似乎都是单向流动的，但事实并非如此。Twitter的主要功能是让其他人知道你在做什么、想什么或听什么，但同时它也是一个公共的、慢动作版的即时消息服务器（见图4-5）。

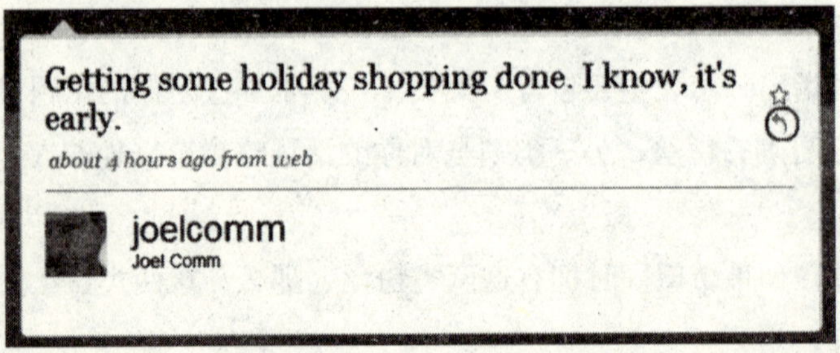

图4-5 来吧，满足我一下吧。把你们的想法告诉我

你可以发布问题，也可以回答别人提出的问题。

其实，我们在生活、工作中遇到的诸多问题，往往都能通过Twitter获取绝佳解答，这也是Twitter最大的优势之一。整个网站就像一个巨型公共论坛，论坛里聚集了各个领域的专家，他们都十分乐意给有需要的人提出自己的建议。

正是这一点令Twitter成为了宝贵的信息资源库。你的每一次回应，都能为他人的对话做贡献。这不仅让你成为这个群体中有价值的一部分，也增加了其他人关注你的几率。

拥有一长串粉丝名单不可能一蹴而就，它需要你做大量的联络工作：在网站上发布质量上乘的推帖供大家阅读，别人在讨论时也要表现得积极些。

一长串粉丝名单就是你积极参与的奖励，更令人欣慰的是，参与推帖确实能为你带来很多乐趣。

参与是Twitter的灵魂。一旦积累到一定量，达到临界质点，Twitter就会发生质变：当Twitter的使用人数足够多，发布的推帖也自然会足够有意思，这时，你找到合适的关注目标的机会也就很大。

临界质点对你的粉丝名单也很重要。

要有足够多的粉丝，才能引发交谈。

要有足够多的粉丝，其中一部分才可能被你转化成顾客、用户或客户。

要有足够多的粉丝，才能将你的推帖传播开来，激励其他推客向朋友推荐你的Twitter。

建立粉丝队伍没有万无一失的捷径，不过有几个方法可以帮助你降低时间成本，更快地建立起粉丝队伍。

下面来介绍这七种方法。

4.3.1 寻找认识的人

先从最简单的方法开始。

寻找认识的人。

如今，Twitter已经十分流行，因此，你在地址簿里存着的那些朋友，至少已经有一部分开始使用Twitter了。

我们已经知道，Twitter允许你利用Facebook找出你在Twitter上有哪些熟人。

Twitter会检查你的网上邮件，然后与自己数据库中的资料比对，找出相同的人。

建议刚开始时不要这么做，等创建好个人资料并开始发布推帖之后，这一方式的效用才能真正体现出来。

当然，如果已经一切就绪，那就开始吧。

点击页面上部的Find People选项，输入你的邮箱与密码，Twitter就会为你自动搜索出所有正在使用Twitter的联络人。然后，你就关注他们，对他们的部分动态做出回应，或者给他们发一条私密消息，确保他们知道你在关注他们，以提高他们关注你的几率。

这个方法真是不错。

但，也有其局限性，那就是它只对网上邮箱有效。

目前，Twitter还没有提供直接搜索Outlook联系人的办法。

因此，你必须耍点小伎俩。

如果没有现成的网上邮箱，那就建立一个免费的网上邮箱账户，如Gmail或Yahoo!电邮，然后把联系人信息从Outlook导入到新的网上邮箱账户中。你新建邮箱的服务系统会教你如何操作，全程应该只需要几分钟。

不必使用这个新建的邮箱，但却可以利用它自动在Twitter上搜索熟人。

这个方法能带给你多少个粉丝呢？

这个数字取决于你联系人的数量以及其中使用Twitter的比例。显然，通过这个方法立刻就吸引到成千上万名粉丝的可能性不大，但你很可能会因此多出几个新的读者，而这些人反过来关注你的可能性更大。

4.3.2 把博客转变成推帖发布

成功的推客最常见的一个目标就是指引粉丝访问某一个网站（见图4-6）。

一旦粉丝抵达你的网站，他们看到的就不仅仅是140个字以内的小短文了。他们能点击网站上的广告，甚至还会购买你的产品。

这些是Twitter主页无法提供的功能。

但是，应该还有另外一个目标，那就是与你的客户建立更为密切的联系，并成为他们生活的一部分。这样，这些客户才会更加频繁地访问你的网站，才有可能接受你的特殊邀请。

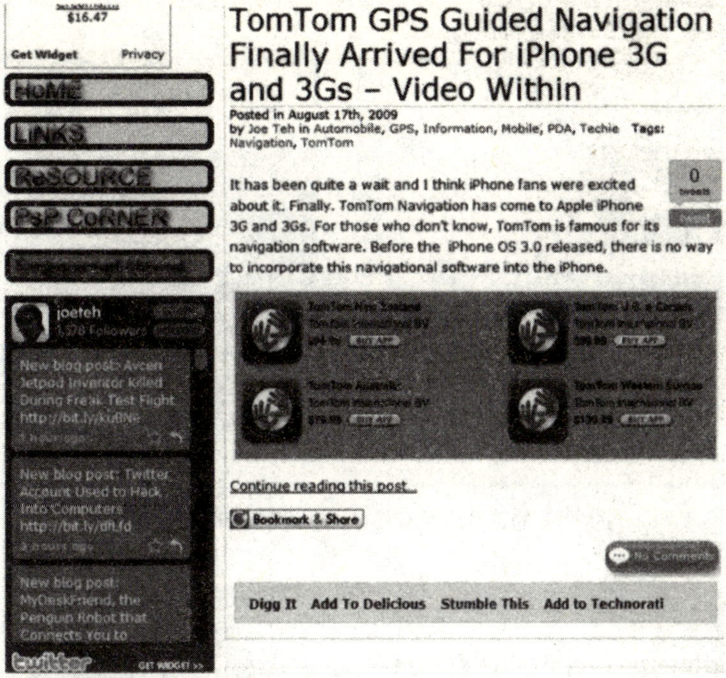

图4-6　乔泰（Joe Teh）把他的推帖放到了自己的博客上，博客地址是techielobang.com/blog

另外，客户也会成为潜在的粉丝。

如果向客户展示自己的Twitter动态并把他们成功指引到自己的Twitter主页，你的粉丝数量就能大幅度增加。

另外，把推帖转帖到其他网站十分简单。

如果想把自己的推帖转发到博客上，输入网址twitter.com/badges，再选择目的地网站即可，系统默认的几个目的地网站有MySpace、Facebook、Blogger以及Typepad。也可以使用其他小工具把推帖转发到任意一个网站上（见图4-7）。

选定目的地网站之后，你就可以根据自己的需要进行设定，并复制代码。在目的地网站上为推帖选定位置后，输入代码，上传，看结果与自己预想的是否一样。

不过，如果打算把推帖转发到系统默认以外的网站，还有一个更简便的方法：点击Twitter主页底部的goodies链接，然后选择Widgets，就能选择一个模块放置在你的网页上。在Facebook和MySpace上也可以进行同样的操作，此时若点击My web site链接中的Profile Widget，就能对即将加入你网页的模块进行优化设置（见图4-8）。

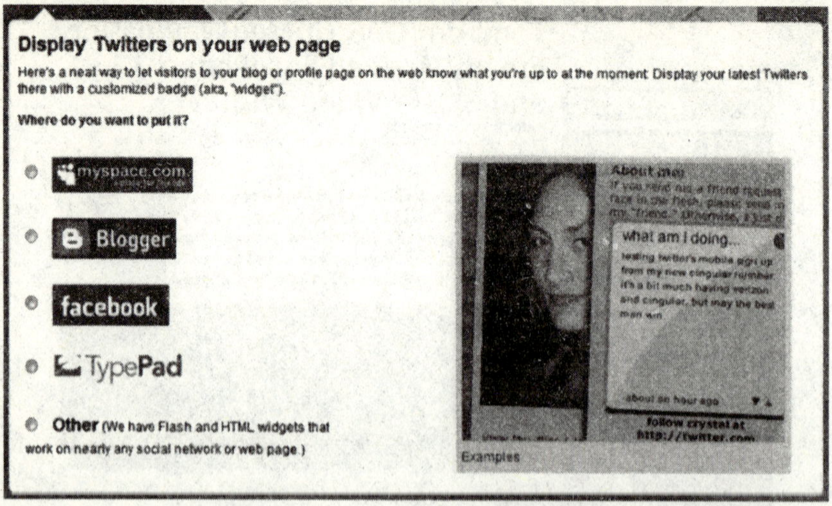

图4-7 Twitter自主研发的工具将发布推帖的步骤简化为三步：点击、剪切、粘贴

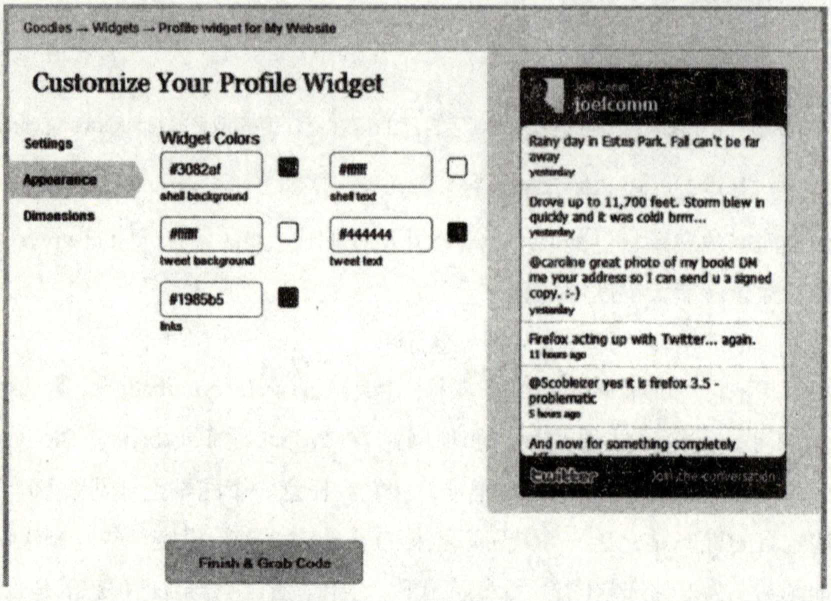

图4-8 Twitter的另一个工具还允许用户把推帖放到其他网站上。只需确保这个工具设计出来的推帖与网站的设计风格一致即可，以便推帖与网站更好地融合

应当尽量让推帖的设置与自己网站的设计匹配。经过个性化的推帖看起来要像是网站的一部分，这样网站访问者才会把推帖当成网站提供的额外信息，而不是外界生搬到这个网站上的东西——如广告。

最理想的结果是利用推帖为自己的网站提供一些额外信息，即让访问者通过网站就能看到自己的Twitter动态，从而吸引他们访问你的Twitter账户，把所有错过的推帖都阅读一遍。

假设你的网站每周有成千上万名访问者，即使只能吸引其中的一小部分到你的Twitter，最后由这些访问者转变而来的粉丝数量也会很大。

注意，还可以在自己的Twitter上设置一个模块，用来展示某一特定话题的推帖。Twitter称这些模块为“搜索工具”（Search Widget），它能给网站带来宝贵的额外免费信息，但却不会增加粉丝数量。不过，它可能会增加其他人的粉丝。

表面上看来，这对于WordPress的用户来说算不上是好消息。

实际上，这再好不过了。

你应该已经注意到WordPress并不是Twitter默认的博客网站之一。尽管你也可以在“其他”选项中填入WordPress，使用“Twitter工具”插件却是一个更好的选择。可以免费从alexking.org/projects/wordpress下载此插件。

使用这个插件，不仅可以把推帖转发到自己的WordPress网站上，还能在写博客的同时从博客网站上直接同步发布推帖，也可以把博文转变成推帖，并发布包含链接的Twitter新动态提醒（Alex是科罗拉多州丹佛市的一名网络程序员，他的网站上还有许多适用于WordPress的插件与主题，非常棒，有兴趣的人可以看看）。

当然，也可以委婉地邀请网站访问者成为你的粉丝。

或者索性直截了当地吩咐他们这么做。因为，根据接口设计师达斯廷·柯蒂斯（Dustin Curtis, @dcurtis）的观点，你的措辞对网站访问者是否点击Twitter账户具有显著影响。

简单提示一句“我有Twitter账户”，会有4.7%的网站访问者点击访问你的账户——这个数据还过得去。命令读者“做我的twitter粉丝”会将这个比例提高55%，达到7.31%。若让自己的语气再强硬一些，加上主语，如“你应该做我的twitter粉丝”，就可以把这个比例提高到10.09%。最有效的方式是在这句话里加一个链接：“点击这儿，成为我的twitter粉丝。”这样，这个比例可达到12.81%。

有意思的是，一定要把Twitter首字母写成小写的t，才能达到后面三种情况显示的高点击率。若用大写的T则会使这些比例降低6%。

因此，如果你希望有八分之一的网站访问者能变成你的Twitter粉丝，那就把你的希望直截了当地告诉他们。

4.3.3 奖励粉丝

要吸引大量粉丝，这也许不是最聪明的办法，也不是最省钱的办法，但在条件允许的情况下确实可以考虑给你的粉丝提供一些报酬。

发放免费赠品是市场营销的基本手段。你为产品创建好的信誉，让人们在购买之前免费品尝或试用，以便吸引客户，打好基础。

只要遵循一个简单的原则，即免费赠品应具有成本低、价值高的特点，就会发现免费赠品会给你带来巨大收益。

我通过网站及各种会议已经送出了价值几十万美元的礼品，但得到的回报却比送出的多出数倍。

这个原则可以原封不动地用在推广你的Twitter上，用物质利益来吸引粉丝。

例如，安吉·琼斯（Angie Jones，@fitbizwoman）有一份自己的健康简报，需要订阅，但是她却在自己的Twitter个人简介中承诺，只要成为她的粉丝，就可以得到一份免费的电子食谱（见图4-9）。

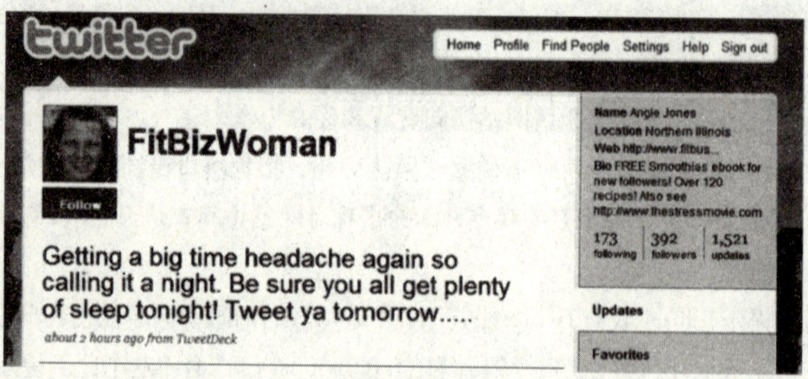

图4-9 安吉·琼斯的个人简介显然在讨好粉丝，尽管粉丝需亲力亲为，这个方法仍然有效

用电子邮件发送食谱的成本几乎为零。实际上，这个方法十分精妙，因为在发送食谱的同时得到了新的粉丝的电子邮件地址，这样，就能依此创建一份联系人名单，更重要的是这些联系人对你提供的信息都十分感兴趣。

显然，免费送出的食谱给她带来了丰厚的回报：一份针对性极强的营销对象表。

同时，这份食谱还会告诉她的粉丝她能做什么，以及作为她的客户能得到什么，为人们关注她的Twitter找到了一个好理由。

同样是奖励粉丝，南非一家T恤设计公司SpringLeap（@springleap）采取的方式有些不同。SpringLeap并没有在第一时间回馈那些新的粉丝，而是长期为粉丝提供有时间限制的打折券代码（见图4-10）。

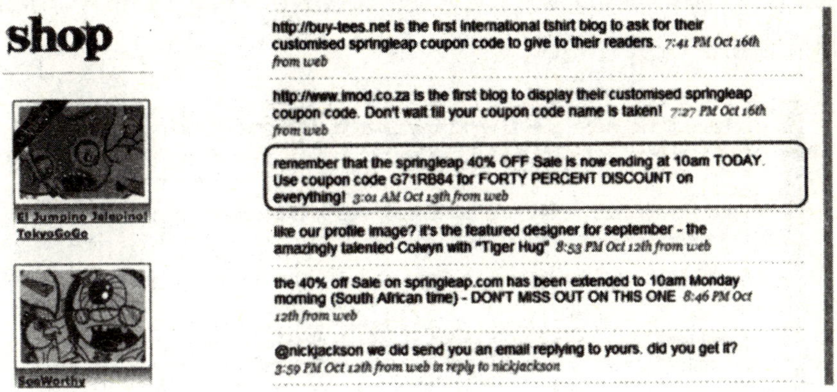

图4-10 SpringLeap奖励那些坚持关注自己的粉丝，这一方式同样也为它创造了销售额

4.3.4 回应需求

对于成功的推客来说，Twitter不仅仅是发布消息的工具。后面还会经常涉及这个话题。

成功的推客会利用Twitter发起对话，并参与对话。

对话是开放和公开的，这种透明性恰恰是其价值所在。当发生在Twitter上的谈话内容及参与人物都成为开放信息时，人们就可以根据对话中显示的信息关注任何一名吸引自己的推客。

有时，只要点击页面上的回复按钮，用键盘敲出精彩回复即可。不过，经常会有推客公开提出问题，这也是参与对话的绝好机会。

只要你的回答足够精彩，你就能成为他人眼中比提问者更专业的专家。

但要注意遵守以下几个原则。

首先，你的回答必须精彩，内容必须有价值。若是发发牢骚，“是啊，我也遇到了同样的麻烦……”，或者引用维基百科上的解释，这样的回答毫无可取之处。

只有让他人感到你的Twitter包含有价值的信息，别人才会关注你。正因如此，回答问题时要有针对性，只回答与自己的领域密切相关的，其他问题则无须理会。

如此一来，你不仅能够获得对你的话题感兴趣的粉丝，也能借此良机向他人展示一技之长。

其次，提问者的知名度越大，你对他的支持越有力或回复越精彩，你因此获得的回报也越大（见图4-11）。

图4-11　贝蒂·德雷珀（@betty_draper）上AMC节目“狂人”中的一角——更确切地说，这个账户是贝蒂的粉丝以她的名义创建的——她拥有的粉丝高达一万多。回复她的推帖或者回答她的问题，这样，她对你的发言发表评论之时，就是你在成千上万名推客面前展示自己之时。你还能找到很多拥有类似规模粉丝的推客

若提问者对你表示感谢或评价你的回复，其他人自然也能看到，他们就会对你产生好奇，并点开你的Twitter主页一探究竟。

Cars.com网站的搜索引擎优化专家丹·佩里（Dan Perry，@danperry）采用的正是这一策略。

4.3.5　动员其他社会化网站上的朋友

这个方法我十分喜欢！Twitter本身的威力已经极其强大了，若再与其他社会

化媒体整合起来作一个统一的营销策略，它的威力会更强大。

因为社会化媒体不同，其提供的功能与运作方式也不同，若将它们结合在一起，就能共享不同网站拥有的用户群。

比如，我个人觉得Facebook的灵活性比Twitter好，因为我可以用它分享照片，建立各种群组，用各种方法与朋友互动。我在Facebook上有5000名好友——这是Facebook给好友数量设定的上限。若把推帖转发到Facebook上，Facebook的5000名好友就都能看到我的Twitter内容。这就为我的Facebook好友也成为我的Twitter粉丝提供了契机，只要他们不希望错过任何由我提供的信息，他们就一定会这么做（见图4-12）。

图4-12　我的Facebook账户中充斥着Twitter上的内容。这样很可能为自己的Twitter时间轴带来5 000名粉丝，何乐而不为？看看这些推帖是如何引发讨论的。在Facebook上，推帖可以把Twitter上的粉丝与Facebook上的好友联系在一起，形成一个新的社群

这个方法同样适用于其他社会化媒体。如果你发现某个推客拥有大量MySpace好友或Facebook好友，赶紧成为他的粉丝，与他互动。一旦时机成熟，他们很可能会反过来也成为你的粉丝，而他们的朋友与粉丝也会争相对你心生好奇，想要一探究竟。

4.3.6　在签名里加入 Twitter 用户名

这么简单的方法、这么老的点子，却最容易被人忽略。

新科技产品如雨后春笋般诞生，那些旧标准、老惯例越来越容易被忘却，如在名片上添加个人主页、电子邮件地址及论坛签名等。类似的老方法有很多，依然有其价值，做来也并不费力，但现在的人却往往忽视了它们。

上述策略通常能给你的网站带来不少关注者，在个性签名中加入Twitter地址也能产生相同的效果。

可以把联络人名单导入Twitter，找出其中的Twitter用户，也可以邀请朋友加入Twitter。但是，如果只是想告诉朋友（邮箱里的联络人或通过其他方式联系的朋友），你在使用Twitter，在签名里加入Twitter用户名是一个非常简便的方法。

4.3.7　发起竞赛

我之前介绍过以物质奖励吸引粉丝的方法，现实中我们也见过用免费赠品回馈粉丝的推客。

另外，也有用户在自己的推帖中加入打折代码，以吸引粉丝一直关注其Twitter动态。

一家搜索营销与社会化媒体机构的负责人贾森·科米尔（Jason Cormier, @jasoncormier）采用的办法却截然不同。

他协助客户以Twitter为平台组织竞赛。

以网上储蓄银行SmartyPig为例。该银行在某一特定的时间在Twitter上提出一个问题，限定其粉丝在15分钟的时间内回答。随后，银行会在答对问题的粉丝中随机抽取三名幸运粉丝，奖励是价值100美元的代金卡（见图4-13）。

有一次，该银行竟然在15分钟内收到了100份正确答案。

“实时性”是这种竞赛的一大优势。公司只需把问题放在公司博客上，并承诺一周后宣布获奖者名单，就这么简单。

通过在Twitter上举办竞赛这种方式，公司可以在特定时间把所有客户集中到同一个地点，形成一个社群，从而创造出聚会的氛围。

同时，这个方式也能在一定程度上确保所有的客户都成为自己的Twitter粉丝。

Go! Good Luck tweeps! *5:00 PM Oct 30th from web*

SmartyPig is expanding into what country next month? *5:00 PM Oct 30th from web*

Okay - it's 3pm CST - here's the $100 question: *5:00 PM Oct 30th from web*

Almost ready out there? About 2 minutes until the big $100 questions comes out! *4:57 PM Oct 30th from web*

5. We'll choose the winners - and post the video of it all on our blog - we'll tweet as soon as it's up! *4:52 PM Oct 30th from web*

4. We use a random number generator and pick 20 names out of the pool of correct answers. *4:52 PM Oct 30th from web*

3. We will let you know when the 15 minutes has expired and the contest has closed. *4:51 PM Oct 30th from web*

2. reply @smartypig with your answer - we don't even look at DM's during the contest. *4:51 PM Oct 30th from web*

1. We will ask a question and you will have 15 minutes to respond. *4:50 PM Oct 30th from web*

Alright, 10 minutes to go - if you don't already know the drill, here it is: *4:50 PM Oct 30th from web*

Just over 15 minutes until the contest! Get ready, tweeps! *4:42 PM Oct 30th from web*

图4-13 SmartyPig（@smartypig）在Twitter上举办竞赛，以保证粉丝坚持阅读它的帖子，并进而确保所有客户都成为它的粉丝

4.4 Twitter 排名与网页排名

到目前为止，我们已经明白吸引粉丝的策略多种多样。但是，粉丝的数量只是衡量成功与否的标准之一。

另一个重要标准是能否成为对话的核心——甚至比粉丝数量更重要。

因为Twitter就像一个巨大、开放的聊天室，给你回复的人越多，你的推帖的名气就越大。这就说明你发布的动态是大家感兴趣的，并且是能够吸引人展开热烈讨论的。

至少，这是Twitterank（twitterank.com）的理论。Twitterank根据推客收到的回复数量打分，用户所得的分数就代表了他们受欢迎的程度。该理论与Google的网页排名类似，网页排名评估网站重要性的依据之一就是该网站得到的外部链接数量（见图4-14）。

图4-14　从Twitterrank的数据看来，我似乎相当受欢迎——也许是吧

Twitter排名允许用户看到自己的分数，还可以搜索其他用户的用户名以查看其他人的分数。

Twitter排名的创始人是一名程序员赖欧·契机瓦（Ryo Chijiiwa）。该服务推出时曾引起了不小的轰动。由于赖欧要求用户提供用户名与密码，一时传言四起，认为他是在囤积私人资料，Twitter排名本身也只是网络仿冒的大骗局。事实却并非如此，赖欧一直明确表示计算完毕后系统会自动删除密码，但这足以证明信息（以及优秀的点子）一定会在Twitter世界里迅速传播开来。

当然，真正的问题在于这项服务究竟有多大用处。设计Twitter排名功能是出于乐趣，它不同于Google的网页排名，不会影响你在搜索结果中的排名，也不会影响Twitter主页的流量。

当然，它更不会影响你的广告收入。

可以把它看作是一种衡量标准，来比较自己与其他推客在发起讨论方面能力的高低。也可以通过Twitter排名看一看排在前50位的推客是如何吸引人们回复自己的言论的。事实上，排名前50的推客为了维持人气，往往既要在Twitter上发表好的帖子，也要扮演好现实生活声名卓著的角色。

有意思的是，推帖在Google也有网页排名。

在Google里搜索某条推帖，搜索引擎就能帮你找到这个帖子（见图4-15）。

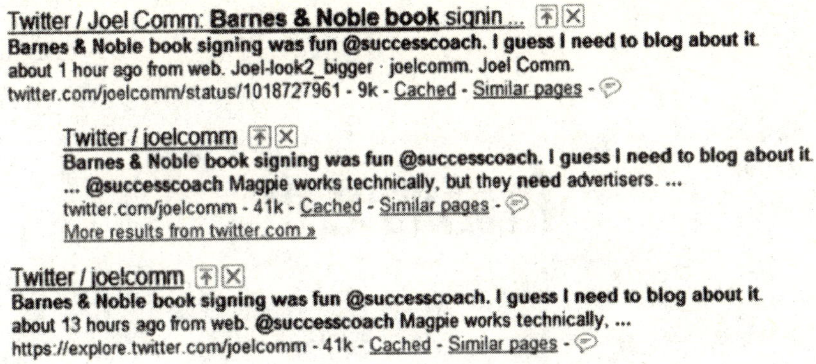

图4-15　嗨，看，在Google上也能搜索到我

我不确定这是否适用于所有网页。因为经常有知名网站访问我的Twitter主页，Google便提升了我的网页排名以及网站外部链接的价值。这对于我来说究竟有多大价值目前还很难说。很难想象会有人用Google搜索我的推帖，因而，不必给自己的Twitter主页选择关键字以期提高其在搜索结果中的排名，这不值得一试。

但这也算是Twitter的一件趣事、怪事。

吸引大量粉丝是你使用Twitter最重要的任务之一，这很有挑战性。首先，它要求你确定所需的粉丝类型——少而专，还是大而广？抑或是二者的结合？

其次，它要求你经常关注他人，阅读别人的帖子。你不但要回复别人发布的帖子，说出自己想说且能体现一技之长的话，也要对网站上自己认识或想要认识的人保持关注。

这个过程很耗费时间。尽管可以采取一些策略尽量缩短（本章已经介绍过几个策略），但从没有人能在一夜之间就吸引到成千上万的粉丝。

这是因为粉丝队伍的壮大要求你写出好的帖子——让人们想读，读完之后觉得值得一读，并对下一次阅读新贴产生期待，这才是最重要的。

这正是下一章要讲的主要内容。

第 5 章

推帖的艺术

当大家都认识到网络是公司创收的好途径时，以下这个简单的原则就更显而易见了。

内容精彩的网站是最后的胜者，内容较差的网站则注定要失败。

但这并不表示已经没有人企图用较差的网站挣钱了，这么做的仍大有人在。

不过，失败是他们的唯一结局。

当然，网站创办人可以在孟买以 5 美元一篇的价格请语言大师给网站写稿，这样就可以在文章中嵌入广告，但即使将成本压低至此，仍是赔本买卖。

如果文章内容不够好，没有人愿意花时间去读。

若发布人的精力不用在好文章的创作上，就不得不在吸引读者访问自己的网站方面投入更多。

而且，这样的投入不能中断，因为有过不愉快阅读经历的读者是不会再来第二次的。

这个原则同样适用于 Twitter。

推客要想吸引粉丝并让他们与自己互动，就要有好的内容。

内容都是好的，唯一的区别就是这些内容的性质。

因为你的内容最多只能包含 140 个字符，其他社会化媒体网站上流行的长篇帖子不适用于 Twitter。

也不能在 Twitter 上发表深入彻底的指导性文章，用实用的知识帮助人们完成重要任务。

如果想在 Twitter 上面试，问题、答案都必须尽量简短。

在 Twitter 上，好的内容应该具有娱乐性、教育意义并富含价值。

而且，要尽量简短。

本章将介绍几种方法，帮助大家创作好的内容，用好的“推帖”获得更多的粉丝，吸引他们经常光顾你的网页，参与你发起的对话。

不过，先要从规矩开始讲起。

5.1 推帖礼仪

无规矩，不成方圆。日常生活中，每场对话都有既定的规矩。我们知道不能随便打断别人的对话，不能说脏话，不能大声喧哗。

我们也知道什么时候能打破，怎么打破这些规矩。

Twitter 上的对话也是这样。

这个网站开办的时间还不长，但一些约定俗成的规矩已经开始在推客之间慢慢形成，我们可称之为推帖礼仪。

其中有些是正确的、明智的，不论什么情况下大家都应该遵守，有些则只需在通常情况下遵守。

正确把握这些礼仪是必要的，但同时也要知道什么时候可以突破，以及规矩打破后会有什么后果。

5.1.1　不要发送垃圾信息

这是最基本的礼仪，一定不能打破。在 Twitter 上，垃圾信息发送者肯定无法长期生存。不会有人愿意做他们的粉丝。即使有粉丝，也不会去阅读他们的推帖；他们发起的讨论规模小之又小，若以此为营销手段，其效果还比不上将一千份宣传单折成纸飞机从办公室窗户扔出去。

在 Twitter 上发送垃圾信息的方式多种多样。

比如，你可以尽可能多地关注别人，以换得其中一部分人反过来关注你。但这种方式不仅毫无效率可言，其结果还会清楚地体现在你的个人资料里。

如果一个人的个人资料显示他有好几千名关注对象，但粉丝只有几个，很明显，这个人很可能就是一位垃圾信息制造者。他寻找的是出于礼貌关注自己的推客，而不是对自己的信息感兴趣的推客。

推客一般会选择远离这样的人。

垃圾信息一般会以这样的形式反复出现："我刚刚发表了一篇新博客，快来看吧！"或者"欢迎订阅我的 RSS 新闻！"

偶尔发送这样的信息没有问题，但要与其他推帖结合起来，否则就纯粹是垃圾信息，令人望而生厌。

更糟糕的是，这些信息除了会被人视为垃圾之外，完全没有任何作用。

垃圾信息发送者惯用的另一个伎俩是在推帖中夹入与当下流行话题相关的标签或关键字，而事实上两者之间可能毫无关联。这么做可以吸引到很多眼球，但也会加速你的 Twitter 账户遭到关闭的进程。

发送垃圾信息不仅是没有道德的体现，更是一种糟糕的营销手段。

5.1.2 严格遵循文字风格

Twitter 创始人在设计 Twitter 时考虑到了手机的使用，许多推客在更新 Twitter 状态时用的也是手持移动设备，但 Twitter 并不完全等同于 SMS 短消息。

这就意味着 Twitter 上的文字要尽量规范，尽量不使用 SMS 短消息风格的缩写。

你可以用大写字母表示你在竭力呼吁，但你应该尽量将单词拼写完整，尽量不要用数字代替字母（因此不能用"18"来代替"Late"，也不要将"to"简写为"2"）。

也许你要打更多的字，但这才是最明智的做法。读者很难理解"Heading 2 town l8. Dont no wot 4"的意思。尽量让自己的文字完整，不要让读者去做本该由你来做的工作，这才是礼貌的做法，才是合格的营销观。

当然，凡事都有例外。如果 140 个字符实在不够用，这个规矩可以打破，但要记住，这会给读者增加本不必要的负担。

不过，可以使用符号，如 @ 和 =；也可以省略一些结构用词。比如，Twitter 总在问"你在做什么？"在输入自己的回答时，完全可以省略"我"（见图 5-1）。

此外，省略主语、以动词短语开头的句子是可以接受的，如"正要去看球赛。等不及了"。

Apologies to those who don't like me using abbreviations and numbers "4" words but constraints of Twitter sometimes enforce such .... x *3:50 PM Oct 27th from web*

@MelanieSchicker To twitter means to chatter like a bird "and gathering swallows twitter in the skies" J. Keats ... often used of gossip! x *3:46 PM Oct 27th from web in reply to MelanieSchicker*

@breenster "why do you twitter?" Gosh,why do you? I like 2 tweet while travelling the world,I like following & being followed,I like the new *1:24 PM Oct 27th from web in reply to breenster*

图 5-1 斯蒂芬·弗赖伊为自己缺乏独特明显的风格而道歉

5.1.3 奖励转帖

Twitter的力量变得如此强大的原因之一，是放在Twitter上的信息能在短时间内迅速蹿红。一条好的推帖发布出来，一旦被粉丝关注到，很快就会在整个Twitter世界中传播开来，并传到Twitter以外的世界。

对于营销人员来说，这无异于赢得巨额的彩票累积奖金。

在Twitter上，如此迅猛的传播速度是通过转帖来实现的。

推客只需复制他人的推帖，然后用自己的账户发布……但必须注明是转帖，并附上原发帖人在Twitter上登记的用户名。在Twitter上，转帖的格式是这样的：

"转发@用户名：原帖。"

比如，我有一篇帖子是这样的："同步现场直播！更有神秘特约嘉宾！http://tinyurl.com/jclive"

如果想转发这篇帖子，就可以这么写："转发@joelcomm：同步现场直播！更有神秘特约嘉宾！http://tinyurl.com/jclive"

如果还想在原帖的基础上加上你的评论，有两种方式。一种是加在开头，一种是加在在结尾的括号中。如：

"精彩不容错过！转发@joelcomm：同步现场直播！更有神秘特约嘉宾！http://tinyurl.com/jclive"

"转发@joelcomm：同步现场直播！更有神秘特约嘉宾！http://tinyurl.com/jclive（精彩不容错过！）"

推帖礼仪其实很简单，但变化很大。不是所有人都会加上括号，添加评论的位置也不一定正确，因此有时很难分辨出原帖内容跟评论内容。当一篇推帖在Twitter上迅速流传，即被他人转帖时，原帖渐渐就找不到了。

对此，Twitter 推出了新的转帖方式。现在，阅读完推帖后，不仅可以点击发表观点、作出回复，还可以点击“转帖”按钮转发这篇帖子。这样，这篇帖子就会出现在你的粉丝的主页上，即使原发帖人不是他们的关注对象也没关系。转帖的形式与原创帖子一样，也包含头像，因此原发帖人的身份信息很清楚(见图 5-2)。同时，转帖也会显示出转帖人，这样读者就知道这篇帖子来自哪位关注对象。如果喜欢，他们当然可以继续转发这篇帖子，或者作出评论。非常简单。

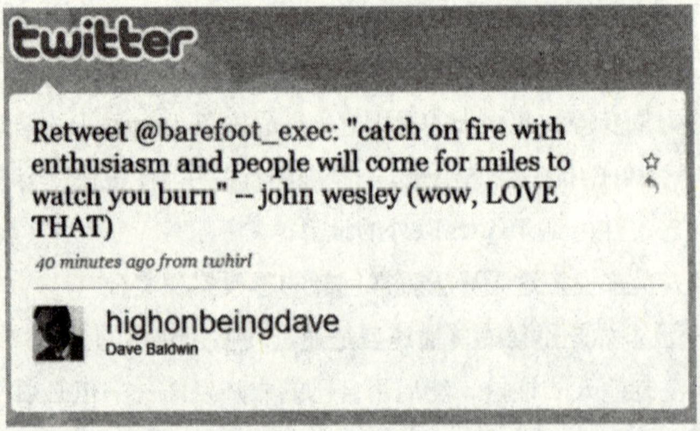

图 5-2　戴夫·鲍德温（Dave Baldwin, @highonbeingdave）与大家分享了他的喜爱之情——以及一条推帖

我不喜欢这样。尽管偶尔在自己的时间轴上发现陌生推客的感觉也很不错，但我更喜欢评论这些推帖，表达我的观点。这就需要我手工添加。

分享推帖的价值很容易理解。转发的帖子也许不是原创，但如果粉丝喜欢，何不与他们分享你看到的优秀的帖子呢?

难就难在让其他人愿意转发你的帖子，不过也有许多方法可助你一臂之力。这些方法本书稍后会有介绍，不过在此之前，要记住一点：如果你的推帖足够有趣，人们就会十分乐意与自己的朋友及粉丝分享——而这些朋友、粉丝就很有可能访问你的主页一探究竟。

5.1.4　严格控制推帖字数

140 个字符的限制是必须遵守的，对吧? Twitter 只允许你写 140 个字符，设下这个限制是有原因的。有了字符限制，就能有效避免长篇累牍，还能激发你的创作灵感。这就是 Twitter 的真谛。

这种说法有些道理，但并不全面。

Twitter 如此规定字符限制主要还是因为 140 个字符是 SMS 系统能接受的最高限度。如果手机制造商的设计能让手机收发 200 个字符的短信，估计对推帖的字数限制就会提高到 200 个字符了。

尽管这个限制有些专断，但用户还是要尽量遵守。

用户也可另辟蹊径：可以让自己的推帖只显示一半文字，再附上网址吸引读者继续阅读；也可以把一篇推帖分成几段，分别发布。此外，用户还可以通过 Twitlonger 等许多服务发布长度超过 140 个字符的推帖，当然，推帖本身只能显示前 140 个字符。

这些方法在 Twitter 上很常用，但效果却不好。读者希望自己在 Twitter 上读到的帖子短小精悍，能一下就抓住要领。他们想要的内容更像餐后的甜点，而不是包含三道主菜及咖啡的正餐。

如果 140 个字符不足以表达你的想法，而必须将其分成三到四段，这样的帖子可不符合读者胃口。另外，这种做法还会给人留下不好的印象，认为你企图控制对话的走向。

跟朋友聊天的时候，应该是轮流发言。你一言我一语，有问有答，让大家都参与进来，这样才能继续下去。如果你一直喋喋不休，不给其他人说话的机会，别人就会觉得你没礼貌。

而把一篇推帖分成几段恰恰就会带给人们这种不良印象。

当然，这不表示绝对不能给推帖分段，也不表示一定不能连续发两条以上的推帖（见图 5-3）。

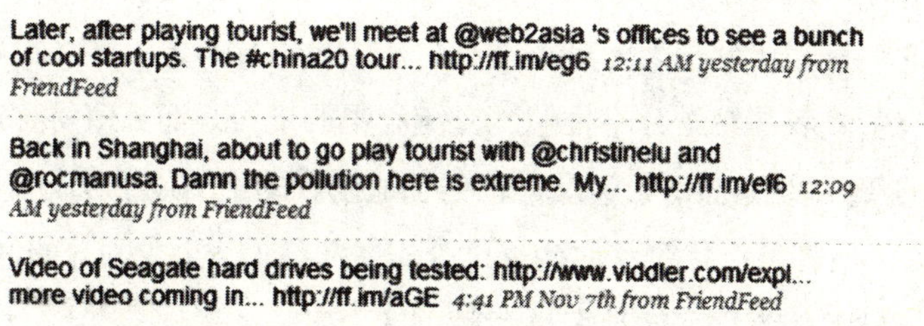

图 5-3 技术专家兼明星级博客作家罗伯特·斯科博列出了几条他认为应该破除的规则。在这里，他把自己的推帖变成了 FriendFeed（一个将社会化媒体联系到一起的工具）的小广告

我的意思是，当准备把推帖分段或连续发布两条以上的帖子的时候，一定要先预测后果，做到有的放矢。

5.1.5 关注你的粉丝

Twitter 关注对象的人数应该控制在多少范围内一直是人们讨论的焦点。如果你有成千上万名关注对象，当然不可能阅读他们发布的每一条推帖。错过自己想读的推帖是不可避免的，另外，在别人眼中，你也会变成一个交友无数却缺乏真心朋友的人。

刚开始用 Twitter 的时候，我会关注每一个关注我的人。这么做是基于这样的考虑：我会碰到许多新朋友，参与许多本来可能会错过的对话。即便这样，关注我的人还是比我关注的人多，因此，我始终要错过许多推帖。直到现在，每当看到自己的 Twitter 主页上活跃着各种各样的对话，我的内心仍旧充满欢喜。

那种感觉有点像是在茶歇的时候逛聊天室，我可以有选择性地参与某些对话，不感兴趣的对话就直接跳过。我一直觉得这个办法能给自己带来宝贵的财富，但关注每一个粉丝是不可能的。

随着粉丝人数的递增，我不得不重新审视自己选择 Twitter 关注对象的方式。当关注对象的数量以万为单位计算时，我意识到自己已经不可避免地被 Twitter 支配了。我使用 Twitter 有一个基本原则，那就是不能让 Twitter 影响我的生活风格。于是，我进行了彻底的改变——删掉所有的关注对象，重新开始。对我这次颇具争议的“Twitter 大清洗”感兴趣的读者，可以去我的博客了解更多的内容：http://twitpwr.com/purge。

写作本书时，我只有 433 名关注对象。我认为，虽然这会减少参与对话的人数，但对话的频率与质量却大大提高了。而且，我仍有 6.5 万多名粉丝，关注对象的减少没有影响我与粉丝分享推帖、交流心得的机会。而更值得称道的是，这个改变让我的 Twitter 更加便于管理，也更加适应我的生活风格了。

也许，为了报答每一位粉丝你会反过来去关注他们，至少刚开始你会这么做。而且，有许多排名相当靠前的推客也选择了这个方法。

同样，你也许更倾向于关注亲密的朋友与熟人。这样，你可能会给人留下不爱交际、不合群的印象，而这对于一个营销人员来说不太有利。

最后，我还有一个观点。我认为资深的推客应渐渐甩开那些繁文缛节的束缚，只需开门见山做正事就行。随着粉丝队伍的壮大，应该在选择关注对象的问题上稍微挑剔一些，前提是你的粉丝理解你这么做不是因为粗鲁，而是出于宁缺毋滥的负责态度。

只要使用 Twitter，就有许多规则需要遵守。比如，有些纯粹主义者认为推帖只能描述你正在做的事情，而不能涉及你在想的或计划做的。我认为这个要求过于苛刻，而且，从 Twitter 发展的轨迹来看，得到大多数人认同的观点是这样的：如果一个话题能激发大家讨论的兴趣，娱乐你的粉丝，那就是恰当的。如果纯粹主义者不喜欢这样的帖子，就请另觅他“帖”。

对于同一件事情，推帖读者的反应如何，你的反应又怎样——这才是推帖礼仪的最终检验标准。

如果你在试图壮大自己的粉丝队伍，而粉丝对你发布的帖子也有相应的积极的正面回应，那么你所遵循的法则就是正确的。

5.2 在发帖之前先跟帖的益处

Twitter 礼仪的灵活性必然会导致推客自立规矩、我行我素。

有人会反过来关注每一个关注自己的人，而有人却不会。

有人会回复每一个给自己回帖的人，而有人则不屑理会任何人。

有人会提出问题，并期待粉丝的答复，而有人却从来只看不问，在潜水中自得其乐。

这就表示，在你加入别人的对话之前，甚至在你正式发布推帖、激发人们讨论的兴趣并宣传自己的产品与服务之前，花点时间关注、阅读别人的推帖很重要。

当然，这会占用你一点时间，但这么做确实能为你带来许多好处。

首先，你会在关注别人的过程中发现他们习惯遵守的 Twitter 礼仪。如果你很想成为某个用户的粉丝，并发现他有 1000 名粉丝，而关注对象只有 40 名，那么，即使他没有及时成为你的粉丝，也不必太在意。

还可以了解一下他对用数字代替字母这一输入方式的看法（只需看他自己是如何选择使用的即可）以及他感兴趣的话题。

而且，还能看到他的粉丝有哪些人，然后关注那些你认为值得关注的人。同时，可以预估一下，如果把这位用户变成了粉丝，还能吸引到哪些人关注自己。

但，这些都不是最关键的。最关键的是如果事先花点时间亲自关注别人，阅读别人的帖子，就能切身体会到什么样的话题能在这群推客间引起反响。

当直接回复其他推客的帖子时，就能体会到上述这一点。从你的时间轴判断，你似乎是在与各种有意思的人交流。当得到这些人的回应之后，你的名字与 Twitter 主页地址就会出现在他们的时间轴上，让他们所有的粉丝都看到，并想一探究竟。

这种营销方式的效果十分不俗。

了解其他人所提的问题及回复的内容之后，就能明白自己该如何回答才能获得最佳效果，发布什么样的帖子才能让你显得卓而不群。

5.3 如何加入对话

开放性是令 Twitter 绽放无限魅力的特点之一。在 Twitter 网站上与他人聊天、分享自己生活的人也许有好几百万，但只要你愿意，他们每一个人都有可能成为你的朋友，这种感觉特别真实。

这是一种奇妙的感觉，是其他社会化网站无法给予的。比如，在 Facebook 上查看别人的资料都需要得到这个人的确认，否则就看不了，更不用说加为好友了。

相比之下，Twitter 的公共性更强。似乎网站上每一个人都能为你提供一些有用的信息、窍门或建议。

但有一个前提：你也要为他们提供一些有价值的信息作为回报。

因此，如果你在 Twitter 上发现某个对话很有意思并想加入进去，仅靠简单的自我介绍是不可能真正赢得他人的欢迎的。

从表面来看，Twitter 像是一个巨大的联络室，但二者的运作模式却绝不一样。

如果其他推客想了解你，他们可以停下来查看你的个人资料，阅读你的个人简历，然后访问你的网站。

不过他们真正想知道的是你为这个对话贡献了什么。

而你也不能把 Twitter 以及自己在 Twitter 上的行为看作单纯的广告或营销手段。

或者说，这要求你的行为不能仅仅包含广告的作用。

如果只是说“该话题在我的博客中也有涉及，请点击 tinyurl.com/sdsdsf”，这听起来更像是一个缺乏技巧的推销员说的话。

反过来，如果从博客中摘取一段有用的信息，并提供更多有价值的链接给读者，这才是回报那些给你回帖的人。

你看出两者之间的区别了吗？

前者是广告，而后者为对话作出了贡献。

只要方式正确，即使不用在推帖里加入链接等明显手法，你也能因加入对话中而获益。

比如，克里斯蒂娜·希尔斯（Christina Hills，@christinahills）是一位企业家，专注于为其他企业做市场营销。我知道，她的粉丝中一定会有许多人对我提供的信息感兴趣；我同样能肯定，她也认为我的粉丝中有许多人需要她提供的营销策略。

加入彼此的对话后，我们不仅能相互学到更多新知识，还能引导各自的粉丝去对方那儿获得相关的专业指导（见图 5-4、图 5-5 及图 5-6）。

这种技巧只有通过高质量的对话才能体现出效果。

图 5-4 看看 Christina Hills（@christinahills）通过何种表述，进而将自己的名字与链接展现在成千上万人面前

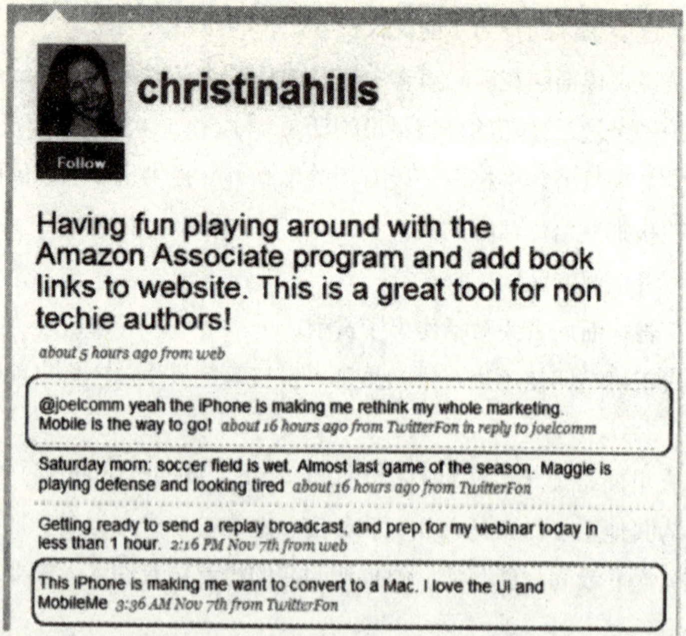

图 5-5　这是我们在 Twitter 上进行过的一次对话。克里斯蒂娜・希尔斯写了一条关于 iPhone 的推帖。我以我的专业角度回复了该推帖，而她也做出了回应。当我们讨论 iPhone 的时候，我们的粉丝也就有机会借着两位营销导师间的即时交流更深入了解这一每天都在使用的工具

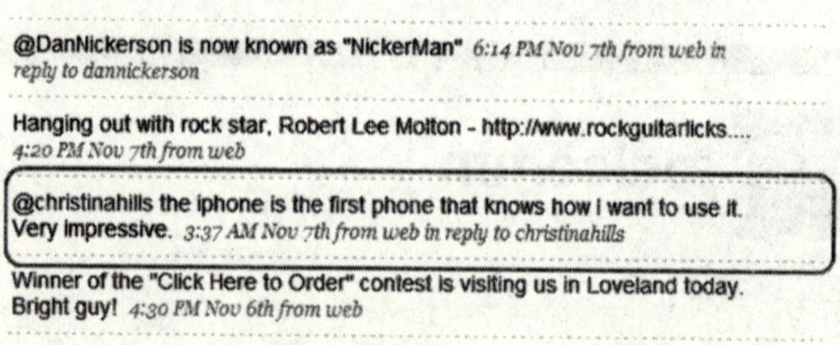

图 5-6　这是我对克里斯蒂娜作出的回复。我加入了自己的见解——显然，我们是在交谈

上面介绍的只是加入他人对话的方法之一。正如你所见，这个方法简单到让人难以置信。实际上，可以把它看作是一种传统的链接交换。你的推帖质量越好，你的账户受欢迎程度越高，那么你的名字出现在他人时间轴上的机会也就越大。

不过，提供信息并不是加入对话的唯一方式，寻求信息同样可以。

这也是在加入对话之前必须阅读他人时间轴的另一个原因。有些推客会十分

热心地回答别人的提问，有些则不那么热衷于此，原因有很多种，可能因为他们没有时间，也可能是粉丝太多，又或者回答问题不是他们使用 Twitter 的兴趣所在。

先读一读旧推帖，就能知道这位推客回答问题的频率以及他愿意回答的问题的类型，进而对症下药（见图 5-7）。

图 5-7 职业博客作家达伦·罗斯坚持回答粉丝的问题，从而使自己的社交圈紧密相连。这里，他回答了 Spartz（@spartz）提出的问题，这个问题是如何为新创建的 Twitter 博客 Twitip（www.twitip.com）取名

5.4 如何让自己的 Twitter 趣味无限

这是一切努力的最终目标。你在谨守 Twitter 礼仪的同时，可以通过回复他人的推帖，或者提问的方式让自己的名字出现在其他重要推客的时间轴上。

但是，如果你的推帖内容与对话不足以将访问者变成粉丝，甚至进而将他们变成顾客、客户或固定用户，那么上述一切做法都是徒劳的。

即使 Twitter 的问题很具体（你在做什么），但答案（即你写出的推帖）却可能是千变万化、千奇百怪的。我将在这一小节中为读者朋友介绍最重要、最有效的推帖类型。

总的来说，你的推帖可以分成两大类：公告与对话。

相信读者读到这儿应该已经对 Twitter 的两种用途有所了解。一种是传递信息，即把你正在做的、正在想的或一直在做在想的事情告诉粉丝。

这种信息交流方式是单向的。发布这样的帖子通常不会期待读者的回复，只要帖子的信息有价值、富有娱乐性即可。尽管推帖支持回复功能，但它首先仍是一种推客为粉丝提供最新信息的方式。

这与电视台的功能相似，只是工作模式略有差别。

第二类推帖的功能是抛砖引玉，激发大家讨论的热情，或者推帖本身就作为讨论的一部分。显然，自己提出的问题以及对他人问题的回答属于对话类的推帖，但对话类推帖要达到高质量可没有这么简单。如果帖子的内容具有争议性，或者能引起读者的浓厚兴趣，它才可能是质量较高的一条对话类推帖。

高质量的对话能为你带来各种好处。

前面我们已经介绍过，当有人对你的推帖作出回复时，你的名字与Twitter链接就会出现在他们的时间轴上，这能帮你吸引到更多的粉丝。正因如此，成功抛砖引玉的推帖通常能起到很好的广告作用，而且经过激烈讨论的发酵，这种作用会无限放大，威力无比。

你还能在别人回复的基础上再次作出回复，并很容易从中获得附加信息，使对话更愉快。

整个讨论本身可以帮助你建立一个社群，拉近粉丝（以及潜在客户）与自己品牌的距离。

理论上讲，优秀的Twitter时间轴应该同时包含上述两类推帖。如果一直只顾着回复粉丝的帖子，与粉丝聊天，会很容易给人留下排外的印象。长此以往，你可能会发现自己永远都是在跟同一批人对话，更糟糕的是，你已不能完全掌控这些对话。一旦讨论的话题不再由你一人决定，你就不得不为了迎合粉丝去聊一些他们想听的话题。

如果这就是你建立Twitter时间轴的目的，那尽可以随他们去。许多人就是把Twitter当做一个巨大的、开放的留言板来用，但是，如果使用Twitter的目的是营销，那就必须掌握信息及对话主题的决定权。

另一方面，如果只是把Twitter当做发布公告的工具，你的时间轴就会显得有些单调。当然，也有一些非常成功的推客走的是公告模式，如美国总统奥巴马的竞选推帖就吸引了12.5万名粉丝，但这些帖子的功能也只是告诉人们在他的竞选行程中将发表演讲的集会地点而已，大部分推客都意识到只有将两类推帖结合起来才能得到最大的回报。

公告类的推帖可以用来确保信息得以传达。

对话类的推帖则可以用来把粉丝变成一个社群，牢牢吸引住这些粉丝，并确保自己的帖子能够涵盖所有粉丝感兴趣的话题。

以下列出了几种最行之有效的推帖，读者可以都尝试一下。

图5-8列出的公告类推帖应该是最常见的，因为有许多Twitter程序可以帮助博客作家自动将文字变成推帖。

图 5-8 带有链接的推帖——“这就是我目前正在做的。”点击链接则可以阅读所有内容

这个功能非常有用。

假设你刚刚发表了一篇博文，你一定希望人们知道并阅读你的文字，而你的粉丝中也一定有很多人乐意这么做。比如，达伦·罗斯就为自己的数码照片网站“数码照片学校”（digital-photography-school.com/blog/）单独设置了一个 Twitter 账号（@digitalps）（见图 5-9）。

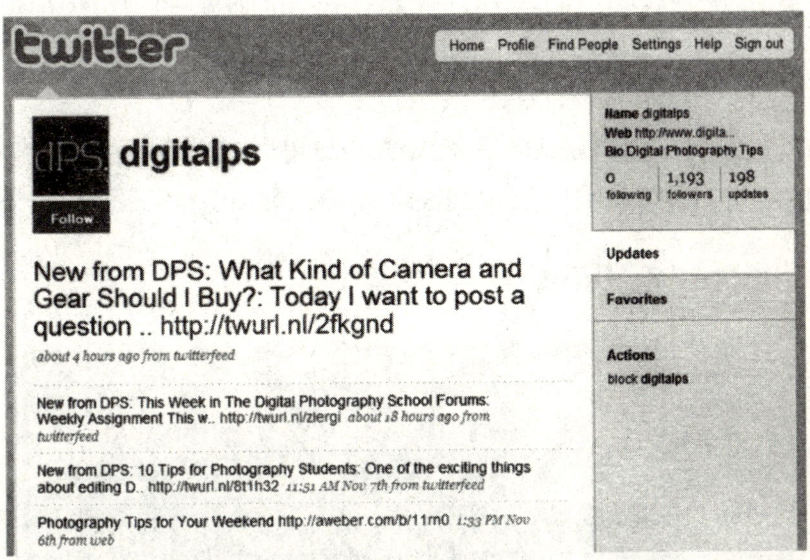

图 5-9 达伦·罗斯的摄影类推帖再简单不过了吧？但仅凭这些推帖，他就可以赚钱

尽管这个独立的账号只是用来自动发布数码照片网站更新博文的消息，其粉丝数量仍然高达 5 位数；尽管这个账号也并未采取任何其他策略，仍然有 10%的粉丝通过这里发布的推帖访问他的网站。

这就意味着，你可以大概估计一下每一条推帖的价值。

我不知道达伦的最新数字，但如果他能通过广告将 3%的用户转变成收入来源，并假设每一次点击能为他带来一美元的收益（他的网站针对高端领域人群且备受推崇），那么 1.5 万名粉丝每阅读一条帖子就能直接为他带来 45 美元的收益。

每个 Twitter 主页能显示 20 条推帖，平均 4 天更新一次，这样，每个 Twitter 主页几天之内就能获得 900 美元的收入。

我并不认为达伦能通过他的 Twitter 时间轴赚取这么多的收入。随着粉丝队伍的壮大，粉丝中愿意访问推客其他网站的人数尽管也在增大，但其占所有粉丝人数的比例却会降低。不过通过这个示例，说明我们的确可以衡量链接到 Twitter 外部网站的推帖的价值，并且完全可以利用链接到高回报站点的推帖来赚取利润，更何况，我们不费吹灰之力就能做到。一旦 Twitter 账户创建成功，并安装了 Wordpress 插件，达伦无需再做任何努力每天就能额外获得 200 美元左右的收入。

那么，怎么才能让自己的推帖达到这种境界呢？

最简单的方法就是仿照 Darren 的做法。达伦用的服务叫做 Twitterfeed，该服务会定时查看用户博客的 RSS 新闻订阅，并把最新的新闻标题或内容发送到 Twitter 上。

可以登录 Twitterfeed.com 注册为 Twitterfeed 用户。该服务完全免费，简单易用，只需在自己的博客网站上订阅 RSS 即可（见图 5-10）。

图 5-10 Twitterfeed 可以自动把你的博客更新转化成推帖

登录之后（Twitterfeed 允许使用公共账号登录，接受任何一个合作网站的用户名与密码)，你只需提供你的推客名、密码及 RSS 订阅的 URL 地址，并设置好 Twitterfeed 查看更新的时间以及每次发送更新的数量。

此处的设置，要格外谨慎。如果为博客订阅的 RSS 每天不只更新一次，那么通过 Twitterfeed 发送到 Twitter 上的更新通告帖就会充斥整个时间轴。这样，你的 Twitter 看起来就像是个纯粹的广播站了。

坚持每天更新一篇博客，然后通过 Twitterfeed 发送到 Twitter 上，并以链接的形式出现，足矣。如果你的推帖形式繁多，不拘泥于某一类型的情况下，就更不必过于频繁地使用这一功能。

用户还可以选择通过 Twitterfeed 发送到 Twitter 上的帖子的形式：仅发送标题、仅发送内容或者二者兼有；还可以自行设定短链接的方式，设置订阅推帖的依据——依据发布时间，还是全球唯一标识符（GUID）[①]。

如果帖子既含标题又有内容，通常会超过 Twitter140 个字符的限制，且不合礼仪。而如果内容本身就超过了 140 个字符，在帖子里只显示前半部分则有可能引起读者的好奇心。你的粉丝若想查看其余部分内容，点击链接即可。

Twitter 对字数有严格限制，因此，仅凭短短的标题激发读者的好奇心会越来越难。

有许多工具、程序可以帮你缩短 URL 地址，这样就可以避免网址占据整个帖子的内容。这些工具、程序的功能大同小异，使用起来也非常便利，利用它们得到的短链接可以让推帖显得既简单又整洁。另外，如果没有特别的理由，请按照时间顺序排列推帖，因为这也是推客所希望的。

最后，你只有 20 个字符的空间来介绍帖子的题目、内容与链接。达伦·罗斯使用的短语是“DPS 新闻”(DPS 是他的数码照片网站名称的首字母缩写)，既直接又有效。当然，你也可以选择跳过标题，直接发布 RSS 新闻的正文部分与链接（见图 5-11)。

两种方式都可以尝试一下，并跟踪记录，看哪种效果更好。

---

① 全球唯一标识符（Globally Unique Identifier, GUID）是通过特定算法产生的一个二进制长度为128位的数字，在空间和时间上具有唯一性。它广泛应用于微软的产品中，用于识别接口、复制品、记录以及其他对象。不同类型的对象对应不同的GUID值。——编者注

图 5-11　达伦·罗斯通过 Twitterfeed 转化而来的推帖原本不只 140 个字符，只是自动从中省略了一部分。但这恰恰能引起读者的好奇心

另外，Twitterfeed 还有筛选功能，可以为帖子的内容设定关键词，Twitterfeed 会据此自动筛选并发布推帖。如果你的博客所涵盖的内容远远超出了你 Twitter 上的粉丝的兴趣，这个功能就非常适合你。不过，需要记住的是，筛选时你只能选择“包含”，而不能选择“排除”。因此，一旦选择了筛选功能，就不可避免地会遗漏一些帖子。

除了使用 Twitterfeed 或其他类似的服务以外，你还可以选择手工编写推帖。这样就能完全控制自己的 Twitter 更新，但花费的功夫也会更多。手工编写时别忘了使用缩短 URL 地址的工具，以方便读者记忆。

不过，使用上述方法也存在一定风险。对于粉丝来说，达伦的摄影博客有足够的趣味性与知名度吸引他们关注这些自动发布的推帖。这与订阅 RSS 阅读不太一样。如果你的博客网站没有足够的吸引力，就不能一味依靠上述方法。毕竟，很少有人会被名不见经传的公司的所谓头条吸引。

以戴尔为例，该公司有多个 Twitter 账户供不同的分公司或部门使用，以便将触角伸及各个市场。据估计，戴尔用在 Twitter 上的成本高达一百多万美元。不论你的关注对象是“直击戴尔”（@direct2dell）、“戴尔云计算”（@dellintheclouds）、“戴尔小型业务”（@DellSmallBiz），还是“戴尔博客”（@dellyourblog），你收到的推帖其实都来自戴尔公司博客。

由此可见，即使是戴尔这样的大公司也需要在吸引粉丝方面下足功夫。

当然，可以包含在推帖里的链接地址不止博客链接一种。可以加入任何你觉得有意思（更重要的是你的粉丝觉得有意思）的网站链接。

你甚至可以把自己正在阅读的文章的链接以推帖方式发送到 Twitter 上（见图 5-12）。

这么做就意味着你在主动把人们带离你的时间轴，但这是早晚的事。相反，这种做法能在他们心目中留下一个好印象：你的时间轴总能为他们感兴趣的话题带来最新鲜有趣的信息，是极佳的信息源。

I'm afraid! I'm so very afraid! - http://tinyurl.com/4m2ejk - Click at your own risk *about 17 hours ago from web*

图 5-12　在推帖中加入链接，以便为我的粉丝送去欢乐

5.4.1　经典推帖——“这就是我正在做的”

以链接为主要内容的推帖得到的回复不会很多。你的粉丝看到推帖后如果感兴趣，就会点击链接，被链接带到其他网站。等他们想起来要对你的帖子作出评论时，却发现自己离开你的主页已经很长时间了。

也许你能收到为数不多的几个回复，但整体而言，这样的推帖属于公告一类，目的就是提供信息，而不是激发大家的讨论热情。

从这一角度来看，这应该是仅有的一种纯单向交流的推帖。不过，只要粉丝持续关注你的时间轴，总会有人想对它评论一番。

即使发布的只是最基本的推帖，情况也是如此。最基本的推帖是指 Twitter 建议每一位推客发布的帖子，也是 Twitter 的创建初衷：分享你目前正在做的事情。

这种推帖是最容易创作的帖子之一，也很容易写得妙趣横生。不过请尽量不要描述你吃了什么，这类帖子实在太多了，很快就会成为过去式。当然，除非你正徒步穿越撒哈拉大沙漠，靠吃骆驼肉与蝎子维持生命。重点在于要描述你一天里进行的各种活动。

但是，还需注意一点。

不要简单地写一句：“马上去图书馆”或者“打算小憩一会儿”，应当生动细致地描述自己对当下所做事情的看法或解释做这件事情的原因。

这会大大增加推帖的趣味性。

这类推帖的好处在于：无论是出于真的关心，还是纯粹的好奇，或者其他心理，你的粉丝会因分享了你的经历，而与你同欢乐共忧患。这就是 Twitter 的创意所在。这与电视真人秀有点相似，但在 Twitter 上，可以从数百万人的日常生活中进行选择，有针对性地去了解，而不是仅仅关注那些被制片人硬塞进《名人老大

哥》[①]的古怪人种。

同身边亲友分享自己的经历本身就是一个愉快而有趣的过程，而向数以万计的粉丝宣称你在做什么，则更有一点像是在录影棚里对着摄像镜头吐露心声（见图 5-13）。

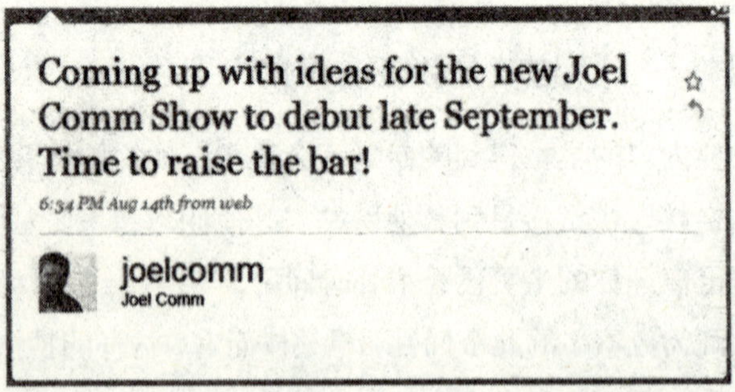

图 5-13　不要像记流水账一样描述你所做的事，重要的是发表你对这些行为活动的看法

显然，后者的影响力更大，娱乐性也更强。

因此，如果你想说“马上去图书馆”，不如写成：“马上去图书馆借两本儿童睡前读物。如果再让我念一遍《咕噜牛》，我的脑子就要爆炸了。”

如果你想表达“打算小憩一会儿”，就可以打趣地说“打算小憩一会儿。连手指都快进入梦乡了。一到夏天它们就容易犯困。”

看出来了吗？第二种写法中明显加入了一些个性化的因素。

这样的推帖不仅仅是在公告你在做什么，更展现出你是一个什么样的人——幽默且睿智。正是这样轻松的小对话能帮助你建立人脉，建立信任。这种信任是任何人与人之间的关系的基石，同时也包括生意上的关系。

当与上百万名推客争夺粉丝的关注时，正是上述这些小细节能助你脱颖而出。

5.4.2　观点类推帖——“这就是我正在想的”

没错，Twitter 的确没有要求推客提供自己的观点，更有一批纯粹主义者认为推帖的内容只能包含人们的活动，而不应该包含观点（见图 5-14）。

---

① 《名人老大哥》是英国一档著名的电视真人秀节目，英文名为Celebrity Big Brother UK。该节目架设28台摄影机，全天候拍下科隆市郊一栋房屋内十个人的一切生活细节，并由观众投票决定哪些人将被淘汰出局。——编者注

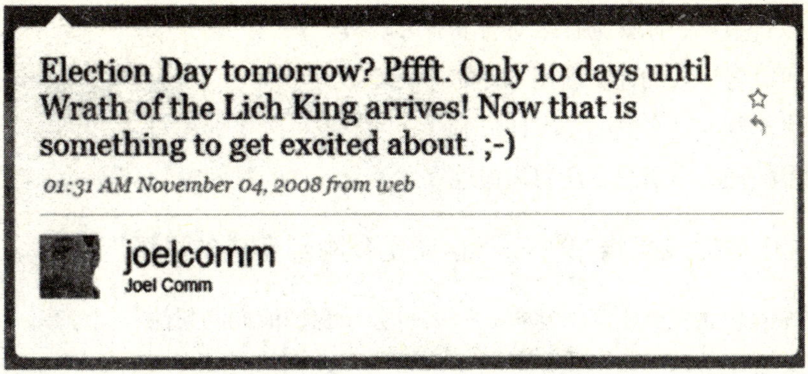

图 5-14 嘘……这只是一家之言

我觉得这种论调是错的。当然，这也只是我个人的观点。

如果在描述活动的推帖中加入自己当时的想法，能够增加帖子的趣味性；同时，你的时间轴也会更有个性。

但凡读过我的推帖与博客的人都知道，我不是那种羞于表达自己观点的人。我总能从生活中引发许多不同的见解，尽管在我看来，这些见解都有理有据，并非凭空而来——也还是有许多人不认同它们。

这没关系。没有人强迫他们一定要阅读我的推帖。

我知道，当我在推帖中就各种与自己密切相关的问题发表个人观点时，会让某些粉丝感觉无趣而不再关注我，也不再看我的博客。这会让我损失客户。

对此我已经做好了心理准备，但我更以为结果一般不会如此令人悲观。相反，我对读者坦白，让读者知道我的立场与观点，即使他们不认同我也无妨，这仍会对你全局的策略产生积极的影响。与读者建立起的亲密关系及那些留下来的粉丝足以弥补由于你如实表达观点而离开的粉丝。

想要表达观点，尤其是对有争议的问题发表观点或者利用 Twitter 做营销时，这样的选择是不可避免的。比如，你所推广的是公司品牌而不是个人品牌，那么将观点集中在对行业有影响的话题上也许是个好主意。

缺乏主见的人容易让人以为没有个性；而缺乏主张的公司则给人不偏不倚的感觉。

如果是利用 Twitter 强化个人品牌，你不妨随心所欲地发表自己的观点，以充分显露你的个性。

可以告诉人们你认为什么对行业有影响。

也可以告诉人们你对新闻事件的不同理解。

如果对别人发布的帖子有任何看法，同样也可以告诉人们。

用推帖把心中所想、所感坦诚地宣之于众，你的时间轴就会多一点个性。

5.4.3 任务完成类推帖——“这就是我刚刚完成的事情”

把你的想法告诉别人，这样，别人也会乐意把他们的想法与你分享。可以尝试就大家都十分感兴趣的话题发表一些看法，这样很容易快速引发一场讨论，没有几个方法能比这个效率更高了。

告诉人们你刚刚完成的事情就是其中之一（见图 5-15）。

图 5-15 任务完成啦！值得让所有人都为你高兴一下

这样的推帖看起来像是公告。的确，这与宣布你刚刚上传了新博客的公告类推帖区别不大。

两者描述的都是你刚刚完成的事情。

然而，虽然粉丝能够看到含链接的公告类推帖的结果，即链接页面的内容，却不一定总能看到任务完成类推帖中提到的成果。因而，对任务完成类推帖，粉丝能做的只是评论而已。

宣布“我刚刚完成这件事情”就等同于向你的粉丝发出询问：“你认为这怎么样？”

任务完成类推帖所得到的回馈通常是人们针对这个问题给出的回答，而你自己都没有意识到你已经问了这个问题。如果你完成的任务特别有意思，给人印象深刻的话，你的粉丝更会踊跃参与进来。

比如，如果宣布刚在每月 AdSense 广告中劲赚了 1 000 美元，就一定会有粉丝祝贺你，并且问你是如何做到的。

告诉人们你在《魔兽世界》中又晋升了一级，也能获得类似的响应。

告诉人们你刚做好一个巧克力蛋糕，并即将边喝咖啡、边看报纸、边享用蛋糕，放松一下，则很可能会有人问你他们能不能试试你做的蛋糕。

诚然在回答"你正在做什么"这个问题时，你却在告诉别人你完成了什么，这看起来似乎有些古怪，但却不失为构建时间轴的好方法。

5.4.4 娱乐类推帖——"我正在逗你笑"

粉丝不仅喜欢关注发布有用信息的人，同时对那些经常发布娱乐类帖子的人也推崇备至。比如，斯蒂芬·弗赖伊是一名喜剧表演艺术家，他的推帖往往充满了各种机智、诙谐的评论与观点。看他的推帖就像是看他演的电视剧——只不过每一集的长度被浓缩成了 140 个字符。

如果能写出既娱乐大众又实用的帖子，就大可不必为赢得粉丝而犯愁了（见图 5-16）。

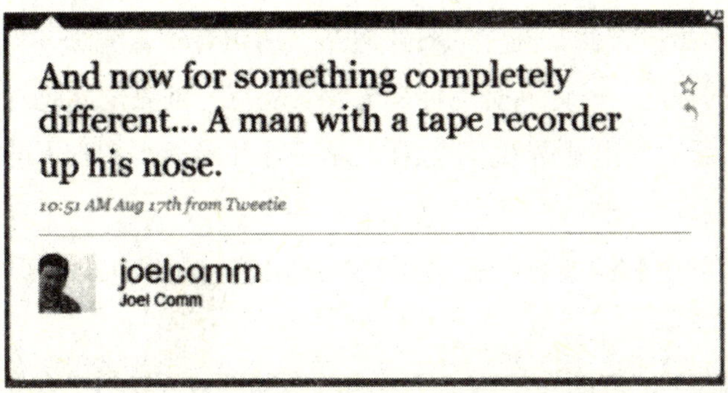

图 5-16 好的，那我就不会放弃我日常的工作了

当然，最理想的状态是所写的推帖中充满了笑话、幽默与风趣。但是，如果做不到，偶而编撰一些稀奇古怪的幽默推帖也可以活跃氛围，把 Twitter 主页变成一个快乐之源——当然，这得取决于你时间轴本身的主题以及编笑话的能力。

5.4.5 求助类推帖——"你现在能帮我个忙吗"

要想把粉丝从单纯的读者变成为你作贡献的人，最简单的方法就是向他们提问。碰到困难时向粉丝们发出求助，是推客经常使用的手法，很可能某位粉丝就能给你带来合适的建议。

通常，推客提出的问题都很简单，例如该送朋友什么生日礼物，晚餐用什么食谱等。有时，也有人问一些非常深奥的问题，需要有专业领域知识的专家帮忙解决（见图 5-17）。

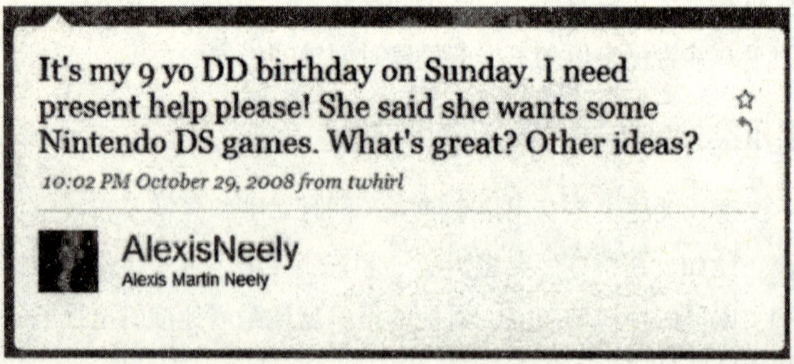

图 5-17 法律专家兼市场营销人员亚历克西斯·马丁·尼利（Alexis Martin Neely, @alexisneely）向大家发出了求助帖

不过，问题不一定是源自对某种信息的需求，也可以作为一场讨论的开端，或者说引子。而另一方面，问你的粉丝对某一话题有什么看法，就能很快知道粉丝与自己互动的程度——尤其是当你率先发表观点时则更是如此。

“我受不了暴力的电脑游戏。”这样的帖子往往能够得到别人的回复，并由此展开一场讨论。

“你对暴力的电脑游戏有什么看法？”采用提问句发布帖子以后也能收到同样的效果。

但如果这样写：“我的儿子迷上了暴力的电脑游戏。我却一点儿都受不了这种游戏。你们怎么看？”显然，用这种更具个人色彩的推帖更容易引发人们的讨论，吸引粉丝抱着尽绵薄之力的信念点击“回复”按钮。

5.4.6 图片类推帖——“看我在做什么”

推帖的长度限制方便了读者迅速阅读并回复，宛如蜻蜓点水一般，自由而迅捷地投入然后抽离。相对于其可能的回报而言，这里投入的时间成本与精力成本很低。

推客一直在寻求突破这个限制的方法。在推帖中加入链接，把粉丝带往另一个网站固然是一个简单实用的方法，而在其中加入图片也是个不错的选择。

或者，还可以上传一张照片到 Twitter 上，然后针对这张照片发布推帖（见图 5-18）。当然，这与在 Facebook 或 MySpace 上给短消息附上图片的过程不太一样，但并不复杂，只需一点技巧，就能轻松为你的时间轴增加内容，把正在做的事情通过图片而不仅仅是 140 个字符展现给读者，从而创造新的讨论焦点。

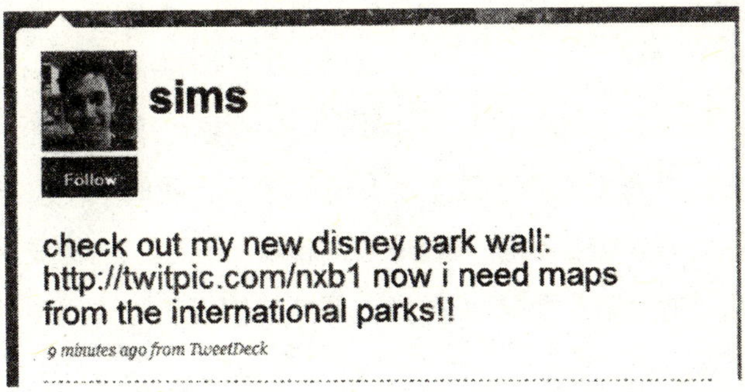

图 5-18 安德鲁·西姆斯（Andrew Sims）正在炫耀他的电脑桌面

理论上讲，可以按自己的意愿随意使用任意一种能够达到这一目标的方法。完全可以上传一张照片到 Flickr 上，然后把链接放在推帖中发布到 Twitter 上。但是，若使用 TwitPic（www.twitpic.com）的话会更加方便。

用你的推客名与密码登录，选择要上传的图片，加上描述与标签，然后输入你想说的话作为推帖发布。这条推帖就会出现在你的时间轴里，并附有链接，以便通往你贴在 TwitPic 上面的图片（见图 5-19）。

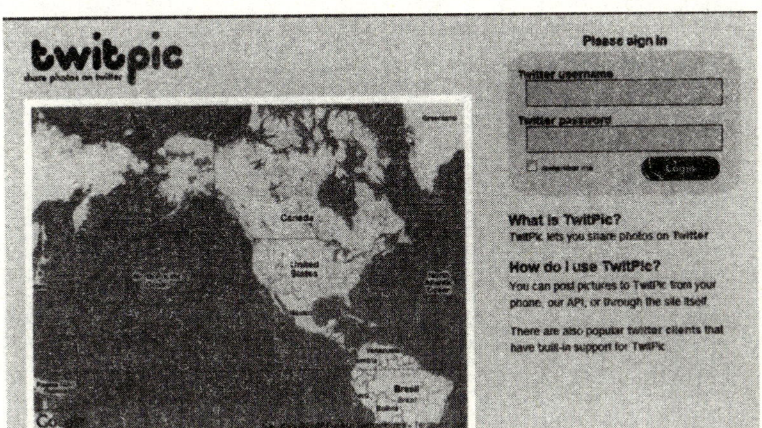

图 5-19 TwitPic 允许你把照片放到 Twitter 上——基本上是允许的

这个网站非常简单易用，是你与粉丝分享信息的另一个好工具。

5.4.7 不同种类的推帖

回顾以前发布过的推帖，我忽然领悟到其实要将它们分类并不很难。以下列出的推帖种类虽不是最全面的，但已涵盖了各种类别的推帖的模板，以供你运用在自己的时间轴上。

基本型推帖

基本型推帖的内容大都很自我，且没有任何明显可取的价值，但却是 Twitter 的支柱。既自恋，又毫无新意，这就是完全只关乎自我的基本型推帖的特征。但是，千万不要以为基本型推帖就一无是处，相反，正是它们构成了你建立人脉网的基础，是你从“喜欢我”到“了解我”再到“信任我”并“支付我”的过程中最先迈出的那两步。

这是一条典型的基本型推帖：“在悉尼机场的新西兰航空候机室。环境不错。正在等飞往 SFO 的航班。”

交流型推帖

即时消息最常用于人与人之间一对一的交流。论坛可容纳的聊天的人更多一些，但速度较慢。Twitter 所具备的即时性让对话以一种崭新的方式呈现。你不仅可以立刻回复他人的帖子，其他人也可以很方便地加入到讨论中来。交流型推帖只是你公开回复其他成员的方式。许多在 Twitter 中建立的人际关系都发源于这种简单的互动推帖。

典型的交流型推帖是这样的：“@nprscottsimon 对了，再问一遍，NPR 与@ifartapp 的区别是什么来着？;-)”

询问型推帖

询问型推帖既回答了 Twitter 的问题，其本身也是一个问题。它并不描述你当时的活动，而是求助于推客这个大集体，寻找解决问题的办法、有用的观点或任何能得到的回应。提问题不仅是找到答案的好方法，更是激发粉丝兴趣的好办法。毕竟，人们总是喜欢从为他人排忧解难中获得快乐。

典型的询问型推帖是这样的：“我正在为科罗拉多办事处找一名聪明伶俐、精力充沛的副经理。有人可以胜任吗？”

回答型推帖

回答型推帖可简单，也可复杂。它可以简单到回答各种鸡毛蒜皮般的生活琐事，也可能复杂到为一家干洗店在纽约城找一处合适的店址。如果你可以回答别人的问题，何乐而不为？对你而言这是让别人迅速记住你的大好机会，同时对求助者而言，也是莫大的助益。

典型的回答型推帖是这样的："@angiemeeker 没错，来@omNovia Web Conference 看看，DM 和我可以回答你们的问题:)"

睿智型推帖

想要发布推帖，但又没什么特别的话要说吗？想写一些比"刚看完《活宝三人组》回来。天哪，我真是爱死胖子了！"更有意义的话吗？只需从知名作家的书中引一段话，从最喜欢的歌里找一句歌词或从经典电影里摘一段台词，与粉丝分享即可。不时发一些简短而富有哲理的话以及一些有趣的信息，可以让你的时间轴维持下去，既实用又有娱乐性，这样的推帖还经常会被他人转发。

典型的睿智型推帖是这样的："只有激情，崇高的激情，才能帮助灵魂升华！——德尼·狄德罗"。

报道型推帖

Twitter 让我们每一个人都成为了民间记者。从孟买发生的恐怖袭击与美国航空公司哈德逊河坠机事件，到迈克尔·杰克逊的死讯，更多的人是从 Twitter 上而不是其他媒体渠道得到的最新消息。如果你得知了某一消息，并且已知是确切的，何不尝试与他人分享，告知你的粉丝呢？

典型的报道型推帖是这样的："迈克尔·杰克逊去世了。不幸而悲惨的一生。现在有关他的电影、书籍、电视专题铺天盖地……令人叹息。安息吧，迈克尔·杰克逊。愿你在天国得享安宁。"

赞赏型推帖

赞美是向别人表达钦慕之情的好办法。在 Twitter 上赞美别人的效果更好，因为它是一个公共论坛。不仅被赞美对象会收到你的赞美之词，你所有的粉丝也能看到。

典型的赞赏型推帖往往是这样的："你今天真漂亮！@marycomm"。

批评型推帖

有人天生就喜欢批评别人，有时候这也是一件好事，尤其对那些在 Twitter 上密切关注其负面评论的公司。

典型的批评型推帖可以这样写："美联航竟然把我的行李弄丢了。太意外了，太叫人意外了！"

推荐型推帖

每周五都是 Twitter 的关注日（Follow Friday），这一天，每个推客会挑选出其他一批推客，建议自己的粉丝也去关注他们。方法很简单，只要给自己的推帖加上"#Follow Friday"的标签，并列出你所推荐的推客就可以了。但是，每次推荐不要超过 6 个，否则这样的介绍就没有亮点了。当然，如果有非常棒的推客，也不用非等到周五才推荐。

典型的推荐型推帖是这样的："*#Follow Friday@dannickerson*、*@cameron-johnson*、*@marycomm*、*@michelletrent*、*@brianwillms*、*@gaildoby*、*@briankmeans*、*@ksurritte*——绝对精彩！"

惠赠型推帖

人人都爱免费的东西。人们同样还喜欢赢大奖。惠赠型推帖一般用在竞赛或发放免费礼品上。编写这类推帖的目的就是促使人们层层转发，让自己的推帖拥有巨大的影响力，以便让更多人知道你正在举办竞赛。不用怀疑，只要你抛出的诱饵有足够的吸引力，就一定会有很多人转发你的惠赠型推帖。这类帖子还能帮助你合法地迅速增加粉丝人数。

这是一条典型的惠赠型推帖："免费赠送《AdSense 广告大揭秘》第四版！无任何附加条件。http://adsense-secrets.com"。

Twitter 系统设置的问题十分简单，但它得到的回答却将 Twitter 本身变成了一个互联网奇迹。但是，Twitter 能迅速成长的原因之一是用户在使用时自发地扩大了推帖内容的范围。

顶级推客不会满足于只把自己的活动告诉大家。他们还会介绍自己从过去到现在一直在做的事情、要做的事情以及内心深处的想法。他们不仅能让自己的粉丝发出会心一笑，更能促使他们思考、阅读，更重要的是对推帖作出回应。做到以上这些，推客靠的就是类型丰富、变化多端的推帖。

本节中，我已经向大家介绍了我用过的以及许多其他推客也正在使用的、能让粉丝坚持与我互动的各种推帖。

以上介绍的类型，不一定必须全部用到。达伦·罗斯的数码摄影网站的时间轴中就只有一两种推帖，效果依然很好。不过，一般来说，将各种推帖结合起来使用总可以产生最好的结果。

这样能给你的 Twitter 空间创造出社交氛围，在这个可以无限延展的空间里，你是主人，可以自由发布消息，也可以与他人分享新闻。

不过，有一种帖子你不能发布——那些会将你卷入舆论漩涡的帖子。

我们都听说过这样的事情：有人录下了自己的愚蠢行径，然后将其发布到 YouTube 上让所有人观看——包括他的老板。

Twitter 上也发生过类似的事情。

PR 行政主管史蒂夫·鲁贝尔（Steve Rubel, @steverubel）在推帖里说自己订阅了免费的 *PC Mag* 杂志，但从来都不看，直接扔进垃圾桶，于是，*PC Mag* 的出版商被惹恼了。

作为史蒂夫的客户，他们不得不对此采取一些应对措施。就这么短短一条平淡无奇的推帖就让史蒂夫的钱袋瞬时裂开了一个大口子。

也许，你会觉得 Twitter 是一个私人空间，可以漫不经心、毫无掩饰地与朋友聊天，实际却并非如此。任何人都有可能看到你的推帖，如果你有任何东西不希望别人或别人的亲友看到，那就不要让它出现在你的时间轴上。

有许多方法可以写出吸引人眼球的推帖，没必要把自己置身于水深火热之中。

5.5 如何鼓励大家采取行动

到目前为止，我的关注点一直放在一类相对特殊的粉丝回应上。相比那些还只停留在提供某些简单的信息的推帖，总有另一些推帖能迅速在粉丝中引发一场激烈的讨论，促使你的名字在网络中传播开来，进而帮助你建造起一个社群。

但是，有时候你也希望粉丝做一些其他事情。

通常，你希望他们能点击某个链接，但又不仅限于此。一旦有人访问了你的网站，就需要采取些措施将这些访问转化为收入，即便不能马上转为收入，至少要启动这个转化过程。

要做到这一点，更多地是靠网站内容，而不是短短 140 个字符的推帖。但是，在 Twitter 上发布的内容，尤其是“正确”的那部分，最终仍会影响到粉丝的行动。

比如，T 恤公司 SpringLeap 通过赠送优惠券的方法，不仅让粉丝访问公司的网上商店，还让他们掏钱买公司的产品。他们为这些优惠券设置了有效期，成功地让客户怀有一种过期不候的紧迫感，进而增加了粉丝使用优惠券的几率。

优惠券以及有效期只是你可以用来影响粉丝行为的两种最基本的方法。

还有一种方法是利用粉丝的自发性。Twitter 上的一切都是实时的，你可以不假思索地立刻与粉丝进行互动。

在某一刻，任何粉丝都可以加入进来，享受你带来的乐趣及其他益处。

而来晚了的人则会后悔自己错过了一个大好机会，并意识到自己应该更频繁地关注你的 Twitter。

比如，我有时会临时决定在办公室做一个 uStreamed 现场直播（见图 5-20）。在一位营销专家来访的过程中，我们就会打开摄影机，与 Twitter 链接，并让 Twitter 粉丝实时加入到我们的讨论中来。

只要粉丝认为可以从这个一旦错过就不会再来的机会中获取宝贵的信息，他们就很可能会踊跃地参与进来。

图 5-20　这个链接可以通往特别版的乔尔·科姆网络现场脱口秀

不过，就算你的推帖确实能够引起大家的兴趣、兴奋及相关预期，也不能马上带给你实惠，因为在此时此刻，粉丝能做的也仅有这些而已。只有当他们来到你的网站后，你们之间的对话才算真正开始，因此，在引导粉丝前往你的网站之前，必须让自己的销售部门做好准备。

但拥有大量的粉丝后，直销并不是唯一可能的受益方式。在下一章中，我会介绍在 Twitter 上与你的潜在顾客交谈的最佳方式。

第 6 章

利用 Twitter 的魔力联系客户

当你在Twitter上发布有趣的推帖时，你的粉丝可以从中获益。

找到你的个人网站后，他们就能从中获取有价值的信息。

他们可以享受到网站上的特价优惠及打折代码给他们带来的好处。

他们也会更加了解你所提供的产品、服务以及信息。

他们感觉自己成为了某一社区的一部分。这个社区不但可以为他们提供更有用的消息，还可以给他们提供支持。

同时，他们也能度过一段美好的时光。

事实上，一支稳定的粉丝队伍对于你来说也是一种资源。这不仅仅是因为粉丝中的某些人会进一步从你或赞助商那里购买商品，还因为粉丝可能会成为巨大的信息库。

他们是市场和产品的信息库。

他们是得知谁在谈论你，谁在推广你，又是谁在推荐你的信息库。

他们也是可以帮助你提升自己的产品、扩大自己的经营的信息库。

本章中，我将解读推客如何利用自己的个人页面来建立目标客户群，从而通过他们提高自己的收入。

6.1 明确问题，征询意见

选择在Twitter上关注你的人往往是你忠实的客户。他们希望在第一时间得知你发布新产品的时间。他们也许还希望了解你下一步的计划，当然，如果能从你那里获得下一次消费的折扣券，他们会觉得关注你是明智的选择。此外，他们也会帮助你。

很多粉丝都会因为参与而对你的事业渐渐热衷起来：他们希望能够对你的产品、博文或公司的发展方向产生一定影响。

他们渴望为你贡献一份力量，分享你成功的快乐。

你需要做的只是把握他们伸来的援助之手而已。

要做到这一点，方法之一是在发布某些重要产品之前，先向粉丝提供少量基本信息，并询问他们对此有何想法（见图6-1）。

图6-1 知名播客沃尔特·斯奈德（Walt Snider，@waltsnider）发布作品的预告片，不仅可以回报粉丝，让他们先睹为快，更可以提前获得他们给出的有价值的意见反馈

这个方法对你的粉丝很有吸引力。知道自己能够先人一步了解你的产品，他们会觉得自己仿佛是某个高级俱乐部的会员，获得了高人一等的礼遇。

待收集到粉丝通过Twitter发给你的评语，你就可以在产品正式公布于众之前了解产品存在的问题、漏洞及需要提高之处。同时，你激发了大家对产品的兴趣，并在其真正发布之前，就已经占领了部分市场。粉丝在Twitter上的褒奖也可以作为一种品质证明书用于销售方面的宣传。

比如，网络营销人员托马斯·C.盖迪斯（Thomas C.Gajdjis，@tommygadget）为自己创作的一本有关博客flipping的电子书做了一个销售文案，想知道这本书的外观是否引人入胜。网络上通行的做法是将不同的页面放到网上，过一段时间对结果作比较。但是，托马斯也可以询问他的粉丝对这本书的意见，以便在新书发售之前就把那些相对明显的问题修正过来（见图6-2）。

托马斯所做的不只这些，他还邀请粉丝浏览这本书的销售页面，让他们知道他即将发售一本新书，而且新书的主题可能是他们或他们的粉丝感兴趣的。也许，更重要的是，一旦粉丝回复Thomas的邀请，他们的粉丝也会注意到这个销售文案。

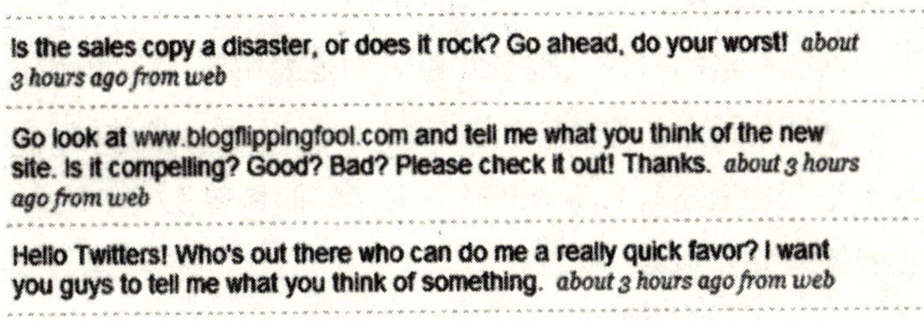

图6-2 市场营销员托马斯·C.盖迪斯把鉴赏任务交给了他的粉丝

整个过程都很简单。除了提供你希望粉丝看到的内容以及在Twitter上发布推帖，不需要做其他任何多余的事情。而且，你却能因为这个简单的举动而获得大量有价值的反馈信息。

但这里，有必要再次提醒读者朋友，Twitter是一个公共论坛：当你的粉丝点击“回复”按钮，告诉你他们的真实想法的时候，也同时把这些想法传递给了他们自己的粉丝。

这可以衍生为一种非常有用的营销手段，扩大你的宣传力度。但是，只有在你的产品已经万事俱备只欠东风的时候，这种口耳相传的营销策略才会大有助益。如果在销售之前，在还需要对产品进行很多改进的时候，就迫不及待地采用这种方式进行宣传，那么你的粉丝看到的将只有大量批评言论，溢美之辞必然少之又少。这样的话，应该不可能带来什么销售业绩。

如果你需要得到反馈的产品已经基本完备，那就邀请你的粉丝来“回复”吧。如此一来，所有人都有可能看到他们的反馈。

如果你觉得不管是产品还是销售文案都还需要做大量工作，那就请粉丝直接给你发送私密消息或邮件。这样一来，虽不会产生铺天盖地的营销效果，你仍会得到一些有价值且相对保密的反馈信息。

这种方法的缺点是：你收到的所有反馈信息几乎都很短。如果要求人们进行回复，他们顶多只会提出一或两条应该改正的缺点罢了，毕竟，这些回复只能在140个字符以内。

如果要求他们使用电子邮件，可能会得到一份稍长的报告，但你仍然不会得到太多的细节。尽管你的粉丝希望为你的产品提供一些帮助，但是很少有人会真正花费大量的时间来帮助你提高产品或销售文案的质量。

除非，你主动向他们提出许多更具体的问题。

我在整理本书第一稿的时候，很想知道人们是如何使用Twitter的，想知道他们希望用这个网站做些什么。我便简单地在Twitter上发了一条推帖，问道："我正在考虑写一本关于营销策略与Twitter网站的书。你们希望在书中读到什么？"但是，我想我收到的回复并不多（见图6-3）。

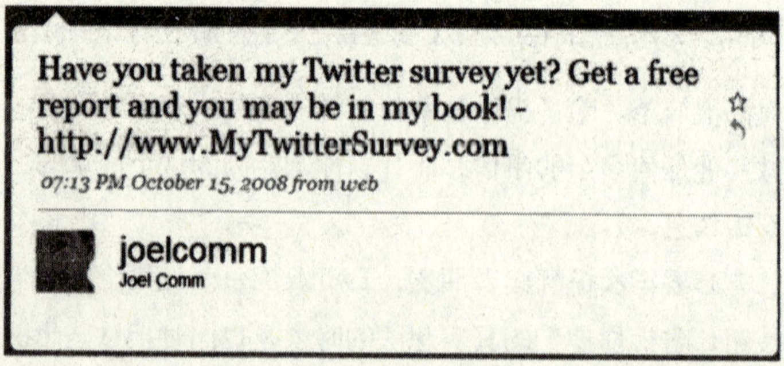

图6-3　这是将有关某个项目的海量反馈整合到作品中的办法

于是，我转而使用我的公司开发的调查软件InstantFormPro（www.instantformpro.com）做了一份简短的调查问卷，用以引导粉丝进行回复，从而为我提供最想要的信息。

当然，我又利用推帖来扩大这份调查的影响力，我甚至还把这份调查问卷放在了我的Twitter背景之中。

这份调查不仅为我带来了大量数据，还为我提供了一份很有价值的名单，让我了解到哪些人对这本书的主题有兴趣。

作为获取详细的信息反馈、拓宽市场营销领域的方法之一，调查问卷的效力不可忽视。

6.2 挖掘你的超级粉丝

阅读他人的Twitter时间轴时，你会产生某种错觉，以为自己走进了一个私人聚会。推客正在回复粉丝对自己推帖作出的评论，解决粉丝提出的问题。

当然，时间轴里还有许多其他有趣的内容。但是，一名优秀的推客，其时间轴中的大部分动态都是针对私人问题的。

为什么总是有关那些私人问题？该与哪些人对话？该特别提到哪些人？帮助哪些人才能有效吸引粉丝的注意？对这些问题，推客都是如何抉择的？

选择时应该遵循什么原则？

通常，直接对推帖作出回复的推客姓名在时间轴上会出现在其他推客之前。回复他人推帖的同时，也获得了这位推客回复你的机会。如果你已经做好了准备工作，阅读过这位推客的时间轴，并留意了那些可能会吸引这位推客注意的情况，那他回复你的可能性也就提高了。比如，发现关注对象中有喜欢回答问题的人，你就能通过提出出色的问题得到他的回复。如果他们再反过来回复你，给你一些鼓励，相当于帮助你在他们的时间轴中赢得了一席之地。

还有另一个原因使得推客可能或者说应该在他的时间轴中提及某位粉丝：这位粉丝是他重要的商业伙伴。

每一笔成功的生意都伴随着这样的伙伴。他们往往是你最忠实的客户，他们会把你的产品推荐给他们的朋友，把你文章的链接发给他们通讯录上的所有人，并且总有各种各样的问题、建议或者反馈信息提供给你。

这样的伙伴对任何公司来说都价值千金，每一名优秀的市场营销人员都在竭尽所能地讨他们欢心，以便通过他们开发尽可能多的资源。

就这两方面，Twitter可以为你实现，同时它还能帮助你找到这样的好伙伴。

有很多方法可以用来寻找那些总是在Twitter上谈论你的人。而且，实际上，已经有一些公司在使用这些方法了。

例如，2006年9月的一期美国《商业周刊》记述了推客乔纳森·菲尔茨（Jonathan Fields，@jonathanfields）在Twitter上的一次经历。他在2006年初看到威廉·夏纳[①]在纽约肯尼迪国际机场乘坐捷蓝航空的航班，于是立刻通过Twitter发布消息，表达自己对这位电影明星乘坐廉价航空公司飞机的惊讶之情。很快，他就收到了来自捷蓝航空的电子邮件，通知他捷蓝航空已经成为他的Twitter粉丝了（见图6-4）。

---

① William Shatner是加拿大籍好莱坞影星，曾在《星际迷航》（*Star Trek*）系列片中扮演柯克船长。

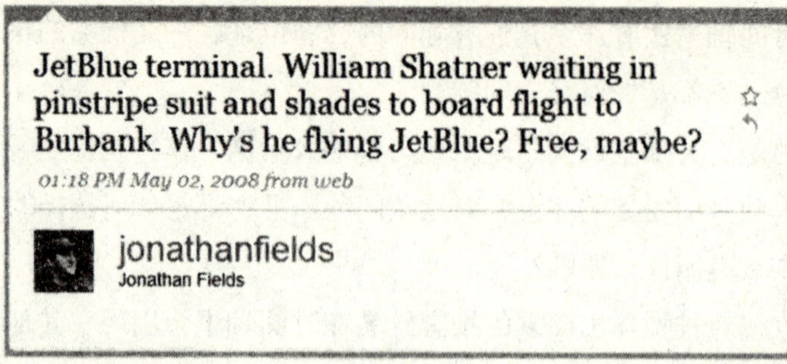

图6-4　乔纳森·菲尔茨无意中发现《星际迷航》的“柯克船长”乘坐捷蓝航空的航班。捷蓝航空看到他发布的推帖后立刻展开行动，将他锁定为潜在客户

捷蓝航空一旦发现自己公司的名称出现在某条推帖中，就会迅速作出回应，即在Twitter上关注这位已经显示出交谈意愿的顾客或潜在顾客。

可以通过许多方法做到这一点。

比如，在Twitter搜索引擎（search.twitter.com）或Twitter个人页面的搜索区中输入自己的用户名，观察搜索结果中出现的推客姓名，据此统计出谁在其推帖里提到你的次数最多，又是谁给予你最多的赞誉。

但通过这种搜索，只能了解到哪些人谈论过你。除非在浏览器中打开搜索页面，并不断刷新，否则就无法知道有谁正在谈论你。

其实，Twitter有一个跟踪系统可以帮助你实现这个愿望。在你的即时消息软件或移动设备中输入“track [关键词]”，这样，只要有人在他们的推帖中提到这个关键词，如你的用户名时，你就能收到信息通知（见图6-5）。

你便可以据此消息查到他们是谁或者直接回复他们的推帖。

这的确是一个用以随时了解人们在如何谈论你的有效方法。但并不是每个人都已把移动通信设备与自己的Twitter账户捆绑在一起。另外，在寻找谁是你最忠实的“狂热鼓吹者”时，你也希望可以把他们谈论的内容实时记录下来。

这样一来，便可以制作一份详实的针对性极强的名录，记录下谁在向他人推荐你，这些人最感兴趣的话题是什么，以及最能吸引他人转帖或回复的话题是什么。

更好的办法是利用一种叫做Monitter的服务（www.monitter.com），它可以让你对大量不同的关键词进行实时跟踪。这个方法很有趣，但是你不能长期保存这些推帖。所以，除非一直关注这些推帖，并且时刻作记录，否则就会错过一些关注者。

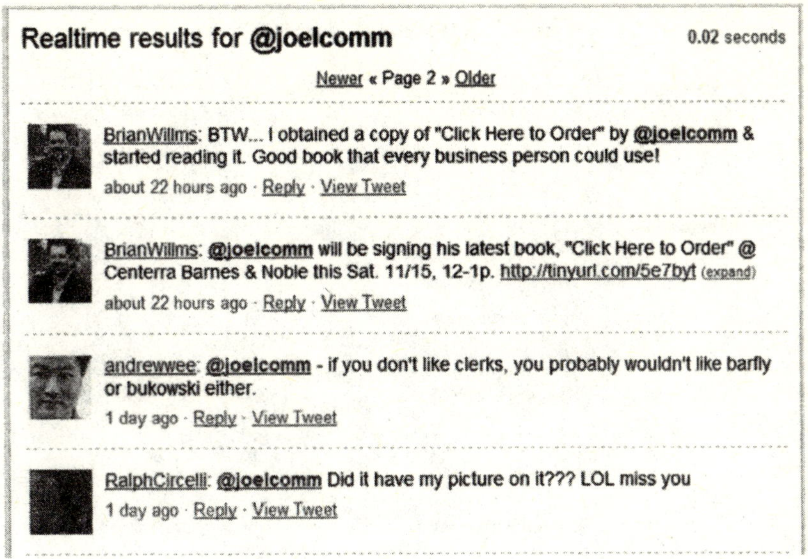

图6-5 通过Twitter的搜索引擎，可以得到一份名单，上面列有所有谈论过我的推客。其中就包括布赖恩·威廉斯（@brianwillms），他是本地商会的首席执行官，人品非常不错，也相当博学

如果想知道哪些人正在谈论你、你的产品，甚至是你所属的行业，那么使用TweetBeep（www.tweetbeep.com）服务是最好的方法（见图6-6）。

这项服务的工作原理和谷歌的提醒服务完全相同。登录TweetBeep网站后，输入想跟踪的关键词，TweetBeep会根据你的选择每天或每小时搜索一次。并且，每当有新的推帖提到这些关键词时，TweetBeep就会给你发送一封邮件。

给电子邮件客户端安装过滤器，就能迅速将所有关键词分门别类存在不同的文件夹里。这样一来，就可以从中轻松地找出哪些推客对你经营范围内的话题最感兴趣。

因此，完全可以为提到你的用户名的推帖设置提醒，并专门建立一个文件夹；为提到你经营项目名称的推帖单独设置一个提醒服务；同时，也为提到你的博客、你的电子书书名、你的主要产品或者你的话题的推帖都分别设置提醒服务。

从上述提醒服务提供的数据中，能够分析出业内最重要、最活跃的推客，并能据此制作出一份颇有价值的业内人士推客名单。

一切就绪，就可以开始利用这些数据了。

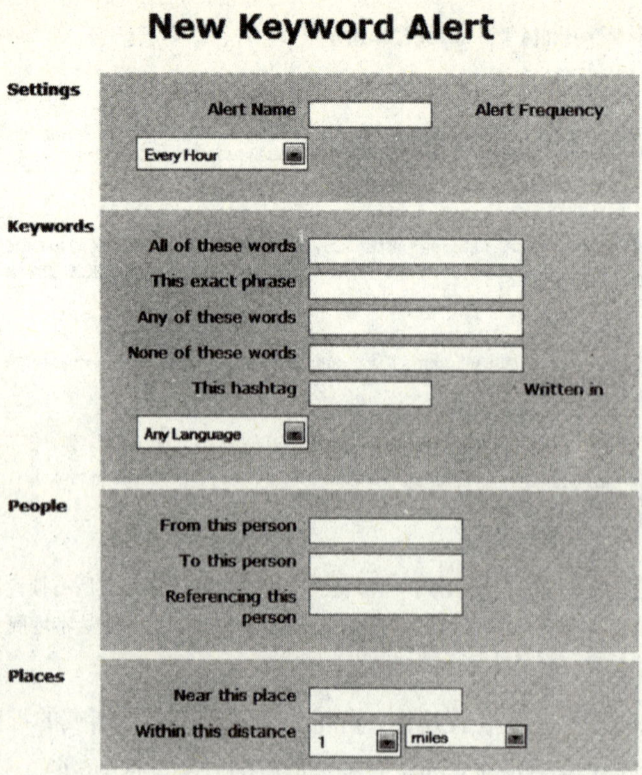

图6-6 TweetBeep 让你时刻保持警醒，随时知道有谁在谈论你

如前所述，此时需要做的第一件事情便是关注那些推客。尽管他们也许还会就任何其他话题发布推帖，但是，因为这些人都是你所感兴趣的，你就应该了解他们在谈论什么。

这也符合Twitter设计者的本意。

接下来，应当试着吸引他们与你对话。

如果他们从未回复过你的推帖，就要从最简单的自我介绍开始做起。可以回复他们的推帖，并在其中加入有一定价值的信息。

即使他们只是偶尔提及有关你的话题，而对你的名字或者你的产品不闻不问，但这已表明他们是有机会了解你的。因此，让他们关注你，愿意与你建立密切联系并不是太难。

一旦你们建立了相对密切的联系，就可以最大限度地对它加以利用。比如，在发布新产品之前，征询这些最忠实的“狂热鼓吹者”的意见。

不管你在做什么，都要尽量让他们先睹为快，他们就会迫不及待地将消息散播给各自的朋友。

当他们在自己的推帖里强力推荐你的时候，你不妨给他们发送一些包含奖励的私密信息。

若他们提到已经购买了你的最新产品或正在阅读你的最新博文，你不妨随口问他一句“有何感想”。看到你的询问他们通常会很兴奋，这一点可以从他们的时间轴中找到证据。

当能够看到是谁在对你大加赞赏并能看到他们的谈话内容时，就可以采取各种方法对他们进行鼓励，让他们继续为你进行免费的宣传。免费并非是最终的目的，最最重要的是他们的这种宣传更具有说服人心的影响力。

有了一群对你或你的产品赞不绝口的粉丝，你就为你的个人页面注入了源源不断的推荐与宣传源泉。

6.3 属于自己的微型服务台

你真正的支持者以及“狂热鼓吹者”是那些可以利用各种方法帮助你的人。他们这么做，是因为推崇你的产品并为之欢欣鼓舞，而在享受你为他们带来的实惠的同时，也希望可以和自己的朋友们一同分享。

当然，在所有的粉丝中，只有很少一部分人可以被归为这一类。其余大都只是对你做的事情有点好奇，想了解你目前正在做什么而已。

即便如此，这很少一部分人也已足以为你带来巨大的利益。

我们已经了解了粉丝是如何在你的产品发售之前帮助你找到问题的。除此之外，他们还可以通过很多途径帮到你。Twitter网罗了诸多能人异士，因而，它可以成为帮助你解决任何难题的一站式服务台。

获得帮助的最简便方法是直接向人们发出请求（见图6-7）。

显然，如果已有大批的粉丝，这种方法是最行之有效的。回复你请求的人越多，你得到帮助的机会就越大。

这就意味着在你和你的粉丝建立联系之初，就需要留意他们每个人的职业，考虑他们将来能在哪些方面提供有价值的帮助。

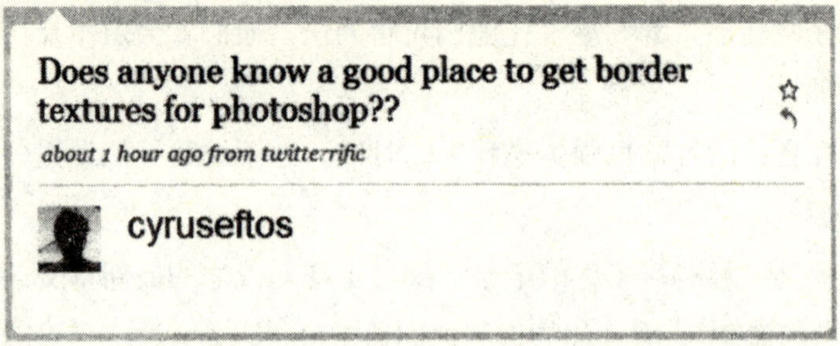

图6-7 赛勒斯托斯（Cyruseftos, @cyruseftos）发出了一条求助帖

例如，选择关注一名网页设计师，就等于选取了一些可以激发自己创意灵感的推帖。但是，如果能把这位网页设计师变成自己的粉丝，当你询问他有关网页设计的问题时，就有机会获得专业性的建议。

另一件值得关注的事情是观察粉丝的粉丝。如果你的某些粉丝拥有大批的粉丝，那么你的帮助请求就有可能经过重重接力被传达给更多的人，而这第二重、第三重甚至第四、五重的粉丝也很有可能会主动点击查看你的推帖。

在你的粉丝中，那些拥有众多粉丝的人可以为很多求助信息提供解决方法。

那么应该如何寻求帮助呢？

当然，如果是想找一名有经验的程序员或出色的广告文案，抑或想征集优秀的商标设计方案，完全可以直截了当地询问。

这个方法很简单，依靠的就是你的粉丝的数量及其人员构成。你很有可能从他们那里得到想要的答案。

也可以请你的粉丝转发你的消息，看能否通过他们得到帮助。

此外，每当通过这种方法寻求帮助时，都能在Twitter世界里提升知名度。人们喜欢帮助他人，也喜欢炫耀自己的才能。因此，当别人回复你的推帖、给你提供建议的时候，你的名字会出现在他们的时间轴中，而他们也会因此变得像个专家。

这是个双赢或者多赢的局面。

但是，Twitter并不是你为公司寻求帮助的最佳场所。

会议才是更好的途径。

我是个超级会议迷。在我看来，如果想学到新技术，获得好机遇，结交其他热衷于创业、热衷于分享创意的企业家的话，会议是个非常理想的场所。

我不能理解为什么大家都不爱开会。

不过，我确实能理解大家不喜欢出席每一次会议的原因。那的确太耗费精力了。

Twitter最有效的用法之一是关注那些出席会议的人。

当然，这样做远不及亲自出席会议有效，但还是有意义的。

如果你认识某个人（最好是一群人），他正在出席某个你感兴趣的会议，那么你务必关注他们的推帖。从人们的发言、发言人给出的建议以及各种提问中，你应该可以获得灵感。

甚至可以在回复推帖时加入自己的疑问，让他们替你在会议现场提问。

我仍然认为你应该亲自出席那些重要的会议。但是实在无法出席的话，Twitter可以帮助你弥补这个损失，并由此开发出一个真正专业的资源。

上述两种方法讲述的是如何从粉丝那里汲取帮助。它们都很有价值，但是Twitter还有其他用途。

每当看到人们询问一些与你的领域相关的问题时，你应该尽可能为他们提供解决问题的方案。实践证明，这是赢得粉丝、展示自我才能的捷径。

尤其是当你提供的帮助与你的经营项目密切相关时。

这也再一次证明了追踪与自己的经营项目相关联的关键词是多么重要。

如果每一条谈及你的经营项目的推帖都在夸赞你的公司是多么伟大、你的产品是多么优秀，并宣称所有人都应该购买你的产品、还要为自己的家人多买一些，那将是多么美好的事情啊。

但是，理想和现实总是有差距的。

你不可避免地会发现总有些人对你不满，并通过发布推帖来宣泄情绪。

有人对产品的质量牢骚不断。他们大概是觉得产品的功能并不能达到他们的预期，尽管他们的预期可能很离谱。

还有人会对客户服务进行抱怨。对某些人来说，产品在购买使用4年后不能再因损坏而退款，这就是公司的问题。

此外，发现产品的漏洞、故障或缺陷的人也会希望把这些问题公布于众。

无论不满情绪源于何种原因，只要看到与自己的产品相关的投诉，就必须立刻采取行动。

应该主动询问这些客户问题出在哪儿，并表现出与他们并肩作战、解决问题的意愿。一旦问题解决，第一时间就应该回复他们投诉的推帖，以便让大家都看到。

如果真的这么做了，就能获得许多好处。

首先，你及时阻止了不利言论，避免恶劣影响扩大化。如果积极的市场营销策略可以对你的销售业绩产生促进，那么消极的推帖也能严重阻碍销售业绩的增长。

其次，你有机会把一名投诉者转变为质量保证团队的一员，并无需支付任何薪水。

"顾客永远是对的"这句话也不一定总是对的（尽管有时候顾客的抱怨显然不对甚至是荒谬的，但却不能告诉他们实情），不过，你仍然可以从他们的投诉中学到东西。

例如，印度旅游公司ClearTrip发现了一条推帖，指出Safari浏览器无法打开ClearTrip的官方网站，其职员立刻直接询问了该问题的症结，以便解决（见图6-8）。

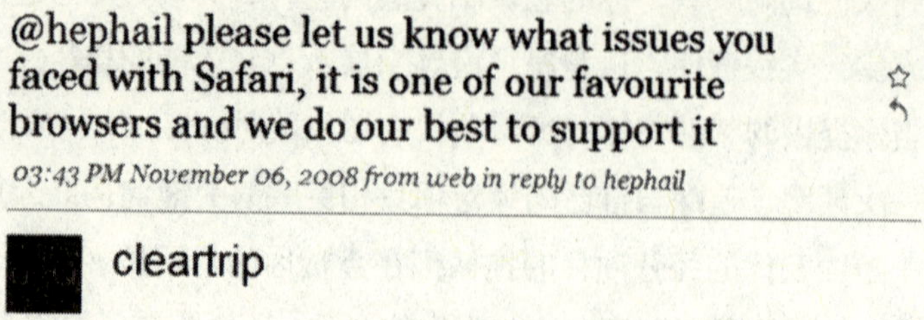

图6-8　一家印度旅游公司ClearTrip（@cleartrips）把粉丝视为免费的质量保证团队

这样做也存在一个风险，就是会把你的Twitter账户变成一个永远在线的客户服务平台。如此一来，你在Twitter的大部分时间都会用在帮助客户解决问题、跟踪错误报告上，大大缩减了利用Twitter发布宣传信息的时间（见图6-9）。

图6-9　赫法伊尔（Hephail, @hephail）发现某个公司的产品存在瑕疵，该公司发现后立刻受理了他的投诉

但是，事情也许还不算糟糕。ClearTrip在Twitter上拥有一个公司账户，其员工也有各自的Twitter账户。这样，用公司账户发送出错声明，通知粉丝网站上正在发生的事情，而员工则可以自由发布个人消息，二者丝毫不会受到干扰。

Twitter对用户可以建立的Twitter账户数量没有限制，因此完全可以建立一个独立的账户作为在线实时服务台。

这样，你的客户就知道遇到问题该如何求助，同时你也向大家展示了你致力于满足客户需求的决心。

Twitter既是一个交流工具也是一种宣传手段。用心使用，就可以与自己的顾客相谈甚欢。

在发布新产品之前，可以通过这些交谈发现问题，并得到相关的反馈和评论。

可以通过加入别人的谈话去了解人们是如何评价你的产品的，并鼓励他们继续称赞你的产品与公司。

同时，也可以与那些表示不满的人进行交流，从而把你的Twitter账户变成开放的服务台。你的顾客会爱上这个平台，而潜在客户也会赞赏你这种做法。

此外，还可以使用Twitter与你的员工和团队进行交流。

这正是下一章将要讨论的内容。

第 7 章

Twitter 在团队交流中的应用

团队交流是个复杂的问题。Twitter 赖以运转的推帖篇幅虽小，产生的影响却很大。这种影响力不仅仅作用于网站创建者，也在人与人之间的关系方面发挥着巨大的作用。比如，现在，我的博客读者以及 Twitter 粉丝就可以通过它随时了解我的一举一动。

过去，偶尔写写博客是人们的交流方式；而现在，人们会定期获得他人的简短动态更新，因为，人们花在写作上的时间很少。

现在，我已经不是那个偶尔写封信聊表心意的普通朋友了。相反，我就坐在他们隔壁的办公室里，大家经过走廊时就能透过那扇小小的窗口看见我。

这极大改变了每一位网络企业家与客户及其他与之业务相关的人相互交流的方式。

在科罗拉多州的拉夫兰市，我有一间漂亮的办公室，还有一帮了不起的同事。同时，我招募的自由撰稿人已遍及全国，甚至是全世界。这，就是数字时代带给我的好处：我可以雇到最称职的员工，却不用管他们身在何方。

有些员工已经和我共事了很多年。但是，我从来没有见过他们，就连通电话的次数也不超过 3 次。许多企业家也在这么做，有很多人甚至把居所附近的咖啡馆当作自己工作场所的首选。

当今时代，即使你与其他项目团队成员不在一个办公室，也能完成任务。只要每个人都可以接入因特网，并值得信赖，就算与你远隔千里也无妨。

远程办公意味着你无需再局限于公司所在地的人才市场，但这种办公方式却有它自身的缺陷。你和其他团队成员从来不见面，缺乏面对面交谈的机会，这会使你们之间产生距离感。这种关系绝不同于在同一座办公楼里工作的同事关系。

他们会对公司缺乏归属感，也很难及时了解到公司内部正在发生的变化。

这就意味着他们既无法为公司的变革提供帮助，也要承担信息滞后而带来的风险。

但是，当你们都使用 Twitter 之后，了解每个人在做什么就容易得多了。

你可以看到他们正在做什么，他们也可以知晓到你的各种活动，从而拉近彼此间的距离。

7.1 Twitter 之于真实的团队领导

这并不意味着推帖一定都要与工作相关。不过，如果仅用一条推帖就可以把项目的进展通知到团队每一名成员，这无疑对你的工作很有帮助。同样，用推帖来预测当晚球赛结果或透露自己食品袋里都装着什么，也很有用。

因为，Twitter 传递消息的力量就像是公司的咖啡间一样。

咖啡间是公司员工放松、休息、闲聊的地方，这儿的话题往往与工作无关。

家常闲话可以在一定程度上拉近同事间的距离，同样，在 Twitter 上自由分享各自的想法也可以获得类似的效果。

你可以说说你正在做什么事情，添加一条你正在阅读的博客的链接，或者回复某个人的推帖。频繁的提示消息让大家记住彼此，也让每个人清楚各自的想法。

这点很重要。已经有人在批评 Twitter 上发布了大量毫无意义的帖子。有一家公司甚至报告说 40%的推帖都是“没有任何意义的灌水”。多无聊啊！大部分的谈话都是毫无意义的，但就是这些微不足道的交流加深了相互间的信任，建立了联系，并让大家相互喜欢。雇员与团队成员工作的目的不仅仅是为了钱，也是为了从所做的事情中找到满足感。他们留在现在的公司，继续手头上的工作，是因为他们可以从中得到挑战成功后的乐趣，也因为他们喜欢自己的同事。

这种人际关系与奖金、期权等物质刺激一样重要。

如果你的团队成员分布在不同地方，相互之间从不碰面，团队关系就会非常脆弱。成员的心一旦游走于团队之外，那么他被其他更有趣的项目团队挖走的几率就会变大。

即便是实体公司都不能完全确保每一名员工的忠诚，更何况那些仅仅通过电子邮件将成员连在一起的公司。

另外，当团队成员觉得他们为之工作的是一个真实的人，并且身边还有同事陪伴——这些同事周末也玩电子游戏，教孩子们踢足球，做意大利面——他们就很容易产生归属感，觉得自己是某个团体的一部分。一旦有了这种感觉，他们就不会轻易离开这个团体了。自然，他们也不会轻易泄露公司的邮件，否则就等于是陷朋友于困境而不顾（见图 7-1）。

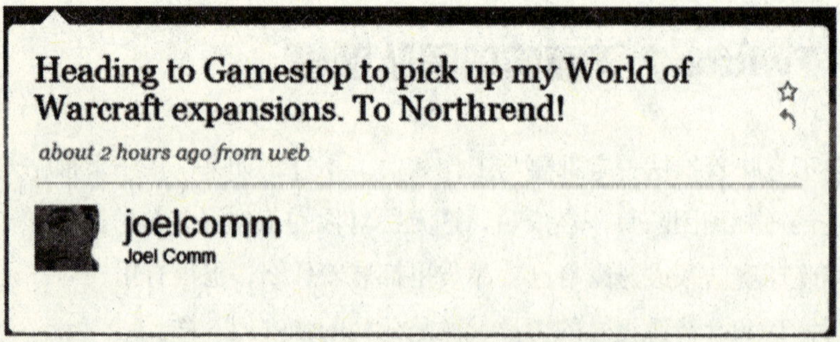

图 7-1　这下所有人都知道我喜欢网络游戏了

不管怎样，你很可能也会在 Twitter 上发布类似于图 7-1 显示的这种非常私人的、非正式的帖子。

更新博客或发布某些新消息后，你也很可能会发布推帖通知大家去看。但，即便是那些与生意无关的推帖，有时也同样会对你的生意产生深远的影响。

7.2 为现实中的团队创建 Twitter 账户

确保自己的 Twitter 时间轴中至少包含一些生活化的推帖，可以把你和现实中的团队成员联系在一起。但这并不是现实团队的专用策略。那些团队成员毕竟只是你粉丝中的一部分，因此，他们在旁观你与其他粉丝的对话时，会觉得自己是个无礼的闯入者。

如果希望他们能成为真正的参与者，不如为他们建立一个专用的 Twitter 账户，试着把他们一同拉入到你的圈子里来。

之前我们已经提到过，ClearTrip 旅游公司就以公司的名义建立了 Twitter 账户，而其员工也各自拥有专用于客户联络的工作账户。

作为团队的领导，没有理由不为他的团队成员专门建立一个 Twitter 账户。

这样，不仅能让每一名成员觉得自己是某个私人俱乐部的成员，还能从中切身体会到大家为共同的目标而奋斗的热情与活力，进而产生出一股向心力，自然也就不会各行其是。

当然，这个方式也存在着泄密的风险。总有一些本应仅限于团队内部交流的信息可能会流传到外界。既然你能够在 Twitter 上跟踪观察那些谈论你的产品的对话，同样，你的竞争对手也可以通过那些方法跟踪到你与团队成员间的对话——除非你把推帖状态设置为不公开。

在 Twitter 账户的设置页面上有一个 Protect my updates 选项，即“保护我的更新”选项，在该选项前面的复选框中打上钩，这样，便只有你认可的人才能看到你的动态（见图 7-2）。

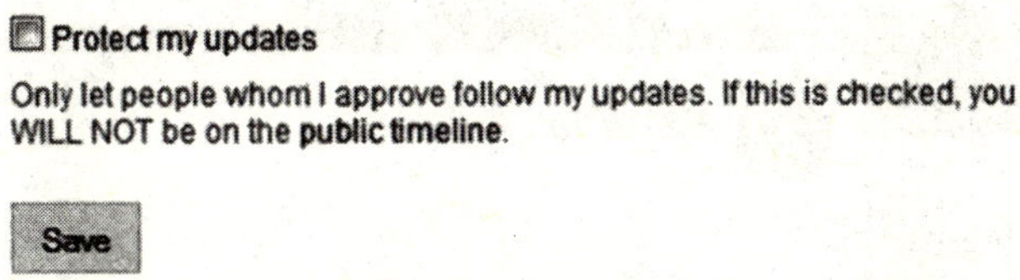

图 7-2 要选择 Protect my updates（保护我的更新）这一项，这样团队内部的谈话才能保密

当然，这样做的话，你的时间轴就不可能吸引到太多的粉丝，而通过 Twitter 把人们吸引到你的商务网站或博客上也就不可能了。好在此时这已不是问题的关键，关键在于你能通过这个 Twitter 账户为团队成员搭建一个自由的网上论坛，方便他们相互间进行即时交流与互动，及时沟通项目的进展情况。

自然，这种做法也有一些缺点。

并不是所有团队成员都熟悉 Twitter，也不是每个人都喜欢发布 140 字以内的短帖。你很可能会发现这一方式对那些会用并已经在使用 Twitter 的成员最有效果。

另外，当这个 Twitter 账户真正运作起来以后，你希望看到的是团队成员把注意力都集中在项目本身上，而不是如何发布推帖上。因此，你可能需要在开通账号之初就立下一些规矩。

不管怎么说，为你的团队创建一个 Twitter 账户吧，让它帮助你解决问题、寻求帮助以及发布更新消息等。还需注意的是，这个账户发布的每一条推帖都要尽可能地展示出团队的专业素养，这一点绝不容忽视，毕竟最终的目标是要增强团队的向心力、凝聚力与沟通力。

7.3 利用 Twitter 组建团队

综上所述，Twitter 可以帮助一个现实存在的团队加强凝聚力，还能让分散于世界各地的成员明白大家是在共同奋斗，彼此间相辅相成，而不是一个人在单打独斗、无可依托。此外，Twitter 还可以作为在线俱乐部，为大家的沟通提供一个平台。

它的作用不仅限于此，还可以用来整合不同的团队。

当你的公司经营需要外界帮助的时候，有很多方式可以选择。自由撰稿人的求职网站 Elance 一直在给我提供帮助，而利用口口相传、个人网站等方式，甚至通过朋友和家人也都可以帮助我发掘人才、组建团队（见图 7-3）。

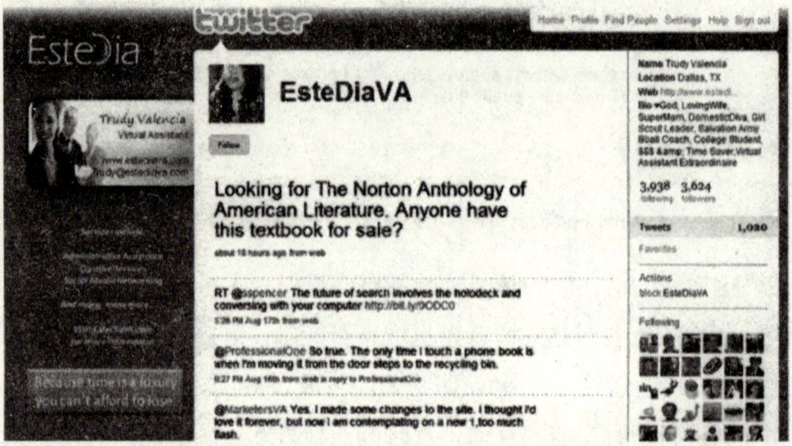

图 7-3　助理特露迪・瓦伦西亚（@estediava）可通过 Twitter 参与公司团队的一切活动

其实，习惯于有过多选择余地的你可能会被令人眼花缭乱的选择项宠坏，这可不是件好事。要找到合适的团队人选，这个过程本身就并不容易；另外，你还很可能会发现花大把时间与新成员磨合完全是浪费，因为磨合的结果是他们不够格，需要重新挑选。

而使用 Twitter 可以大大减少招聘新人的复杂度。

事实上，候选人正在使用 Twitter 就是一个好的征兆，这至少能说明他并不排斥新技术，并且习惯远程沟通和交流（这两点都是组建现实团队时需要考虑的因素）。

另外，你在 Twitter 上看到的候选人比简历等个人资料显示的要更丰富，也更生动、立体。

当然，这些个人简历之外的内容也正是你希望看到的。Twitter 的个人信息页面通常会包含应聘者个人主页的链接，可以透过这些链接了解他们是如何展现自己专业的一面的。例如，要招聘一个设计师，就应该看看他的设计作品，了解其设计风格。

而要与一个人合作，除了了解其作品质量、专业水平，还有很多方面需要仔细考量。

比如，应聘者的可信度、专业性、时间观念、交流技巧、是否容易相处等问题，招聘人员都需要一一了解。

如果确实希望和某个人长期合作下去，了解上述因素是很必要的，而应聘者的个人求职网页上通常是看不到这些内容的。

然而，通过阅读他们在 Twitter 上发布的推帖，不但可以深入了解他们的工作能力，还很容易从其只言片语中看出他们的为人如何。

这一过程可以从搜索开始。首先，选一个只有你需要的专业领域人才才会使用的关键词。假设要聘请一名设计师，就可以找一找使用过“光栅”这个词条的人（见图 7-4）。

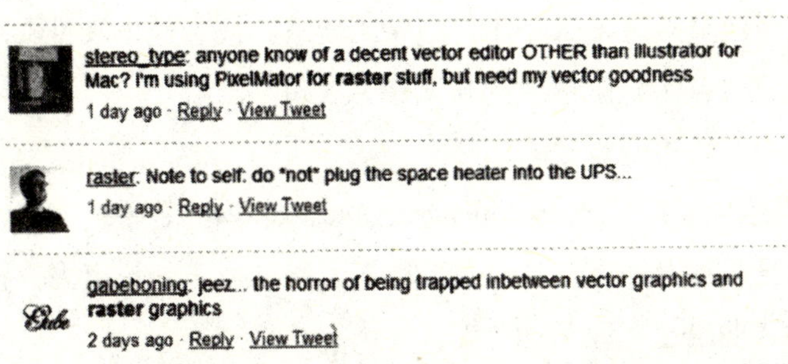

图 7-4 不明白这些人究竟在谈论什么，不过从他们使用的字眼可以推测出他们很可能都是图形设计人员

若想聘请网站制作与维护人员，则可以搜一搜谁发布了与 ruby-on-rails 相关的推帖。

如果亟需一名撰稿人帮助你制作销售文案，大可以试着搜索“广告词”、“新闻标题”或“口号”等词条。

当然，你搜索到的不一定都是自由职业者。但是，一定会有一部分是。或者，你也可以加上“自由职业者”、“合同工”等关键词来缩小搜索范围。

一旦成功找到几个专业技能符合要求的自由职业者，有趣的部分才算真正开始。你可以浏览他们发布的推帖，了解他们的亲和力及他们感兴趣的话题。

以下几件事值得特别关注。

首先，关注他们回答问题的频率。

能够提出专业技术性的问题固然很好，因为知道如何提问也需要一定的知识储备，但知道问题的答案更为重要。能够回答别人的提问说明这个人知识水平更高，同时也说明这个人很乐意帮助那些知识储备少于他的人。相比之下，后者更为重要，毕竟，你录用某人时最看重的不就是他乐于助人的优点吗？

其次，还要注意他们是如何使用行业术语的。他们能否自如应对各种专业词汇，是否熟悉最新科技？这些都需要考量。

最重要的是看一看他们关注了哪些人，又有哪些人在关注他们。

各个领域最优秀的专业人才大都倾向于与拥有类似技术的同行形成自己的圈子。尽管，也许他们并非刻意如此，但是客观上来看，如果他们在 Twitter 上发布的推帖涉及自己的专业并为之提供了有用信息，那么业内人士关注他们的可能性相对会大很多。

如果你关注的某个专业人士不符合录用要求，或者他本身没有求职意愿，那么你也有可能通过其粉丝队伍找到其他相关人员。

反之，这个策略也是有效的。

特露迪·瓦伦西亚（Trudy Valencia，@estediava）是一名助理，她不时搜索 Twitter，为自己寻找潜在客户。一旦发现有人想把业务外包出去，她就会关注他们，并清楚地表明自己可以帮这个忙。

这个模式十分简单，也很值得借鉴，只需细心搜索，做到有礼有节，并做好不是每一位关注对象都能为你提供工作机会的心理准备。

Twitter 能够帮助人们在其无限延展的广阔世界里传播信息、相互沟通，作用斐然。

对于其工作团队成员分散于各地的公司来说，使用 Twitter 的益处多多。它可以在团队成员之间建立起原本只能在办公室里才能建立起来的纽带关系。

更有趣的是，Twitter 还可以用于构建品牌。

第 8 章

用 Twitter 构建品牌

网络广告已经把大家都惯坏了。现如今，广告商不仅能够准确找到广告投放的位置，以确保其受众是对广告产品最感兴趣的人群，还能持续追踪广告投放后产生的效果。

他们可以精确统计出多少人看到了广告，多少人点击了广告链接以了解产品详情，多少人在广告的鼓舞下购买了广告中的产品。其中，最后一点尤为重要。

有了上述精确的广告投放及庞大的数据库，再加上其顶级的AdSense系统，Google公司价值数十亿美元也就不足为奇了。

但是，传统的广告模式还没有消失。行驶在公路上，你仍然可以看到巨大的广告牌，不仅吸引着你的眼球，也吸引着广告商。

纽约时代广场的霓虹灯闪烁依旧，TiVo[①]也没有将电视节目中的商业广告过滤掉，这些广告依然每10分钟出现一次。

网络的确已经在某种程度上改变了某些广告运作方式，但建立品牌的重要性从未改变过。如果你希望人们知道你是谁，并记住你的品牌名称，就必须不断地在他们面前展示你的品牌，并持续与他们交流。

这是传统广告一贯的目标。一些广告客户也许从20世纪50年代就开始出资在广播中为其产品做宣传。他并不奢望该广告能立刻使产品销量大幅飙升，只是希望通过这样的方式提高公司品牌的认知度。通过接收广告信息，顾客会渐渐熟悉公司的产品；在广告的不断潜移默化中，顾客会理解并信任广告传递的信息，进而购买产品。

在网络世界中，广告大多是通过网页上的横幅来实现的。横幅广告往往是把

① TiVo 是一种数字录像设备，帮助人们录制并筛选电视节目，使用非常便捷。——译者注

产品名称放在网页顶端最醒目之处，这类广告的收费不是按其点击次数，而是按照页面浏览次数，一般以广告页面的 1 000 次浏览量作为基准计价单位。

现在，通过 Twitter 也可以实现与之类似的广告效果。

事实证明，Twitter 是一个非常有价值的品牌宣传工具，在许多大公司的宣传项目中展现出独特的优势（见图 8-1）。

图 8-1 美国西南航空公司只是众多利用 Twitter 与客户交流、树立品牌形象的公司之一

你会发现不少公司都已经创建了 Twitter 账户，其中不乏知名企业：嘉年华油轮（@CarnivalCruise）、达美航空（@deltaairlines）、捷蓝航空（@JetBlue）、戴尔（@Direct2Dell）、亚马逊（@amazondeals）、Forrester 市场研究公司（@forrester）、通用汽车（@GMblogs）以及我的最爱 M&Ms（@msgreen 和@mmscracing）。

上述公司（或商品）都在利用 Twitter 发展忠实的粉丝队伍，进行品牌推广。你在仿照上述公司利用 Twitter 推广自己的品牌时需要牢记几个重点，本章会对此一一作出解释。

8.1 编一个故事

简单来说，品牌宣传就是将某个产品或公司的名称放到人们可以看到的地方，以便使其家喻户晓，让顾客在货架上迅速发现它。

当然，在实际应用中品牌宣传的作用要比这多得多。它同样可以把产品的名称与某个故事紧密联系起来，通过这一策略，不但使顾客对品牌产生认同，更能从故事迅速联想到该品牌的产品。

让受众信任和喜欢是品牌宣传成功的关键，而产生信任与喜欢的源头则往往是某个动人心弦的故事。

如此一来，在你开始使用 Twitter 做品牌宣传之前，首先需要考虑的问题就是，你希望这个品牌表达什么。是希望你的产品看起来很酷并且充满都市生活的快节奏，还是希望它给人以高贵、专享之感？是否会将你的产品与健康、自然之类的流行概念联系在一起？是否觉得让顾客认为产品采用了最尖端技术将有助于产品大卖？

参考竞争对手的营销手法，然后决定如何推出自己的产品。通常情况下，与其从头做起，自创品牌，不如在业内现有做法的基础上稍作创新。

以网络营销人员为例。这类人的组成相当复杂，但其中大多数仍喜欢身着职业套装。这表明尽管我们整天埋首于编写网络文案或产品创新，我们在本质上仍然是传统商人，需要不断与人达成交易或合作。这就需要我们利用能代表自己个性的品牌令自己在市场中脱颖而出。

我用了一张非常简单的照片作为 Twitter 个人主页的头像，并在个人信息中首先把自己定位成一个体贴的“丈夫”和一位慈爱而负责的“父亲”。这张朴实的照片在准确展现我个性的同时，也成为我个人品牌的一部分。人们在阅读我的博客之后，就会进一步了解到我更是一个拥有正常家庭生活的成功商人，并随时准备着与大家分享生平所学。

与我恰恰相反，世界著名网络营销人员亚尼克·西尔弗（Yanick Silver）更多展现了其勇往直前的冒险精神。不但他的个人信息包含有“冒险者”这一词条，其头像展示的也是他模仿汤姆·克鲁斯在电影《碟中谍》中那样悬浮在半空操作电脑的场景。动作片元素是他个人品牌的一部分，也是他要讲述的故事的一部分（见图 8-2）。

美国著名巧克力品牌 M&Ms 为产品营销精心创作了一个绝妙的故事，这个故事也被用于它在 Twitter 的宣传上。M&Ms 的生产商玛氏（Mars）集团为不同颜色的糖果赋予不同的性格，从而激发了各类购买者的兴趣（见图 8-3）。

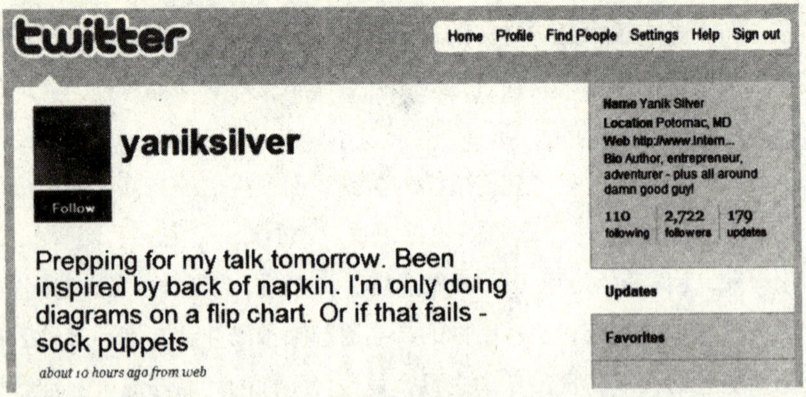

图 8-2　网络营销的领军人物亚尼克·西尔弗（@yanicksilver）在 Twitter 上打出了“冒险”的招牌

图 8-3　M&Ms 在 Twitter 上采用了两种品牌形象，而绿色的 M&Ms 更受欢迎。瞧瞧，同样的产品也能讲述出迥然不同的故事，吸引两个不同的市场

为此，该品牌在 Twitter 上特意开设了两个账户——@msgreen 和@mmsracing。前者针对以女士为主要营销对象的绿色 M&Ms，后者则与 NASCAR（全美赛车联合会）联系在一起，以男士为主要营销对象（截至本书稿完结时，@mmsracing 账户拥有的粉丝数量比@msgreen 账户少大约 1 000 人，而后者的开户时间仅有 6 个月）。

也许，你已经为宣传你的品牌形象找到了一个好故事。那么如何才能利用 Twitter 把这个故事迅速推广开来呢？

8.2 利用 Twitter 个人资料塑造品牌形象

通过前文的介绍，我们已经了解到利用背景页面能为粉丝提供比个人资料还要丰富、生动的信息，因此背景页面本身也可作为很好的宣传工具。

在 Twitter 主页左侧加一个工具条，就能够轻轻松松地把粉丝引至你名下的其他网站。在这些网站上，你的粉丝可以做一系列事情，比如点击你在网站上投放的广告，购买你的产品。

这些做法都过于直接，有可能不适用于你目前的状况。你也有可能是在用 Twitter 来建立品牌，这时，不需要粉丝在浏览器中键入网址或立刻购买你的商品，你要做的只是让他们记住你，而且是牢牢地记住你，最好过目不忘。

这意味着你必须构思出一种设计方案：不仅能使你的品牌形象过目难忘，同时也是对你或你的公司的一个形象总结。

例如，美国西南航空公司曾经使用公司飞机的尾部造型作为 Twitter 头像，并以蓝天白云作为背景图案。如今，该公司的 Twitter 主页上设有包含链接及顾客证言的工具条，以及以颗颗红心簇拥的飞机为主要图案的公司标志，以强调公司作为"真爱航空"的品牌形象。这两种方式都能立刻让浏览者知道他们正在浏览的网页属于哪家公司以及该公司的经营范围（此外，还要注意该航空公司在 Flickr 网站上的个人资料："真爱航空！飞机不能打字，在此，@Christi5321 将代表公司与您交流！"建立人与人之间的亲密接触是任何推客在 Twitter 上取得成功的关键。对于企业来说，这点很难，但是让人们清楚知道是谁在代表公司发布推帖会令公司的时间轴更具人情味儿）。

M&Ms的Twitter主页宣传曾经以绿色糖果作为情人节推广的主打产品。为此，玛氏公司选择了与此次推广活动主题相匹配的色彩方案和图案。

现在，Mars 公司在 M&Ms 的品牌构建之路上又向前迈了一步。他们不仅建立了两个账户、两种主页面，还适时地改变品牌图案设计，来迎合当季的推广活动主题。比如，2008 年的情人节，公司用 Twitter 宣传了这样两个概念：爱情的颜色是绿色，而不是红色；M&Ms 的绿色糖果正是爱情的象征。该账户的资料页面使用绿色背景，将爱神厄洛斯的形象融合在绿色 M&Ms 糖果的包装设计中。同时，该公司官网还与其 Twitter 账户中的某些页面链接起来，人们可以找到"爱情小贴士、俏皮话以及个人形象"等内容页面（见图 8-4）。

这样的页面设计肯定是让人难忘的；事实上，这些页面使用的图片本身就足以让网页脱颖而出了。

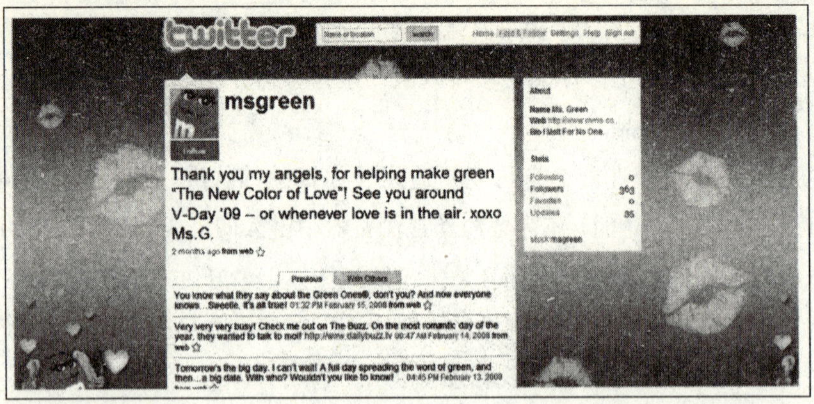

图 8-4 据 M&Ms 透露，绿色代表的含义不再是金钱，而是爱

但是，这并不意味着放在 Twitter 上的公司资料就一定要轰轰烈烈地表达出你的品牌故事，或一定要迅速奏效并深入人心。例如，美国全食食品超市(@wholefoods) 曾经简单地使用纯绿色作为背景色来衬托其绿色的背景图案，头像则仅仅使用了公司标识。最近，该公司也开始使用工具条（见图 8-5)。

图 8-5 美国全食食品超市为其 Twitter 账户的背景色选择了绿色，纯粹，不掺杂其他任何色彩

它的宣传手法非常简单，但仍然非常有效。

正如我先前所言，当使用 Twitter 推广品牌的时候，背景图案将会很重要。可以选择一个复杂的、经过精心设计的图案，随着营销策略的变化对它进行相应的修改；或者，也可以反其道而行，选择一些异常简单但的确行之有效的图像。

相比之下，你使用的推帖风格更为重要些。

8.3 推帖风格——说什么、如何说才能建立能够创造价值的品牌

乔纳森·菲尔茨发布了一条有关某航空公司的推帖，内容不太正面，可短短几分钟之后，该航空公司就成了他的粉丝。《商业周刊》援引他的话，当时他“完全惊呆了”，他最先想到的是自己使用机场无线网络的行为被捷蓝航空抓个正着。

对这一经历，他的感情是复杂的，一方面他尊重该公司的辛勤努力，尊重他们运用新技术的做法；另一方面，他也为自己被该公司监视而感到非常不悦。

显然，公司使用 Twitter 与顾客沟通并建立自己的品牌，这件事本身就存在一定风险。一旦把自己置于这个舆论完全自由的公共场合，弊很可能会大于利。滥用社会化媒体工具的公司往往更像那些擅闯私人聚会的不速之客。

那样做不仅仅意味着他们将失去社会化媒体网站提供的全部机会，也说明这家公司完全没有“领会社会化媒体的真谛”。这会对其产品销售产生消极影响，这就像高质量的推帖可以对销售起到积极作用的原理一样。

不过，总有些东西可以帮助公司融入 Twitter 网站，并保证公司在网站上树立的形象深入人心。

这样做的首要任务便是人性化。

前面讲过，美国西南航空告知粉丝是哪位员工正在以公司名义发布推帖，这里就体现了公司的人性化。然而，利用 Twitter 维护个人关系方面真正鹤立鸡群的公司是康卡斯特公司[①]。

康卡斯特公司在 Twitter 上进行了大量的宣传。尽管推客总是时常抱怨该公司拙劣的电话客户服务，但似乎从来没有人对其在 Twitter 上进行的客户服务工作（@comcastcares）表示不满。康卡斯特公司在 Twitter 上的账户由数字维护总监弗兰克·伊莱亚森（Frank Eliason）负责。他在个人资料中用的是自己的照片而不是公司标志，同时，他还提供一个邮箱以接收人们的邮件。另外，他发布推帖的方式就好像这个账户是属于某个普通人的，而不是代表某家公司（见图 8-6）。

---

① 康卡斯特公司（Comcast）是美国一家主要的有线电视、宽带网络和IP 电话的服务供应商及内容供应商，总部位于宾夕法尼亚州的费城。——译者注

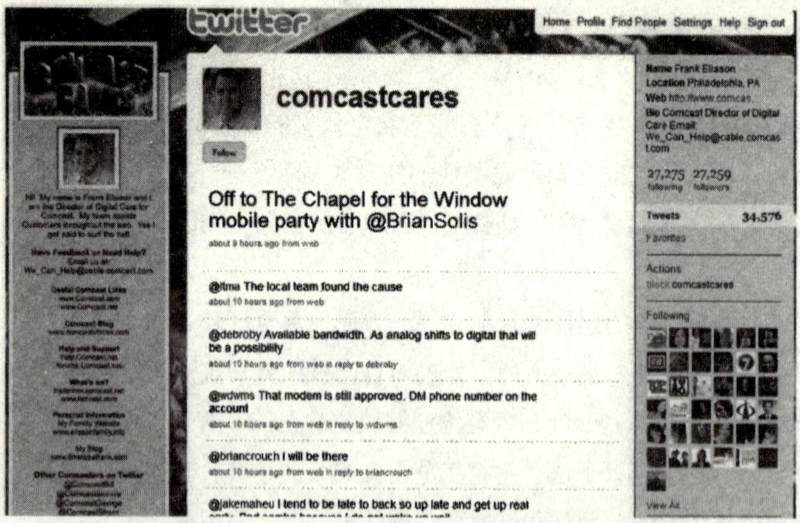

图 8-6 康卡斯特以真人相片作为账户的头像，以此来表明公司对客户的重视

我们来学习一下康卡斯特公司是如何把一系列不同措施整合到一起的。

- 它选择了一个不仅能体现公司本身、又能轻松避免公司在 Twitter 上遭到非议的用户名。
- 它使用的背景图案清楚地为粉丝指出在页面的哪个区域可以了解到更多信息，哪个区域可以和公司其他代表交流。
- 它的推帖都是由某个拥有真实姓名的人所写，这个人可以和公司客户进行真正意义上的沟通交流，而不只是单纯向他们传达信息。
- 它的关注对象与粉丝的数量相当，表明它不仅仅是在输出信息，也在全方位地聆听。

接下来我们还会看到，这些措施正是许多在 Twitter 上获得成功的公司的时间轴中体现出来的特质，也是那些正在寻求 Twitter 效用最大化却失败了的公司所缺失的特质。

百思买公司①同样选择了一名真人的照片而不是公司标识来代表公司的 Twitter 账户。但是，与康卡斯特公司不同的是，百思买公司在开始使用 Twitter 之初就犯下了各种各样的错误，而这些错误对于任何想利用 Twitter 来宣传品牌的企业来说都不失为一种宝贵的教训。

① 百思买公司（Best Buy）是北美地区最大的消费电子零售商，在上海亦设有分部。——译者注

首先是用户名错误。@bestbuy 这个用户名已被人率先抢注，但此人从未发布过状态更新，也没有关注任何人，只有屈指可数的几名粉丝。Twitter 不允许任何公司或个人进行恶意抢注，也发生过从个人用户手中拿回本该属于公司的用户名的案例。因此，百思买公司如果确实想使用这个用户名，完全可以合理、正当地把它拿回来。百思买却没有对此进行投诉，因而没能及时把@bestbuy 这个用户名抢回来。也许，百思买有什么合理的理由导致它没有这么做，而我却想不出任何站得住脚的理由来。当然，后来百思买意识到这一点，并成功拿回了这个本就应该属于它的用户名了。

然而，在拿回@bestbuy 之前，百思买使用的是@gina_community——非常糟糕的时间轴。首先是头像问题（见图 8-7）。

图 8-7 如何在 Twitter 上树立品牌？从百思买公司账户中不合时宜的头像与糟糕的推帖内容来看，它完全搞砸了

弗兰克·伊莱亚森的头像照看上去喜庆、友善、容易接触，而“吉娜”看起来更像是被锁在了酒店的房间里，只有笔记本电脑为伴。

最糟糕的是，这个时间轴里的推帖，除了用各种剪贴来的信息回应他人对公司用户名被侵占的告示之外，几乎没有其他内容。

如此一来，该公司给人留下的整体印象不是亲和友善、乐于助人、期望改善用户满意度，而是拒人以千里之外，对任何事情都不在乎。

唯一值得欣慰的是，在公司关掉这个时间轴并启用百思买域名设立新的（更好的）账户之前，百思买公司的这个账号只吸引了 166 名粉丝，而这 166 名顾客很可能已经被收到的推帖吓到了。

要想让公司在 Twitter 上的形象更人性化，可以像康卡斯特公司那样使用真人的照片作为头像。但是，以通俗而友好的方式发布推帖也是必须的。

毕竟，Twitter 是一个非常人性化的网站，是让人们谈论私人话题、随意发表观点、与全世界的人自由分享各类信息的网站。

如果公司发布推帖的风格就像公司执行官在董事会上致辞一般正式，就会显得与 Twitter 格格不入。那么，这类公司若还叫嚣不知道自己在做什么，也不知道自己的听众是谁，也就不足为奇了。

星巴克公司就是一个很好的例子。星巴克同时拥有多个 Twitter 账户，其中最主要是@starbucks，这个时间轴的主要内容就是一名客服代表对各种问题的回答。星巴克公司似乎把 Twitter 网站当成了客户服务的衍生场所——这也是企业在利用 Twitter 时采用最多的做法。另外，星巴克使用其公司标识而非个人照片作为 Twitter 头像，不过，好在负责管理这个账户的公司雇员 Brad 却不惧怕在这里讨论自己的个人体验。他不仅会谈到他所效力的星巴克分部，还不止一次与人讨论他最喜欢的饮料（见图 8-8）。

图 8-8　星巴克公司发布的推帖流露出友好、舒适的氛围，是对其品牌风格、内涵的最好诠释，相信看过这些推帖的人也会认同星巴克的门店是聚会玩耍的好去处

尽管 @starbucks 显然是一个企业账户，但是由于推帖的措辞相当具有亲和力，营造的氛围轻松融洽，令粉丝感觉自己仿佛正在一家咖啡馆里和服务员闲聊——而且，这是一家令人愉快、放松的咖啡馆。

这就是成功的品牌营销。

因此，你公司的推帖应该让人有亲切感，让人感觉其发布者是一个真实的人，是 Twitter 这个大家庭中的成员之一，而不是竖起耳朵、只关注提到自己名称的所有推帖、令人毛骨悚然的监视者（见图 8-9）。

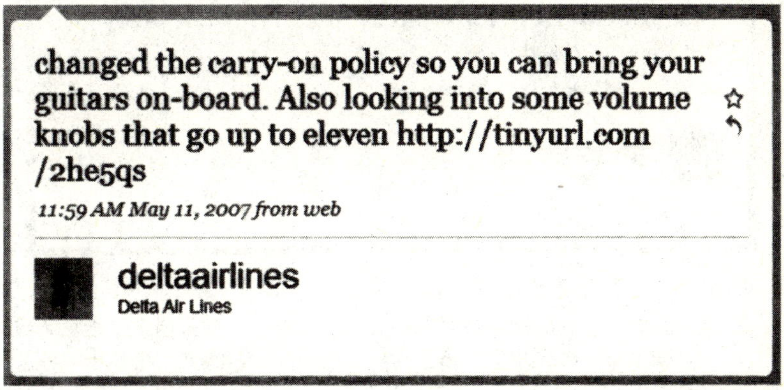

图 8-9 美国达美航空公司（@deltaairlines）曾在 Twitter 上消失了一段时间。现在，它的推帖不仅包含了有关公司现行政策的重要新闻，更增添了几分人文色彩

但是，什么样的推帖才能为企业或个人树立起正面且难忘的品牌形象呢？

在实践中，企业为了塑造品牌形象而发布的信息可以归为四大类：

- 企业新闻
- 客户支持
- 信息反馈
- 特价优惠

8.3.1 企业新闻

我们已经探讨过，仅仅在 Twitter 上发布新闻会降低这个时间轴吸引粉丝的效率。戴尔公司的推帖就可以说是相当沉闷的。不过，精心挑选一些新闻发布也可以为品牌营销带来积极影响。重要的是，这些新闻要给粉丝带来有用信息，这样对粉丝而言也算一种奖励，另外它们也可以充分展示出企业本身对自己这个行业充满激情。

激情是可以传染的。

然而，在传播这种激情的时候，必须时时小心谨慎，以确保你所发布的新闻是恰当的，发布新闻的方式也是恰当的。

通常，发布企业新闻首先要遵循的一条原则是判断新闻是否通过了“谁在乎”测试（见图 8-10）。

图 8-10 这是一则有关笔者本人的新闻。有谁关心我将接受采访的事？我自己当然很关心，希望我的这种情绪能感染我的粉丝——如果当地报纸认为我的工作足够重要而进行报道，粉丝当然也能由此理解我的工作的重要性

就一般情况而言，没有人关心公司的内部活动，例如当地医疗诊所重新粉刷候诊区的新闻，谁会关心？

除非这类信息对你的生活真的有影响，否则你不会关心的。就像诊所更换电话号码或你的医生被解雇这样的新闻，你就不会视而不见了。

而对改变室内设计的事，你就可能不会感兴趣。

在 Twitter 上，规则并不都是绝对的。关系到读者切身利益的新闻总是最引人注目的。但是，只要能为大众提供谈资，娱乐大众，即使是某公司更换博客设计或消除软件产品缺陷这样的新闻，也能赢得读者的眼球。

品牌营销中处理新闻的最好方法是把新闻与其他形式的内容结合起来，加入个人评论，从而让新闻听起来确实是出自真实的人之口，而非某家企业。

8.3.2 客户支持

客户支持通常被企业视为使用 Twitter 网站的唯一原因。他们认为，只要公司指派一两个人在 Twitter 上发布公告、回答粉丝的提问，公司在 Twitter 上的宣传

任务就已经完成，不需要再做其他事情了。

大错特错。

这不仅仅是一个失误，你需要知道一旦做得不好（比如百思买），就很可能会将客户拒于千里之外。之所以说它大错特错，是因为好的客户服务本身就是优秀的品牌营销。

好的客户服务表示公司对任何需要帮助的人都是敞开大门的，并且愿意倾听他们的问题。

美国家得宝公司（@homedepot）在这方面做得十分出色。该公司在 Twitter 上发布简短的季节性小贴士，吸引人们阅读。不过，让家得宝公司显示出真正实力的体现在客户支持的质量方面。尽管 Twitter 账户只可能解决顾客提出的问题的一小部分，但是它能给人们留下一个良好的印象，让他们觉得自己在实体店中会得到更好的服务（见图 8-11）。

图 8-11 美国家得宝公司的发言人萨拉（Sarah）向大家展示公司优秀的售后服务

这就是品牌营销应有的效果：让潜在顾客感觉到现实产品或服务会更好。

在你的时间轴中加入优质的客户服务类推帖（能够对症处理问题并告诉人们具体到哪里寻找解决办法的推帖），就能为你的品牌故事添上浓重的一笔。

8.3.3 信息反馈

信息反馈类推帖与客户服务类推帖十分相似，但有一个重要区别。客户服务类推帖可能是顾客提出的。不用坐在电话机旁花费半个小时考虑究竟是应该按 1，然后按#键，还是愤怒地把电话扔到墙上，客户只需通过 Twitter 就能够直接、快速地把信息发送给公司的客服代表，并同时收到回复。

顾客往往能即时得到所需的答复。采用这种方式，公司尽管看似只帮助了一名顾客，可同时它却向其他许多顾客展示了自己快速、合理处理问题的能力以及亲切友好、乐于助人的一面。

但是，并不是所有的客户服务意见都会以私密信息或回复的形式出现在公司的时间轴中。通常的情形是，客户会在自已的时间轴中表达自己的观点（通常都是抒发不满）。

试图借助 Twitter 之力推广品牌的企业可以通过设置提醒找到上述推帖，并针对不同情况作出相应的回应，以期阻止消极言论的进一步传播。

这个办法并不是绝对灵验的。但它足以显示出公司非常在乎顾客的感受，即使不能做到十全十美，至少公司已正在努力完善。这也是品牌形象的重要组成部分。

反馈不单是听取人们对公司的意见，还包括邀请人们来谈一谈你的公司。

星巴克公司的另一个 Twitter 账户（@mystarbucksidea），专门用以支持星巴克公司的 My Starbucks Idea 网站（mystarbucksidea.force.com）。网站的主题就是邀请顾客就如何改善星巴克公司提出各种建议（见图 8-12）。

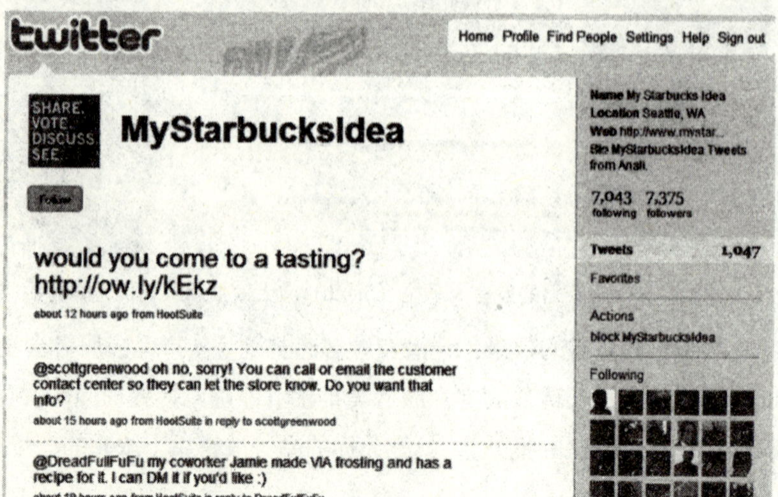

图 8-12 星巴克公司的 Twitter 账户 MyStarbucksIdea（我的星巴克理想）总能及时回应客户的意见，这表明这个公司确实在认真地听取这些意见

在 Twitter 的时间轴上，你也可以感谢那些为自己出谋划策的顾客，并向他们详细阐明公司是如何处理这些建议的。

以星巴克公司的实际经历而言，这个做法非常富有成效，它告诉人们，星巴克公司只把自身看作星巴克社群的一分子。尽管这样做并不能立刻产生直接的经济效益，但星巴克认为这项投资仍是值得的。

8.3.4 特价优惠

特价优惠是标准的营销手段。我们已经了解到，这个手段在 Twitter 网站上与在其他任何地方一样可行。通过专属折扣的方式奖励那些阅读你的推帖的粉丝，让他们感到留在此处确有所值，并为他们的持续关注给予更多奖励（见图 8-13）。

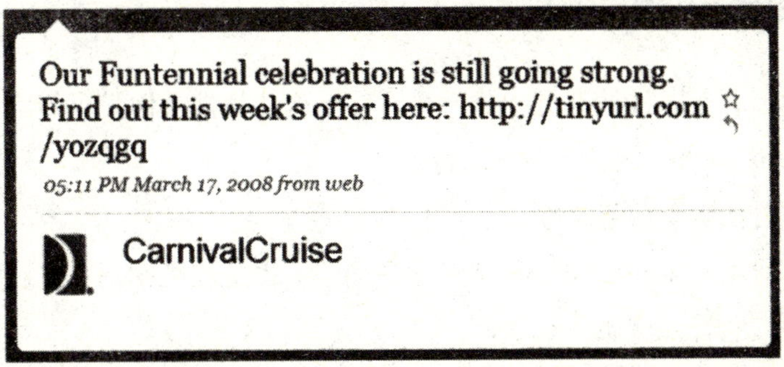

图 8-13 嘉年华邮轮公司（@carnivalcruise）常采用各种社会化媒体策略来宣传自己的业务，是较早使用 Twitter 的公司之一。该公司偶尔会在自己的时间轴中发布特惠消息

这也会给你带来一些额外的销售。

甚至网络出版商也可以通过发布某个附属企业优惠酬宾的消息实现这一目的。在自己的推帖中加入附属企业的链接，或将读者带往企业自己的网页，就能赚到令人满意的佣金。

但是，公司通过 Twitter 推广品牌时，要使用特价优惠这个方法，必须经过审慎的考量。

打折的确是吸引消费者立刻采取行动的有效方法，但是品牌营销本身并不要求行动。它只需要粉丝持续阅读公司的推帖，并以自己的方式关注这个公司即可。

如果公司提供了太多的特价优惠，消费者不仅不会认为这家公司是以提供高质量产品和服务为宗旨的可信赖的朋友，反而会觉得这家公司处心积虑，只是为了促销产品而已。

渐渐地，那些特价优惠就成了变相的强行销售，这在 Twitter 上是行不通的。

如果想通过 Twitter 快速、直接地销售产品，那么定期的特价优惠政策将会十分有效。但如果是想利用网站建立品牌，并且创建以公司为核心的活跃社群，那么特价优惠应该只是偶尔出现在你的动态之中，仅用于回馈你的粉丝，让他们保持对公司时间轴的兴趣。

至于多少促销活动才算多，并没有所谓的金科玉律。这完全取决于你的推帖主题以及粉丝的性质。不管怎样，如果有超过五分之一的推帖都是在推行优惠政策，那么这个频率就的确过于频繁了。

8.4 强化核心信息

相信读者对上述推帖都已十分熟悉。甚至这几类推帖你很可能都已经用过，因为你也在用 Twitter 鼓励客户采取行动。

还有一类推帖本书还未涉及。

这类推帖才是 Twitter 网站创立的真正意图，也是我经常用在自己的时间轴中的推帖类型，它就是随想。

人们在 Twitter 上记录的事情总是天南海北，无所不包。这也是 Twitter 网站最吸引人之处。这就像每个人都在自己的脑门上打开了一扇窗，允许其他人透过这扇窗偷窥自己的所思所想所感所悟，不时捕捉那些头脑中忽然闪现的各种奇思妙想（见图 8-14）。

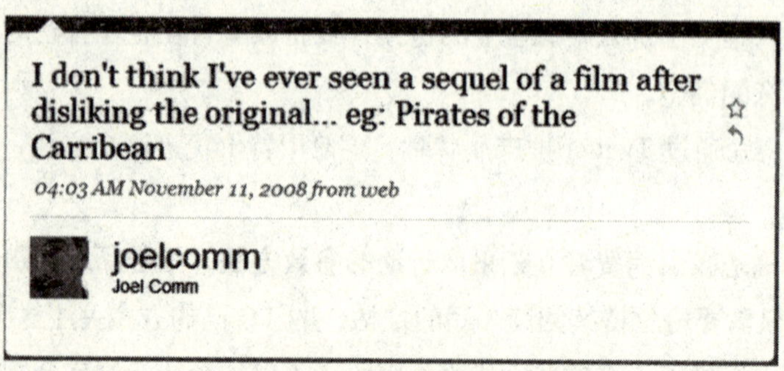

图 8-14 这是我的一条随想类推帖。这些推帖可以帮助我树立品牌形象，但它能为一个公司的品牌宣传做多大贡献呢？我持怀疑态度

你也许会觉得这样做有点八卦，而且未必有趣。

但是，这的确是一件很有意思的事情。

这样的推帖可能让你觉得有意思，但并没有太多实用价值。如果你告诉粉丝你的某种产品正在打折促销，并在推帖中贴出了你的网站地址，那么你可以期待他们点击你的网站。

如果你发布更新博客的消息，那么你可以期待读者访问你的博客并阅读你的博文。

如果你的推帖只是告诉人们你非常想吃甜甜圈却又担心热量过高，那么，你能期待的最好结果就是读者莞尔一笑，觉得和你的关系更近了。

这就是这类推帖的功能：作为一种润滑剂，帮助你和粉丝、客户以及公司社群建立良好的关系。

他们会觉得你不只是身处千里之外的网站或博客的主人，你还是一个真实的人，不但有想法、有工作，而且也会对吃甜甜圈怀有罪恶感。

这种感觉会对你与客户、读者之间的关系产生奇妙的化学反应。

但是，我不确定这对于企业品牌是否确有帮助。

公司的推帖应该体现出人性化。但是，这些推帖应与发布者本人无关，而是与其代表的企业紧密相连。在新闻之外加上发布者对相关问题的想法，回答顾客提出的问题等，都能体现出公司是真正在乎顾客的感受的。但是，如果发布者说自己非常喜欢吃比萨，就会让他所代表的公司看上去有点怪异。

这并不是说随想类推帖在推广品牌方面就毫无用处。

随想的确可以起到一定的作用，但这种作用仅限于推广个人品牌。

我在我的时间轴中经常使用这类推帖，因为它能帮助我树立一个普通人的形象。这很重要，因为我不想让其他企业家觉得网络营销只是那些经验丰富的营销人员的专利，或是只有懂得编程、深谙各种网络知识的人才能从事的工作。事实上，任何人，即使是像我这样以家庭为中心、热爱游戏却不懂丁点儿编码的人，也可以从事网络营销，这也是我给自己选定的品牌故事的一部分。

当某位推客作为企业的化身在 Twitter 上活动时，这个原理同样适用。例如，知名网上零售公司扎珀斯（Zappos）的首席执行官谢家华（Tony Hsieh）代表扎珀斯公司在 Twitter 上发布推帖（@zappos）。因为这是他的私人时间轴，所以谢家华的推帖中包含各种随想是没有任何问题的——他个人的推帖首先应是关于他个人的，而非他的公司（见图 8-15）。

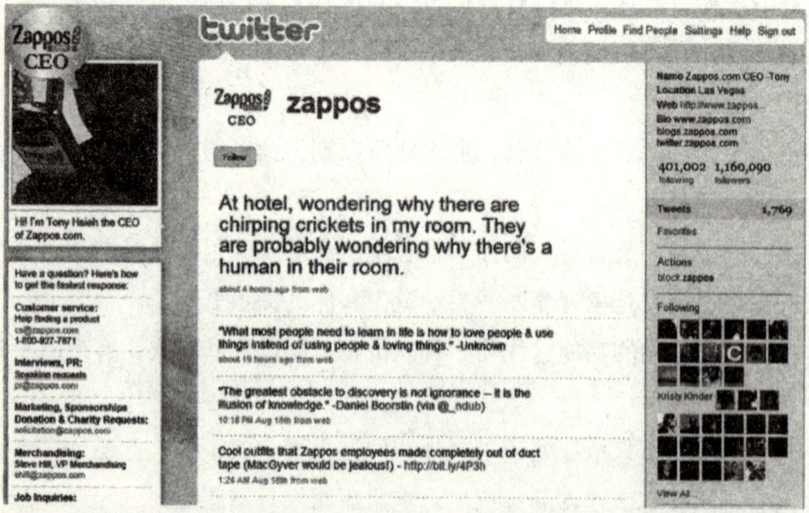

图 8-15　扎珀斯首席执行官谢家华在树立个人品牌的同时，为自己的公司进行了有益的宣传

但是由于他也是扎珀斯公司的首席执行官，他的背景图案已清楚地指明了这一点，因此，他的所言所行同样代表了他的公司。

不过，这并非严格意义上的品牌推广。谢家华利用推帖为他的公司进行宣传，并以客户为基础建立了一个社群。然而，除了展示他的公司的开放性、友好度之外，这些推帖并不足以反映公司的其他方面。

通过这种方式将自己的推帖个性化，谢家华就成功地把他的时间轴变成了品牌推广的工具，并强化了他作为扎珀斯首席执行官的形象。这种方式也十分奏效。英国大亨理查德·布兰森（Richard Branson）把自己成功塑造为维珍（Virgin）品牌的形象代言人，进而赚了大钱。成为名人后，每次接受采访，他都要借机推广自己的企业。谢家华也在利用 Twitter 做着同样的事情，只是规模较小而已：Twitter 网站允许他通过建立个人品牌的方式推广自己的公司。

关键就在于坚定把握住宣传的核心主题。一旦确定了自己的品牌形象与品牌故事，就要确保自己的推帖内容只能围绕这个品牌形象及品牌故事展开，一旦偏离，就很可能使读者迷惑，以至于功亏一篑。

如果你在代表你的企业发布信息，要注意保持人性化，但不可过于个人化。

如果你是为你的个人品牌发布信息，则应包含随想，同时减少特价优惠信息。

这些简单的指导意见可以帮你在发布推帖时始终围绕你的核心主题。

8.5 重复，重复，再重复

要做到不偏离核心主题，还必须不断地重复这些主题。

任何品牌推广活动都必须面对的一个挑战便是其影响力永远只是暂时的，宛如子夜一现的昙花。这就是为什么连像可口可乐这样的公司也不得不每年花费数百万美元来确保产品在公众视野中的曝光率。

当利用 Twitter 推广品牌时，你不必花费数百万美元也能保持你的市场吸引力。

而需要做的只是坚持不断地发送推帖。

许多公司就曾犯下这样的错误：利用 Twitter 做某个产品的推广活动，活动结束后就立刻弃之如敝履，几个月后遇到活动需要再重新捡起来。这样的策略也有一定道理：如果你不发布推帖，就能避免打扰别人，所以也不会有人屏蔽你的推帖。但若真的这么做的话，你很快就会失势，那么你辛苦建立的社群也会迅速瓦解，这个策略也就失去了运作的土壤，而变得毫无意义。

当把 Twitter 用作品牌宣传的工具时，每天至少要发布一条推帖，但要达到宣传的理想状态，当然不会只是一天一条而已，你要付出的努力会比这多得多。

如果你确实领会到本书的精髓，那么真正达到这个理想状态并不像听起来那么难。

8.6 创作推帖

我承认，创作一词听起来确实不易。我喜欢发布推帖。这是个很有意思的事，其过程充满趣味，甚至令人陶醉。我曾经通过推帖和一些了不起的人物交流，学到了各种各样令人着迷的东西，也获得了只有 Twitter 才能提供的信息。

但是，这要花费你的时间。如果你是一名工作繁忙的行政高管，使用 Twitter 是为了推广公司而不是为了告诉全世界你早餐吃了什么，那么，你用在 Twitter 上的时间本身就是一项重要的投资。

这就是企业 Twitter 账户与个人 Twitter 账户的重要区别。

扎珀斯公司的首席执行官会自己创作推帖，但并不是每个企业高管都会这么做。像达美航空和嘉年华邮轮公司这样的大公司的推帖就不是首席执行官亲自创作的，而是由承担网络推广工作的员工或公关公司代笔的。

你当然也可以这么做。

如果不想亲自创作推帖，那就把这项工作交给公司某位员工。让他代表公司在 Twitter 上活动，允许他表现出人性化的一面，允许他在表达公司立场的同时加入个人观点。一定要在个人资料中填写这位员工的名字，这样读者才能知道是谁创作了这些推帖。

并且，还要嘱咐这位员工交替使用各种类型的推帖。

你会逐渐与粉丝熟悉起来，这种熟悉的感觉是 Twitter 特有的。在这个过程中，你本人不必花费任何精力，因为你的助手会很乐意为你做好这件事，而且从事这件事本身就是一种享受。

8.7 赢得转帖的机会

但事实上，为你写推帖的最佳人选是其他推客。说到 Twitter 世界中的成功营销与品牌宣传能力，发布一条能够广为流传的帖子是最有效的方式。这样的帖子不仅在你的粉丝（那些已经熟悉你的人）面前显示你的名字，还会让他们的粉丝以及粉丝的粉丝都认识你，而这个传递过程会一直延续、扩展下去，直至世人皆知。

推帖被不断转发，就好比中了市场营销领域的大乐透。

但，这个“大乐透”可以为你所操控。稍用些心，就有可能提高你的推帖在 Twitter 上被分享的机会。

当然，你拥有的粉丝越多，他们转发你的推帖的几率就越大。不过，还有很多比扩大粉丝队伍更好的方法来赢得更多被转帖的机会。病毒式市场营销学家丹·扎雷拉（Dan Zarrella）对转帖在 Twitter 上的传播方式进行了深入研究与分析，他指出某些类型的推帖更容易被大家转发分享。

一般而言，新闻这种时效性较强的内容更容易被频繁地转帖，Twitter 上的即时消息也同样如此。丹在调查后宣称：Twitter 上大约 70%的转帖都包含链接，而带有列表的帖子格外受欢迎。最容易被转帖的主题是新闻、指导性内容、娱乐、意见、产品以及闲聊，以上内容被转发的几率从高至低排列。

当然，免费赠品的链接也是一个不错的转帖主题。一场最经典的转帖活动发生在 2009 年 7 月。一家网站设计公司 Moonfruit（@moontweet）为了庆祝公司开业十周年，决定每天发放一台苹果电脑，连发十天。Twitter 用户只需要在他们的帖子里加上#moonfruit 标签，就有机会赢取大奖。以#moonfruit 为标签的帖子越多，赢取苹果电脑的几率就越大。最富创意的帖子还可另外获得苹果 MP3 播放器。

活动结果非同凡响。推客发布有关这家公司的推帖的总频率一度达到每分钟 300 条，带有#moonfruit 标签的信息占到所有 Twitter 信息的 2.85%。这家公司的名字迅速成了最受欢迎的流行语。该公司主页的访问流量也增加了 8 倍。这场活动取得了空前的成功，使得该公司不得不选择提前三天结束这项活动，把剩下的电脑在最后一次礼品大放送活动中一次性送了出去。

那么总体上说，帖子中若含有赠品信息（尤其是苹果产品）或有关你的行业的、独家的、有时效性的消息链接，它被人转发的机会就大大增加了——如果你很有礼貌的话则更是如此。丹・扎雷拉的研究结果中最令人欣喜的一点就是在转帖中使用频率最高的词汇为 you（你）、twitter、please（请）以及 retweet（转帖）。礼貌地要求转帖真的很管用。

最好的消息是，这个方式也能提高你的网站的点击率。Dan 在销售入境营销软件的 Hubspot 公司任职，他说，通过 Twitter 找到 Hubspot 公司的人往往是最有可能购买公司产品的潜在客户。

8.8 制作#标签，并进行带有#标签的讨论

转帖有助于宣传品牌。但是，如果想让你的品牌深入人心，展现自己对行业知识的熟悉程度，并证明你的公司是你在 Twitter 上所发起的话题的主要信息来源，那么，# 标签在这方面会特别有用。

简单地说，# 标签就是一个标注了“#”号的关键词。通过在某个特定话题的

消息中加入 # 标签，在 Twitter 上对此话题感兴趣的人就能很容易地找到所有相关的帖子，不用费心思索究竟应该搜索哪个关键词。

这一方法对于突发新闻尤为有效。例如，当大火危及到了加州圣巴巴拉时，居民就是通过阅读带有 #jesusitafire 标签的推帖不断了解最新的疏散警告。在伊朗 2009 年大选过后，示威者通过带有 #iranelection 标签的推帖让全世界都了解到了伊朗在发生着什么。而在 Tweetback 这样的应用程序上，推帖会自动更新，用户可以看到新闻在源源不断地更新，打开消息阅读就可以掌握事态的最新发展。

但是，大部分 # 标签的用途并不是这样的。相反，它们经常发挥着标记的功能，帮助人们找到特定类型的内容。例如，胸怀大志的小说家可以通过搜索#pubtips 来阅读由文化代理公司发布的有关写作问题以及出版方面的小贴士。任何一名想要分享技巧的代理只需要在他的推帖前面加上#标签，就能使自己的名字展现在成千上万名一心想成名的作家面前。在 Twitter 上融入社群的好方法，就是定期制作一些有关你所在行业的#标签，就有机会向相关的读者群展示你的特长。

如果目前你所处行业还没有常用的#标签，自己挑选一个标签也没什么坏处。只要告诉你的粉丝你已为某个特殊的主题选择了#标签，并给与该主题相关的推帖添加这个标签即可。例如，园艺中心的主人可以为园艺贴士类推帖选定一个 # 标签，只要他能提供大量的园艺小建议，他就能成为这个领域的领军人物。

但是，只有当 # 标签在固定时间、在公开实时的聊天活动中更新时，才能发挥真正的效力。例如，除了阅读带有#pubtips 标签的推帖之外，儿童读物的作者还能够参与到以 #kidlitchat 为标签的谈话之中。儿童读物作者的代理可以回答作家的提问，讨论出版业的发展状况。这不像会议那样允许人们相互接触，面对面地表达自己的感情，但足以把作者和代理聚集在一起，交换信息，了解彼此。

有些交流已很有组织性。例如，蒂姆·拜尔斯（Tim Beyers）的记者、编辑访谈节目就可以通过搜索 #editorchat 找到。这个讨论在美国东部时间每周三晚上 8 点 30 分进行，并有专属的网站 www.editorchat.net，蒂姆会通过该网站公布下次讨论的议题以及前次讨论内容的文字记录。参与嘉宾中甚至有来自《经济周刊》的编辑。

还有更多讨论是完全自发的。一组恰巧在某个时段都在使用 Twitter 的专家有时候会临时决定下面几个小时谈话的问题，并邀请有兴趣参加的人在各自的信息中添加#标签。被这种方式吸引来加入讨论的人可能比较少，但对他们而言，能够在自得其乐的同时，吸引其他碰巧在线的推客的注意就已足够了。

最重要的一点是，当你在与大家谈论某些问题的时候，你应当把自己的形象定位成可靠、有见地、值得信赖并且准备为那个圈子做出贡献的主导者。这才能形成有力的品牌营销。

和其他有效的市场营销渠道一样，Twitter 是一个宝贵的品牌营销工具。它可以帮助你推广个人品牌，让你的个人形象更加丰满、难忘，也更加容易辨识；它也可以作为一个公司品牌的推广工具，帮助公司在铺天盖地的广告洪流中脱颖而出，赢得顾客的信任，并建立起以客户为基础的强大社群。

世界上一些最大的公司都已经认识到了 Twitter 在传递信息方面的力量。尽管不是每个公司都做得很正确，但确实有不少公司已经建立起值得借鉴的优秀模式。

品牌推广可以带来长期的收益。你还可以使用 Twitter 创造短期的收益。下一章将会讨论其他可以让你把自己的粉丝调动起来的方法。

第 9 章

利用 Twitter 的力量调动粉丝

我们已经了解了在 Twitter 上创作推帖的各种途径以及 Twitter 的各种功能。

对多数市场营销人员而言，使用 Twitter 的主要目的就是要立刻获取利润。在他们看来，粉丝就是终有一天会给他们带来收益的人，不管是以直接购买产品的方式还是为产品宣传提供帮助，显然，他们也希望自己创作的推帖能够尽快达到这种效果。

这种想法没有任何问题。尽管有点缺乏远见，但是这样想真的没有错。

你当然可以发布消息，鼓励你的粉丝们采取你希望他们采取的行动。但这么做的时候，一定要慎之又慎。

你的 Twitter 时间轴不是一个销售网页。夺人眼球的标题再加上生硬的鼓动口号不会让他们有购买的欲望，只会让他们退避三舍。你的推帖措辞要巧妙一些，以吸引注意力、建立信任为目的。只有那样，粉丝们才会觉得值得花时间按照你所要求的去做。

本章也许是这本书最重要的一章，我们将讲解如何利用 Twitter 提高网站的访问量，如何通过调查获得数据并吸引他人回应你的推帖，以及如何从你的客户那里挖掘出有价值的反馈信息。

然后，我们会讨论如何建立有效的、以行动为目的的推帖策略，以及如何对策略产生的效果进行追踪，也许后者才是最重要的。

让我们从如何把粉丝吸引到网站上来开始吧。

9.1 吸引粉丝浏览网站

通过前文介绍，我们了解到推客可以在自己的推帖里加入 URL 地址，也有现成的系统可以自动地编写出带有 URL 地址的推帖。

但是，这并不意味着每个人都会点击那些链接。如果你希望粉丝访问的网站并非博客，这个方法就更显得格外无用。

尽管把访问量引向内容页上是 Twitter 的一个常见功能，你应该也希望把访问者带往购买页面、注册页面或你希望他们点击的广告所在的页面。

上面提到的所有这些在 Twitter 上都具有实现的可能性，而非绝对。

9.2 在 Twitter 上为博客宣传

博主们刚开始写博客的时候，博客的概念只限于网络日记而已，它仅仅是人们表达思想、抒发情感的窗口，方便有兴趣的人随时窥览一番。

发展至今，博客的概念已经远比那时候复杂了。

现在的博客是一个非常高效的出版系统。多数博客已经发展成为在线杂志，而非单纯的个人主页了。

这种转变的优点在于无数草根作家可以随心所欲地写任何想写的内容——还能得到一定报酬。

缺点肯定也是有的，那就是博客变得不再属于个人。

假设读者过去常常通过阅读博客来了解这位作家的所做、所想，那么现在的博客甚至已经很少由博主本人撰写了。没错，专业的博客就应该充满形形色色的访客发布的帖子、有偿写手的文章以及捉刀代笔者的文章。这也没什么问题。

那么，Twitter 可以为博客做的第一件事情就是回归出版者原有的个性。

博主可以利用 Twitter 为读者提供了解其商业活动内幕的机会，发布近期计划及正在创作的推帖概要，回答读者直接给自己提出的问题。

当然，你在博客上也能实现上述目的。从理论上说，你也应该这么做（见图 9-1）。

但是，当你的博客真正出名以后，你不太可能有时间一一回复读者对博文的评论。对你博客的评论对于读者的吸引力也变小了，读者的兴趣点将转移到汽车、照片等其他用户感兴趣的东西。

Twitter 可以为博主提供另一个近距离接触读者的空间，即使他们使用的是专业写手提供的文章也无妨。

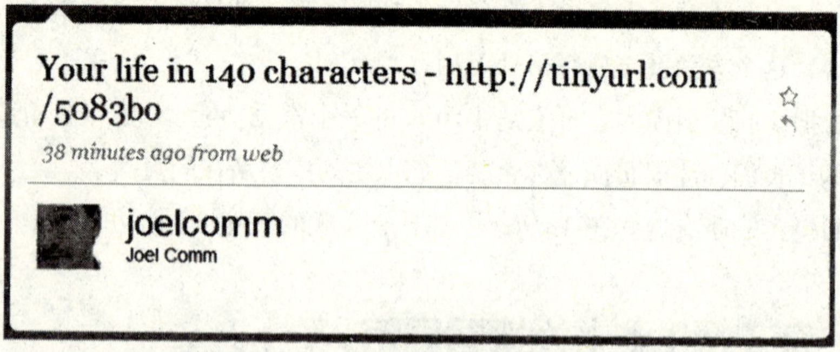

图 9-1　标题加博客地址是一种组合简单的推帖，也能带来一些额外的有用的流量。但是，仅有标题，能吸引粉丝成为博客读者吗

但是，如果你想吸引新的读者，或增加随机出现的访客数量，又怎么办？

Twitter 同样可以帮助你。

原则很简单。如果在谷歌页面上投放广告，对每一篇即将发布的博客进行宣传，那势必会花很多钱。假设你在衡量广告费用与网页收入的比例后，发现它们实现了准确匹配，你也许能获得一点盈利。但是，你仍需要大量的访问者来证明这么做是有价值的。

在 Twitter 上发布博客更新的消息就是一个十分简便的方法，可以同时让许多人得知这个消息。

我们已经知道达伦·罗斯是如何宣传他的数码照片博客的——这个博客不像私人日记，而更像一本杂志，在成功的博客中算是一个绝佳范例。

这是把 Twitter 访问量变成博客访问量的简便方法。

但是，这个方法取得成功是因为达伦·罗斯的博客本身就已经小有名气了。因为，除了在博客更新时提醒固定读者去网站看看以外，他不用做任何事。

达伦个人的时间轴更加复杂。他的推帖除了包括有关博客更新的通知以外，还包括个人评论以及就读者提问作出的回答。

这种结合很重要。博文的标题本身在 Twitter 上显得非常的单薄。即使是社会化媒体崇尚的那种犀利的标题（如“获得更多粉丝的 20 种方法”）出现在推帖里时也会显得力有不逮。

你的推帖不是在讲述关于你自己的事情，而是在告诉读者你特别希望他们为你做某些事情，比如，你希望他们阅读你的博客。

这恰恰是对 Twitter 的误用，这种方式不但没法把粉丝变成博客的固定读者，还有可能产生负作用。

Twitter 最大的作用是制造好奇心。人们阅读你的推帖，对你的经历产生好奇，很想了解你接下来会怎样，遂成为你生活的一部分。当你宣布你已经写了一篇新的博文的时候，他们会去你的博客读一读你的大作。他们不是因为博客的内容有趣而阅读，而是因为他们对你所写的东西感兴趣而阅读，即便你发布的内容不是你本人写的也无妨。

但是，好奇心不是一条推帖就可以带来的。要通过定期发布好的推帖才足以引起大家的好奇。

当第一次使用 Twitter 的时候，不要兴冲冲地让带有博客链接的推帖充斥整条时间轴。先介绍你自己，介绍你的所做、所想以及希望做些什么事。

回复其他人的推帖，特别是那些对你的话题表示出兴趣的人的推帖，以及那些拥有大量粉丝的推客的推帖。这样，他们对你的推帖的回复就会出现在他们的时间轴中，让更多人看到。

如果有推客遇到了难题，或正为某件事犯愁，而这却恰好是你的专长，不妨主动为他们排忧解难。

所有这些将会给你带来一个核心的粉丝队伍，他们对你本人以及你能为他们提供的服务很感兴趣。到目前为止，你做的事情都是在帮助他们。事实上，免费建议也可算作免费赠品的一种，也能为你打开市场做准备——这是一条经过无数案例、事实验证过的有效营销策略。

这时再利用推帖介绍自己的博文，就会发现很多粉丝都会点击推帖中的链接并阅读你的文章。因为，他们知道你会提供良好的建议，并渴求从你那里获得更多良方。

然后，你就可以将这个策略有条不紊地延续下去，定期发布一些有用的信息和娱乐性推帖，并偶尔穿插发布自己更新博客的消息及链接。

如果你已经使用 Twitter 一段时间了，没关系，可以从现在开始采用这一策略，亡羊补牢，为时不晚。

要记住，在发布下一条博文的链接之前，一定要确保你已经发布了大量优秀的推帖。

以上述方法积累的粉丝应该可以将点击率最大化，但是跟 Twitter 一样，博客也只是达到目的的一种手段。

大多数网络出版人的最终目的是让读者点击某个广告或是购买某件商品。只要稍微动动脑筋，就可以利用 Twitter 增加这个目标实现的几率。

这需要一些技巧及细致的筹划。你必须知道自己的博客上会出现什么类型的广告，同时，还要让你的粉丝提前做好心理准备。

谷歌的 AdSense 广告单元则不是这样。我是 AdSense 广告的忠实拥趸，你也一定为自己的网站选择了 AdSense。但是，由于 AdSense 里的广告毫无规律可循，你不能选定一个类别的广告产品，并依据该产品培养读者的兴趣，从而让他们点击这类产品的广告。只有创作质量顶级的内容并优化广告单元，这样读者才有可能点击广告链接去了解更多内容。

这种好奇心也是博客访问量的强大推动力之一。

但是，AdSense 并不是在博客上投放广告的唯一方法。因此，这也不是把粉丝转变成收入来源的唯一方法。

你一定也在使用千人成本的广告模式，按浏览次数计算广告费用。通过这种模式，只要有粉丝点击网站上的广告，就能给你带来一定收入。当然，平均每次点击带来的收入很少。

可以向产品代理商申请利用自己的网页以联属广告（affiliate ads）的方式为某些厂家的产品做宣传，这一点更加重要。广告产品是可以预测的——因为，这是你主动选择的结果，与 AdSense 广告单元中宣传的产品不同，推荐权掌握在你的手里。

这就为你在 Twitter 上进行宣传创造了一个绝好的机会。

假设你有一个关于计算机游戏的博客，你完全可以发布一系列有关游戏的推帖。

第一条推帖表明你正在考虑购买某款电脑游戏。

第二条推帖可以说说这款游戏的优点，比如你被画面震撼了，或它看起来设计得非常出色。

第三条则写你已经找到了许多很棒的策略，并且游戏比预期更加好。

然后，在第四条推帖中你就可以加入新博文的链接，为大家介绍完整的游戏心得或通关秘籍。这时，这篇博客所在的页面上正好展示亚马逊网站的宣传广告，直接链接到这款游戏。

只要注册为亚马逊联属广告联盟 Amazon Associate 的会员，就能在自己的网站上投放它的广告，非常方便。可以自主选择产品来宣传，只需把产品代码复制粘贴到自己的网页上即可。每次有人点击这则广告，你就能分得一笔收益（只需确保将链接嵌入到文字中即可。大多数职业博主认为这是通过亚马逊分销广告联盟赚钱的最好办法）。

不过，你必须保证上述一系列推帖之间衔接的紧密性。你当然希望人们通过你的网站购买产品，而不是在看完你的推帖后激动万分，直接冲到亚马逊网站购买该产品，却把你这个介绍人彻底踢出了局。要想让最热情的粉丝耐心地等你，也为了让其他人尽快赶上你的节奏，你可以明确说明你很快会发表相关游戏评论。这就为他们暂缓购买游戏提供了一个好理由：看完你的评论以及广告之后再作打算。

理论上，Twitter 让你有机会去进行一些激发公众好奇心的宣传预热活动，你可以当它们是开胃菜，当你上传了新的博文也就是主菜时，之前的宣传就能给你带来广告收入。

9.3 Twitter 是博文创意的源泉

因此，只要与正确的推帖相结合，就可以利用 Twitter 让粉丝看到预先设定好的广告。不过，粉丝对你来说还有另外一个作用，且价值决不低于第一个作用。

你可以把它们当作博文创意的源泉。

问问粉丝对哪种文章感兴趣，你一定能从他们的回答中获得大量灵感。

这会让你的生活变得简单起来。

只需每月月初，问问粉丝希望在未来几个星期的博客中看到哪些话题。

不用再为新文章的内容抓耳挠腮，也不用再为文章的受欢迎程度而担忧。

而动笔之前也可以问问粉丝对文章主题的看法。如果每个人都认为这个话题有点枯燥，或拿出某个方面的问题问你怎么处理，而这个问题正是你从未考虑过的，那就必须要对你的主题重新考量一番。

这就避免了你在为这篇文章奋战几个小时以后才发现写不下去。

另一方面，征询粉丝意见后再动笔，就能事先确定当你在网上宣布这篇文章发布之后，一定会有读者去阅读。

这个结果很了不起。从粉丝那里寻找灵感，得到的反馈结果会令你感到惊喜。更重要的是，向大众征询意见有助于保持博文的新鲜感与持久力。尤其是在你的博客已经开通了一段时间，在创作方面你已经文思枯竭的时候，这种新鲜感与持久力就是你必须重点考虑的两个方面。

对于成熟的博客来说，创作热情减退是最大的危险之一。但是，Twitter 为你储备了大量的评论员与顾问，向他们求助，就有可能使自己的博客"永葆青春"。

有几个小窍门可供你挖掘这类信息。

首先，提问要直接，答案要开放。"这个月，您希望在我的博客上读到什么内容？"这种开放式的问题能给你带来许多有趣的答案。

"有人想在我的博客上客串发帖吗？直接给我发私密消息吧。"这样的推帖也能为你赢得许多有意思的内容。

采用这种做法对你要谨慎些。毕竟，你的博客之所以成功是因为你创造了它。敲定主题、拟定题目的人是你，而大多数情况下，创作人也是你。过多地让读者（或粉丝）影响你的博客，是存在一定风险的，博客原本最吸引人的特征很可能会因此而淡化。

尽管读者明确表达了他们希望看到的主题或内容，但他们对自己真实需求的判断往往是最不准确的。而且，他们肯定也希望你能以精彩的、完全新鲜的内容给他们一个惊喜。

这就是为什么给粉丝限定主题选择范围是更恰当的策略。与其泛泛地问粉丝希望看到什么内容，不如为他们提供三个主题，让他们选出自己的最爱。这将有助于你了解粉丝的喜好，如果评选的投票结果十分接近，你也可以把这几个主题都写一遍。

在 Twitter 上公布你更新博客的消息，可以略微提升博客的点击率并因此获得额外的收入；把粉丝当作博文创意的源泉，则可以让博客的关注点与内容主题更符合读者需求。当然，看到你更新博客的推帖的人也并不局限于你的粉丝。尽管你的粉丝很可能对博客点击率的贡献最大，但是很多没有关注你的人也有可能会点击你的时间轴。他们同样会在 Twitter 上看到你的博客链接及其他相关消息，如果你确有吸引力，他们最终也会成为你博客的常客。

无论是对你以及你的话题感兴趣的忠实粉丝，还是无意中被你勾起好奇心的匆匆过客，他们给你带来的这些额外的点击率构成了你在 Twitter 上推广博客的重要原因。这也是为什么宣传博客是 Twitter 的主要功能之一，尽管这个功能通常仅限于利用 Twitterfeeds 自动发布推帖的人采用。

Twitter 除了为博客吸引读者以外还能做许多其他的事情。

比如，它还能促使人们购物。

9.4 把粉丝拉进商场

看一看我的时间轴，就会发现各种各样的推帖。你会看到含有博文链接的帖子，看到我给粉丝回复的帖子，看到我针对时事政治、博弈游戏以及社会化媒体发表的观点，你甚至还会看到我为了激发大家讨论的热情而发布的一些奇言怪语。

但你一定不会看到我直接要求人们购买我的产品的推帖（见图 9-2）。

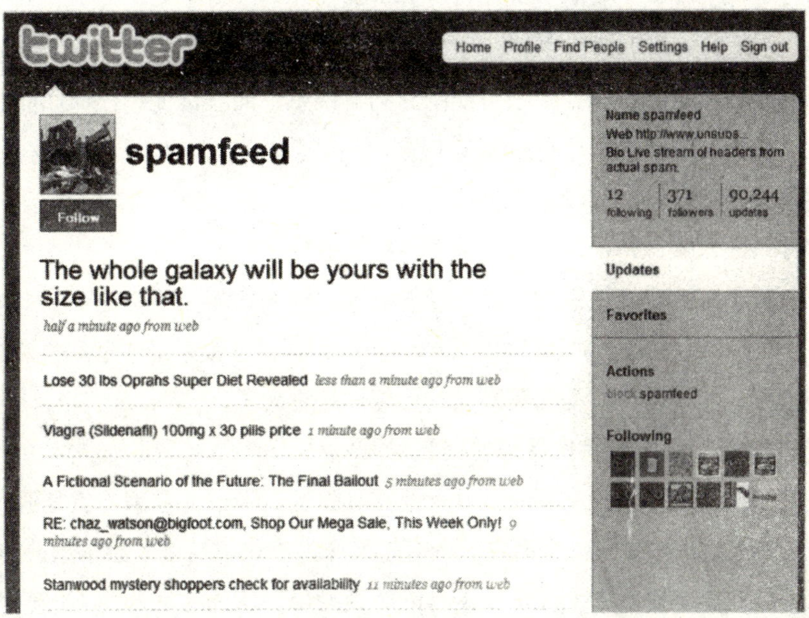

图 9-2 Spamfeed（@spamfeed）专门发布垃圾标题——并拥有大量粉丝。这有点不可思议。但如果希望通过 Twitter 创造销售额，一定不要学 Spamfeed

那不是我使用Twitter的目的。我更喜欢利用Twitter建立一个品牌和一个社群。这两项成就迟早会给我带来更多的忠实顾客以及更多的销售额。现在，从博客的访问量以及访客留下的评论中，我已经能够看到这个变化。

但这并不意味着你不能通过Twitter来进行直销。你可以，不过必须遵从一些简单的原则。

(1) 不要过于频繁

一个星期进行一次特价促销足矣。超过这个频率，Twitter时间轴就会显得过于商业化而非人性化了。这会减少粉丝的数量。

(2) 提供真正的特价

限时特价和优惠券让粉丝感觉到这是他们阅读你的推帖所换来的奖励。成为某个特权专享团体的一员是粉丝继续关注你的强大动力。

(3) 保证特价商品的针对性

人们选择你为关注对象的原因多种多样。他们可能在你博客上看到了你的Twitter地址，也可能在其他人的时间轴中看到了你的回复帖，或者他们曾经看过别人转发的你的推帖。暂时只列举这三种可能。

然后，他们会坚决地关注你，因为他们认为你的推帖总是既有趣又具娱乐性。

面对形形色色的粉丝，你很可能受到利益诱惑，而尝试促销任何你能想到的商品。如果有人为你供货且商品确实不错，你可能就会在Twitter上提及这件商品，提供打折码，然后看看有没有人上钩。

你可以这么做。并且，往往也确实会有人上钩。

但你需要保证特价促销的产品与你的既定主题密切相关（不论既定主题是什么），你才有可能继续以专家的形象示人；另一方面，随着你在这个主题领域的可信度的增高，读者采取行动购买产品的可能性就更大了。

(4) 不要链接到没有特价促销的销售网页

尽管推客都知道企业在利用Twitter进行品牌推广和市场营销，但是他们不喜欢这种被强迫购买的感觉。唯有推帖既有趣又令人愉快，粉丝才会乐意去阅读。

更确切地说，他们会十分享受这样的阅读经历，认为这家公司不但熟悉行业的最新动态，而且已经将自己融入为这个社群的一部分，也懂得如何遵守社群的规则。

那些只把粉丝看作是会行走的钱包的企业是难以吸引到任何粉丝的。实际上，他们甚至还会失去那些曾经是他们顾客的粉丝。

直接链接到销售页面，却没能让粉丝享受到你允诺的特殊礼遇，他们就会认为你只是推销员，而非推客。

通常，把粉丝吸引到购物页面上的最佳途径是采用前面介绍过的策略：创作有意思的推帖，偶尔以恰当的方式提供一些特价优惠，让这种优惠看起来是在奖励粉丝，而不是强行推销，更不是市场营销。

但有一种例外。Twitter 上有不少时间轴恰恰是与这条策略背道而驰的。他们的做法有点类似于达伦·罗斯的 Twitterfeed 账户：这些时间轴只提供一种类型的推帖，粉丝明确地知道他们可以从这些时间轴中得到什么（见图 9-3）。

图 9-3　MomsWhoSave（@momswhosave）会时不时地发布一条个人色彩浓郁的推帖，但大多数情况下都是向它的 8375 名粉丝发布打折信息或优惠券代码

在这种情况下，除了特价商品信息，他们什么也得不到。

这样的时间轴其实很有潜质成为出色的赚钱渠道。但是，如何建立庞大粉丝队伍将是一个挑战。由于建立这类时间轴的推客很少与粉丝交流，他们找准优势、吸引大量粉丝的难度也随之上升。

你可以算上自己的网站用户，这样就把 Twitter 时间轴变成了一种 RSS 源，以便在你发布新内容时提醒那些固定读者。

或者也可以另建一个 Twitter 时间轴，像达伦·罗斯那样交叉发布各个种类的推帖，偶尔也从专门用作销售的时间轴上转发一些推帖，与粉丝分享那些特价信息。

当然，也可以在每一封邮件中加入自己的 Twitter 地址，从而把邮箱中的联系人发展成为粉丝。

但最重要的是，必须能定期提供某种超值优惠，以留住你的粉丝。

9.5 能把分销广告链接放到 Twitter 上吗

这实在是太诱人了。你也许已经选好了一件非常棒的商品并申请到了广告代理权，如果你能成功说服人们购买这件商品，就能大赚一笔。另外，你还知道你的众多粉丝中确实有许多人真正需要这种商品。

因此，你要做的就是把链接缩短加入到某条推帖中，然后说——“变”，就变出 堆钞票来，是吗？

的确能够如此。

然而，事实却往往不会完全按照你预定的剧本上演。

与你希望通过 Twitter 销售的其他产品一样，分销广告这样的产品也必须要有针对性，以便迎合你的粉丝的需求。这样，你的读者就能感到你是真心实意地希望给他们带去利益，而不是只惦记着他们的钱包（见图 9-4）。

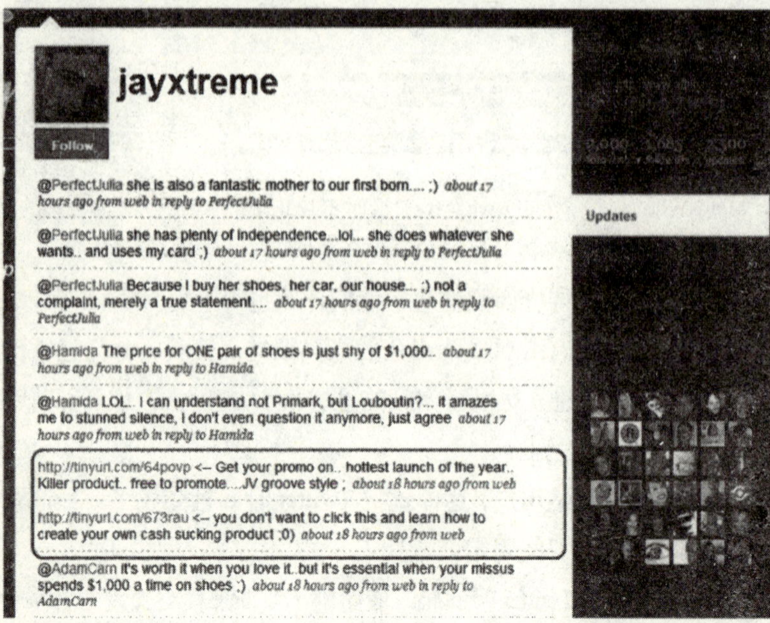

图 9-4 互联网企业家 Jamie Holt（@jayxtreme）的时间轴中零星掺杂了一些分销产品的链接

另外，与其他网站上的分销广告链接一样，向读者推荐产品本身比你把链接直接扔给读者的效果要好得多。

它还与 Twitter 上其他营销活动一样，需要你控制使用频率，不要过于频繁。务必保证其他类型的推帖数量已足够多，以此来中和营销带来的负面反应，让粉丝确实感受到你是在向他们推荐一个难得的机会。

如果还有任何疑虑，或者发现时间轴里的分销广告链接导致粉丝开始减少，那么也可以把广告放在一个网页上，然后为这个网页做宣传。

9.6 吸引粉丝去注册

如果可以利用 Twitter 建立一个品牌，那么也可以利用 Twitter 鼓励粉丝立刻购买商品。

还可以利用 Twitter 做更多的事情，只需恰当地利用推帖，说服粉丝去做即可。

比如，广受博主欢迎的一个做法是说服读者订阅他们博客的 RSS 更新。这个做法本身并不会带来收入，却能提高读者回访博客、点击广告及购买产品的几率，并降低读者错过新博文的几率。

一方面，说服粉丝这么做非常简单。如果他们喜欢你的推帖，并点击了你的博客链接以阅读文章，那他们就很可能希望在你那里读到更多内容。发一条推帖，告诉他们能够注册接收你的 RSS 更新，就足以让他们中的很多人主动向你提供电子邮箱地址。

如果能让你的邀请看上去更像是为粉丝提供某个重要的机会而不是为你带来利润，就能收到意想不到的效果。

专业活动组织者、博客作家阿莱亚·威廉斯（Alaia Williams）建议她的粉丝注册接收她的邮件时，还在文末附上一句"是时候睡觉了"，以便弱化她暗含要求的语气（见图 9-5）。

这是下线前说再见的好办法，说再见的同时告诉粉丝如何在她下线的状态下继续与她进行精神上的交流，这个办法自然是阅读她的文章。

图 9-5　阿莱亚·威廉斯（@cogentdiversion）对粉丝提出要求的口气并不委婉。但是，要注意她在提出要求后还加了一句话，这样这条推帖才不会给人以垃圾信息的错觉

任何 Twitter 用户都可以模仿 Alaia 的做法，比如：

> “今天先到这儿吧，我要去看电视了。大家可以登录 http://tinyurl.com/-afsfhi 阅读更多内容。还有，别忘了加我的邮箱。”

发现了吗？这则简短的推帖不仅推荐你的粉丝去注册，而且也为他们提供了继续阅读的地方。

如果总是能够以这种方式进行推荐，表达出你确实是在真心帮助粉丝而并非让粉丝来帮助你的意思，那么就一定能得到更好的结果，这也是个不断累积的过程。

9.7 追踪结果的同时修正策略

我明白我在网络市场营销中取得的成功不能归结为好运气。

我也很想说我的成功来自于我在网络方面超凡的天赋与兴趣。但这也不是事实，我不能这么说。起码这也是不诚实的表现。

事实上，我的网页开始盈利是因为我极度无聊。

当然，我对自己在网站上发布的内容的质量要求非常高。我明白内容必须好，否则无论把网站推广做得多么有声有色，也不会有人去浪费时间多看一眼。浏览我的网站是件有趣的事——至少，我目前的用户都是这么认为的。设计好高质量的内容之后，枯燥的工作开始了。

我会每天准确详细地记录每个广告单元是什么样子的，分布在网站的哪个位置，以及发布的广告的类型。在这些记录旁边，我还会精确记录这些广告各有多少人看过，多少点击率，以及为网页带来的收入是多少。

然后，我会改变网页的颜色或布局，亦或是某些关键词，并在一周之内坚持每天跟踪记录下改变之后的结果。

这件事做起来非常辛苦，但奇怪的是，做起来的时候要比听上去有意思得多。短短几个月下来，我就已非常清楚什么类型的广告形式、放在哪个位置、什么内容可以创造更多的点击率。我还弄清楚了哪种主题能给我带来最赚钱的关键词。

这是个重大的突破，意味着我可以有目的地安排网站内容与广告，从而使收入最大化。每次我对网站做出改变或加入新的网页，我都对其结果有了明确的预期。

这并没有让我完全控制网站赚钱的所有方面，因为网站流量和Google都像天气一样无法预测。但是我认为我已经尽可能做到最好了，并确实享受到了这种坚持和努力带来的回报。

而我之所以能搜集到这些数据，是因为AdSense提供了一些非常详细的统计数据。而一些谷歌不能提供给我的数据，可以从我的服务器日志中找到。只需通过快速运算，就很容易进行记录、跟踪与测试了。

那么，我热衷于测试网络营销动态也就不足为奇了。因为这是量化控制网站的唯一方法，同时还能避免将时间与金钱浪费在某些无谓的试验上。如果你的收入与你的预期不符，就可以迅速找出问题并加以修正。做到这一点需要你付出一段时间的努力，但是只要准确理解网站的动力何在，并找出赢利点，让网站一直保持盈利就没有任何问题了。

这个办法也同样适用于Twitter，只是存在一个问题：Twitter无法为你提供详细的统计数据——至少目前还做不到。

根据Twitter 2009年8月底发出的官方公告，Twitter确实计划在某些方面为商业用户提供统计数据。Twitter 创始人之一比兹·斯通并没有指出实施这一计划的具体时间，但我猜想到本书出版之时应该可以实现了。

同时，对于那些不想付费使用 Twitter 商用账户的人来说，Twitter 能为你提供的唯一数据就是你的关注对象人数、粉丝人数以及推帖总数。

此外，URL 缩短工具可以为你统计出每条链接的浏览次数及其点击率——这一点十分关键。

就现状来说，这些数据都很有用，但从长远来看作用不大。

对 Twitter 动态的测试与追踪包括监测你的 Twitter 数据、时间轴以及提醒服务。此外，还要对你的服务器日志进行监测。

Twitter 本身能为你展示以下信息：

- 哪种类型的推帖收到的回复最多；
- 哪种类型的推帖被转发的次数最多；
- 哪位推客的回复能给你带来最多的粉丝。

要想得到上述信息，就需要对各类推帖的不同版本进行测试。举个例子，假设你刚发布了一条与自己的公司经营毫无关系的推帖（比如，一段激发读者灵感的引言），但你认为你的粉丝可能会觉得这条推帖很有意思（见图 9-6）。

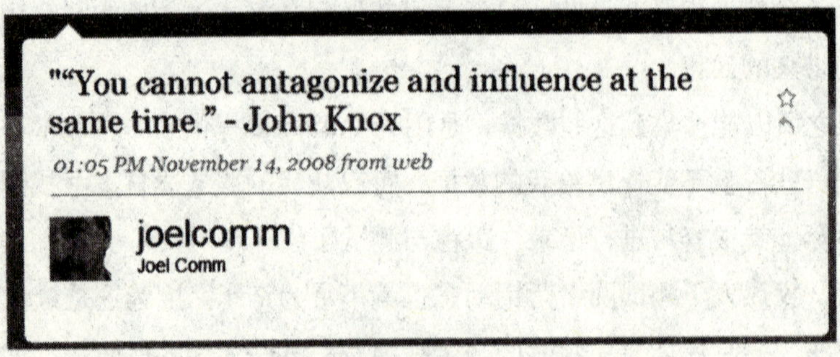

图 9-6　援引这样的名言究竟能起什么作用？有待观察……

帖子发布以后，在你的 Twitter 日志里做个记录，一天之后再来看它收到了多少条回复、被转发了多少次。

如今，对于 Twitter 来说，一天的时间是漫长的。而在博客上，通常需要一个星期才能了解其广告位置的调整或某个特殊话题的文章对博客收入的影响。在 Twitter 上，你的动作必须更加迅速。让 Twitter 将你需要的统计数据交到你手里，一天足矣。

在 Twitter 上可以实现同时发布多条推帖；但是，如果你正在进行测试，建议不要这么做。比起发布时间较早的推帖，粉丝回复新帖子的可能性更大，所以，同时发布多条推帖得出的结果不够准确。你可以每周挑选一天作为测试日进行测试，并定期调整测试日，从而让你的粉丝感觉不到任何异样，于是照常每天都来查看你的推帖。

假设你的 200 名粉丝中有 12 名回复了你发布的、用以测试的这段引言；另外，通过搜索你的用户名，你还发现有 4 名粉丝转发了这条推帖。到了第二周，再换一段引言进行测试，看两次的追踪结果是否一样。在此，我们假设两次得到的数据是相似的。

同时，你还发现，过去你的粉丝以平均每周 10 人的速度（假设的情况下）增长，而在你发布激发人灵感的引言的这几周，增长速度却达到了每周 13 人。

> 如此一来，就可以得出结论：发布激发人灵感的引言会给你带来约 12 条回复、4 次转帖以及 3 名额外的粉丝。

这个结论非常宝贵。现在，就可以把它与其他种类的推帖进行比较。假设你这次发布的推帖是提醒类推帖，目的是告诉粉丝新品发售的消息（见图 9-7）。

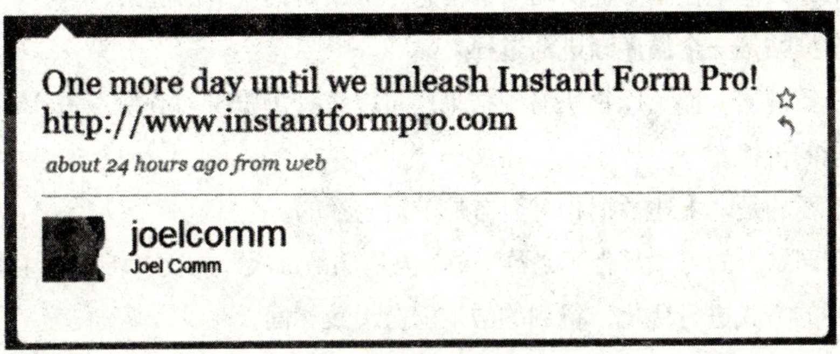

图 9-7 这条推帖又能产生何种效果

同样，你需要：

- 在日志中记录这条推帖；
- 数一数你收到的回复数量；
- 记录回复人的姓名，从而了解哪些粉丝最可能回复你的推帖；

- 根据你的用户名追踪这条推帖被提及、被转帖的数量；
- 记录推帖发布后的几小时内新增的粉丝数量。

这些数据会告诉你这条推帖对你的 Twitter 账户的影响。但是，当在推帖中加入链接时，你还会想知道多少人点击了这条链接。可以根据实际情况从你的服务器日志或 URL 缩短工具中找到这个数据。

你也许会发现带有产品链接的推帖能为你带来 6 条回复（其中 4 条来自固定粉丝）、3 次转帖以及 3 名新的粉丝。

你还发现根据服务器日志显示，推帖中的链接被点击了 8 次，并卖出了 2 件产品。

于是，你就知道这样的推帖价值 3 名新粉丝、4%的点击率及 60 美元（假设产品单价为 30 美元）。

这样算来，你似乎只要不断发送这样的推帖就行了，每发一次就能赚 60 美元，对吗？

当然没这么简单。

9.8 追踪多条消息

如果你只能记住本书提供的一条信息，那么请记住下面这条。

发布推帖是一个循序渐进的过程

写一篇博文，你可以很快看到结果。可以统计浏览量，查看点击量，以计算某个主题的价值。

最重要的是，上述数据相对而言是前后一致的。

尽管网络上的可预测性不是绝对的，但是如果每次写的文章涉及的主题相同，并以同样的方式进行优化，得到的结果就会大致相同。

但，这个规则却不适用于 Twitter。

当你发现某类推帖可以说服粉丝浏览你的网站并购买产品或点击网页上的广告，那么你很可能禁不住诱惑而在短短几个小时之内再次发布同类帖子。

但是，与上一次新增 3 名粉丝、挣 60 美元的结果相比，第二次发布的推帖没有为你带来任何新的粉丝，也没有带来任何销售额，甚至推帖中的链接也只被点击了一次。

问题出在哪儿?

显然不是出在带有链接的推帖上，因为，你已经证明了这类推帖是起作用的。

> 在这条带有链接的推帖之前发布的帖子才是问题所在。

粉丝不希望总在Twitter上收到同样内容的推帖，也不会点击你提供给他们的每一个链接。

如果想增加粉丝点击推帖中链接的几率，就应确保此前发布的推帖中不含有任何链接。

这样，他们才不会因“点击疲劳”而厌烦你。而且，由于你不会经常发布链接，你每次发出的链接才会显得更有价值。

因此，如果在网站上发售新电子书或投放了一条分销广告，并希望通过推帖引导粉丝去浏览，那么就必须事先发布五六条推帖进行铺垫，并且尽量让推帖的内容丰富有趣，或者通过这五六条推帖让人们了解到你有产品正处于准备阶段。

那么怎么才能知道推帖里应该包含哪类内容呢?

通过对时间轴的回顾。

这样，就能了解自己过去发布推帖的顺序。通过比较不同顺序带来的不同点击率及粉丝转变为读者或客户的比例，就能看出哪种顺序最有效，并以该种顺序作为发布新内容时的参考。

我们来看看这个办法在现实中是如何发挥作用的。

假设你的博客以园艺为主题。你利用Twitter在读者间建立社群，回答有关园艺的问题，为粉丝寻找有关选种和扦插的知识，当然，还要吸引他们阅读你的博客。

另外，你还与某位园艺类电子书的作者签订了协议。但是，在发布这本电子书的销售链接、催促读者去看这本书之前，需要确保这条推帖获得尽可能多的点击率。

于是，你开始回顾自己的Twitter日志，找出过去发布的包含链接的推帖中点击量最高的推帖。

你在自己的动态中找到了这条推帖，查看了推帖的具体内容。同时，你还检查了这条推帖之前发布的五、六条推帖。

假设这些推帖的内容如下文所列。

“昨天，这个春天的第一朵黄水仙开了。真漂亮！”

“正在考虑给盆景换个花盆。谁知道哪个商店的花盆质量最好？”

“新施了一层堆肥。真臭。”

“正在给叶子花浇水。真希望它没这么大，刺也没这么多。”

“美丽的春日——温暖、明媚，带一点点云彩。让阴雨再远离我们几天吧。”

可以将上述推帖依次归类：

(1) 随想型

(2) 问题型

(3) 行动型

(4) 行动型

(5) 随想型

为了保证链接到电子书的新推帖的点击率也能达到或近似于这个水平，你可以在发布之前重复以上推帖的类型顺序：

“我喜欢晚上绕着我的花园漫步，那是一个宁静而又五彩缤纷的世界！”

“苹果树开始开花了。今年蜜蜂的数量恢复过来没有？有人知道吗？”

“正在看各种小花园的设计。多了许多绝妙新创意。”

“正考虑在花园里新铺一条小径。”

“小花园也可以很美……如果精心设计的话。”

“发现约翰·史密斯写了一本有关迷你花园的书，很棒。详情请见 http://tinyurl.com/hihiyi。”

不同的发帖顺序有可能带来更多的点击量吗？当然，如果是在利用 Twitter 赚钱，稳妥才是上上策；而且，除非你坚持检测每次发布推帖后的结果，否则无法知道哪种顺序更好！

随心所欲、随时随地是使用 Twitter 的过程中最令人享受的地方。维持博客更新需要思考、需要计划，而博文本身也需要花时间去调研、去创作。但 Twitter 却不同，无论你什么时候想用直接拿来用就好，无需太多考量。

这也是 Twitter 如此广受欢迎的原因之一。

即使你正在用本章描述的方法进行测试和追踪，也可以随心所欲地发布推帖。在发布组合推帖的同时继续发布独立推帖完全没有问题，反过来也一样。

你也不用记录所有推帖的结果。选择一些有代表性的例子就足以看出不同种类的推帖与不同组合的推帖的作用。

追踪需要花费时间，也需要你给予一定的关注。但是，追踪推帖可以帮助你挖掘极有价值的信息，这意味着你不但能创造机会让推帖达到你所希望的效果，还能让这个机会出现的几率最大化。

另外，在对推帖进行记录的同时，还有一个重要因素需要牢记，这就是发布推帖的时机。

与博客不同，推帖是即时发布的，只有趁多数粉丝在线时发布，推帖才能收到最大的效果。关于发布推帖的最好时机，有各种各样的理论。一般而言，中午及一周的中间时间发布推帖的效果最好。另外还有一个万无一失的方法可以帮你确定发展你的社群的最好时机：当 Twitter 主页上出现大量新推帖时，就是你发布推帖呼吁粉丝行动起来的最好时机。

这个时机并不总是那么容易把握，特别是关注对象众多的情况下。因此，要将注意力放在一小部分人身上。注意观察你最重要的“狂热鼓吹者”的在线时间，然后伺机发布推帖（另外，当希望吸引 Twitter 上其他人的眼球时，这个方法同样奏效：最好的时机总是他们在线、正在发布推帖的时候）。

9.9 引领 Twitter 上的趋势

到目前为止，我一直都在谈论可收集到的、有关自己推帖的统计数据。其实，在 Twitter 上还可以收集到另一种数据。

可以了解其他人正在谈论的话题。

Twitter 总能为用户提供一些有关趋势的一流信息。可以在你的 Twitter 主页上找到一个热门话题列表，也可以在搜索页面上看到这个列表。更加具体、但也更有趣的信息是由搜索公司 Flaptor 的统计程序 Trendistic 提供的（www.trendistic.com）

(见图 9-8)。

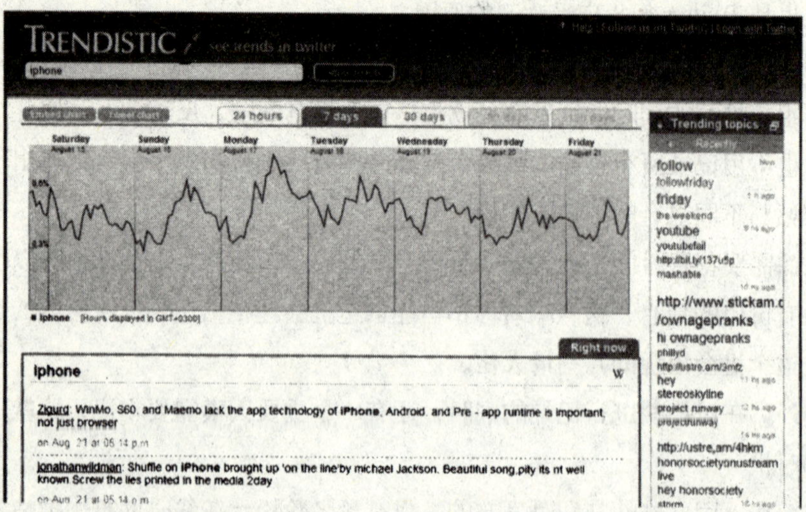

图 9-8　Trendistic 可以准确告诉你当下在 Twitter 上最红最热的话题，当然，它还能提供各个话题开始流行的精确时间

这项服务曾被称为 Twist，与 Alex 网站有点类似，可以将一定时间内用户选中的推帖主题出现的次数以图表的形式显示出来。可以输入多个词条，比较时下最流行的话题；而且，还可以放大图表，查看某个选定时间段里的具体数据。

甚至可以看到包含你所选词条的示例推帖。

屏幕的右方显示当前十大流行话题以及近期流行过的 10 个话题。

这些信息十分有趣，能为你带来许多乐趣。可以输入各种关键词，以了解“苹果电脑”是否比“个人电脑”更受欢迎，“树”是否比“花”更受欢迎，等等。

但是，你在 Trendistic 里找到的信息也非常有价值。它不仅可以帮助你了解时下流行的话题，并针对这些话题发布推帖吸引粉丝，它还意味着你可以对某个已知市场进行开发。

当然，这么做也有一定的局限性。过于偏离你发布的推帖的核心话题，就很难把读者变成粉丝；即便在此时把他们变成了粉丝，要留住他们也需付出更大的努力。

如果仅仅简单地在与流行话题毫无关联的推帖末尾加上这个话题的#标签（就

像发送垃圾邮件的人做的那样），就只会激怒其他用户。这绝不是在 Twitter 上获得成功的正确方法。

但是，如果能把自己的常用话题与某个流行主题完美结合起来，提供优秀、独特的内容，就能赢得目前正在 Twitter 上进行的最大规模论坛的超级通行证。

举个例子。假设你是园艺业的 Twitter 用户，并希望快速建立起一个粉丝队伍，从而吸引尽可能多的人点击你的链接。

扫一眼自己的 Twitter 主页即可知道当前最受欢迎的话题是"Gmail"，其次则是"主题"。你找不到任何合理的方式将园艺与 Gmail 拧到一起，但是，通过询问人们希望看到哪种鲜花主题，你就可以进入 Twitter 上有关"主题"的讨论（见图 9-9）。

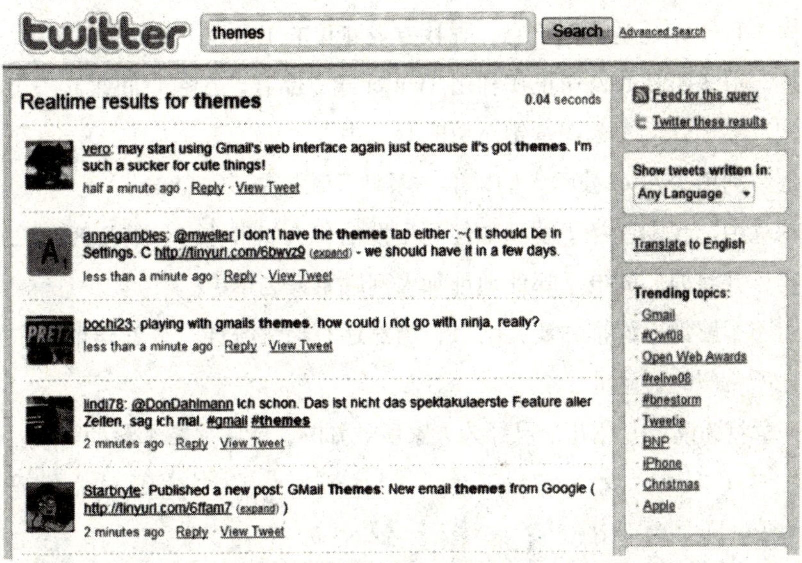

图 9-9 谁在谈论有关 themes（主题）的话题呢

在 Twitter 的搜索引擎上做个搜索，不难发现人们热烈讨论的话题正是"Gmail 的主题"，这一点完全在意料之中。搜索结果还会显示出哪些人正在参与讨论。

不幸的是，搜索结果不会显示出这些用户拥有多少粉丝。只能一一点击查看他们的 Twitter 账户，才能从中找到拥有大量读者的人。如果你还能找到几条关于园艺的推帖就更理想了。

你可以关注他们，借回复他们推帖的机会，发布自己的推帖：

"这些主题太酷了。请问可以对它们进行编辑吗？我想用一张自己花园的图片。"

如果这位 Twitter 用户回复你的推帖，自然就会把一些自己的粉丝带往你的 Twitter 主页。而针对这一热门话题，如果你的推帖能"推波助澜"，为之做出真正有价值的贡献，就有大把机会让你的讨论帖延伸到其他 Twitter 主页上去，从而给你带来更多粉丝。

在发布含有链接的推帖之前，若把上述吸引粉丝的策略作为准备工作的一部分，切实而完美地执行下来，就能获得最大化的利益。

Twitter 以各种非凡的方式运行着。通常，它是人们与其他人保持联系、结交朋友、参与讨论的有趣工具。这也是大部分人使用 Twitter 的目的。

同样，Twitter 还是挖掘信息、寻找专业建议的工具。

而且，很多明智的公司正在利用 Twitter 建立品牌，在客户间建立一个社群，并试图把产品名称深深刻在营销对象的脑海中。

但是，利用 Twitter 鼓励人们采取一系列行动也是有可能的。

在本章中，我们已经了解到如何利用推帖将人们带往自己的博客，鼓励他们进行购物，并将他们的电子邮件地址加入到联系人名单中。

我们还了解到追踪推帖及其结果，当然还有趋势统计，是怎样帮助你鼓励粉丝采取你所希望的行动的。

下一章将为读者介绍几个已经为大家所熟知的、能够立竿见影的策略。

第 10 章

几个通过 Twitter 赚钱的快速方法

Twitter 出现之后，许多人立刻发现了它的潜在商业价值。他们知道，当一个网站上有数百万的粉丝（既有个人用户，又有企业用户）聊天、建立联系时，大生意就为期不远了。

但是，也有很多人打错了算盘。他们把 Twitter 看作是一个快速致富的工具，一个一加入就能立刻挣大钱的地方。

这不是 Twitter 能做的。Twitter 的力量在于你在网站上建立起的强大人际网络。

这些联系需要时间来建立。吸引大批粉丝不是一夜之间就能实现的。发布优质推帖、定期发布推帖，的确可以带来大量粉丝，但也不要奢望短短几天内就能拥有成千上万的粉丝，除非你真的有个非常好的点子[①]。

而且，最好不要期望第一次发布推帖就能掘到第一桶金。

Twitter 所提供的不是在网络上不费吹灰之力就可以立刻赚钱的工具。只需开设多个 Twitter 账户，就能一边在夏威夷威基基海滩享受阳光浴，一边坐等钱财滚滚而来——这是不可能的。

Twitter 提供的东西更加宝贵。它提供的是一切成功之基础。

那就是信任。

据我所知，没有其他服务可以像 Twitter 这样使企业家轻而易举地让人们“了

① 2010年1月25日，中国社会科学院农村发展研究所教授于建嵘创建了“随手拍照解救乞讨儿童”的微博，里面发布了70多个孩子的照片，一天之中他的粉丝的数量就超过了7千人，最终在全国范围内掀起了一场声势浩大的民间打拐行动。——编者注

解我、喜欢我、信任我、付钱给我”，而且吸引到的人还如此之多。

在此基础上建立起来并通过充满友善的网站加以巩固的生意，往往比那些建立在一个个孤立的短期交易基础上的生意要稳定得多。

但是，这并不意味着在Twitter上不可能赚到快钱。事实恰恰相反，这是可能的。通过前文我们了解到，推客可以通过推帖鼓励粉丝点击网页上的分销广告。不但如此，推客还想到了许多别的办法将他们的Twitter活动迅速转变成利润。

本章中，我将选择几种相对高效的策略，为大家详细讲解。你可以从中挑选一二，也可以全部加以利用。这些策略已经被证实可以帮人们赚取可观的利润，因此没有理由弃之不用。

只是如果你打算使用这些策略，就必须确保它们只是你Twitter策略的一部分，而不是你在Twitter上的全部活动。如果只一心想着利用Twitter快速挣钱，将会错失一个营销良机。

10.1 利用Twitter广告赚钱

利用Twitter时间轴赚钱，广告是最容易想到的方法。如果在博客中为读者安插几则广告可以为你带来收入，这一点当然可以实现！同理，在Twitter页面上也可以为粉丝安排几则广告，以便赚取收入。

但是，也有可能不行。博客页面包含各种元素，你可以在不同的地方、以各种方式安放广告。但不论怎样做，尽量减少广告给人带来的突兀感永远是核心理念。你将广告与网页融合得越好，点击这些广告的人就越多，你挣到的钱自然也就越多。

但是在Twitter上，没有什么办法可以消除广告给人的突兀感。更糟的是，总会存在读者因为广告而退避三舍的可能性。这就好比你正与大家相谈甚欢，却突然中断谈话，目的却是向他们推荐可口可乐或某个银行的信用卡，委实令人扫兴。

这种做法不利于交谈的顺利进行，推客也总会担心用户无法接受时间轴中的广告，担心他们不再关注自己。

实践证明，这些担心大多是毫无根据的。现实中涌现出了许多服务，可以帮助需要广告宣传的人将广告传递到推客手中；而且，只要小心谨慎些，往往都能获得良好的效果。网站 SponsoredTweets.com 就是其中之一，它也是我最喜欢的一个网站。该网站有许多优点，而这些优点对于 Twitter 来说都很重要（见图 10-1）。

图 10-1 Sponsored Tweets 网站在你的时间轴中插入广告，并由你自主定价，自主创作广告词。直接在 Twitpwr.com/earn 注册即可

首先，这个网站要求百分之百的坦诚。对这类广告而言，亮明其广告身份至关重要。

但凡我主动放在网站上的分销广告链接，其指向的产品一定是我用过或试用过，觉得可以放心推荐的。如果我不确定这个产品可以使我的读者受益，那我一定不会为它做宣传的。

大多数情况下，我都没有用过在我的时间轴中做广告的产品，这些广告并非我主动发布的，我当然不希望人们觉得我是在推荐这些产品。那么，对我而言，让粉丝明白那条推帖仅仅是一则广告而非我的评论就显得至关重要了——因为这两者的区别对我的粉丝来说意义重大（见图 10-2）。

SponsoredTweets 发布的每一条广告推帖都会清楚地标明这是一条广告。这可能会减弱它的宣传效果，但却表现出你的诚意。我宁愿少赚一点钱，也不愿意失去粉丝对我的信任。因为信任是我最宝贵的财富。

图 10-2　SponsoredTweets 网站安插在我的时间轴中的一则广告。如果它看起来就像一则广告，那就一定不是出自我手笔

其次，由我掌握控制权。一些 Twitter 广告系统要求你提交密码，以便该系统可以自动地、没有任何障碍地将广告植入到你的时间轴中。我可不希望随便哪家企业都能把他们的销售信息放到我的 Twitter 时间轴里，除非我事先检查过这些信息。使用 SponsoredTweets，不仅让我有机会对这些广告信息进行检验，还给我提供了亲自编写这些广告推帖的机会。

在注册的时候，SponsoredTweets 会为你提供三种选择：发布自己编写的广告帖，发布商家编写的广告帖，也可以由系统自动在二者中任选其一。你应该选择第一种，即自己编写广告推帖，至少刚开始时应该这么做。这些帖子仍会被标记成广告，但控制权则在你的手里。如果你与广告商户建立起良好的关系，也许到一定程度之后，你们之间的信任足以让你允许他们全权负责编写广告推帖的工作。但在最初的时候，别无选择，自己写。这样，广告推帖才会呈现出你的独特风格，从而降低突兀感，提高点击率。

对广告你也可以自行定价。这一点同样重要。

SponsoredTweets 有两种付费方式。第一种，采用千人成本模式，按照你发布的广告推帖数量来付费；第二种则采用点击付费模式，按照浏览广告页面的粉丝数量及事先议定的计费标准来付费。

你还能自行设定计费标准。这就意味着这个价格永远也不会低于你对你的时间轴价值的心理预期。

但是，统计那些数据并不那么容易。众所周知，网络营销员兼博客作家约翰·周（John Chow，@johnchow）拥有近六万名粉丝，其推帖收费标准为每条

250 美元。这个价格平均到每一位粉丝似乎不高，但是，就一条推帖而言，还是相当可观的。当然，价格还会随着你的推帖主题、粉丝数量及你自身的品牌价值的变化而变化。如果你的推帖包含法律或财经类的建议与指导，并且你在业内享有盛名、备受读者信赖，你会发现广告商户会非常乐意支付更多广告费。

如果选择点击付费模式，情况也是如此。最好的方法是先注册一个谷歌 AdWords 广告账户，然后使用关键词工具为你的 SponsoredTweets 账户生成关键词标签，再用谷歌 AdWords 的“计费标准预估工具”为每个关键词找到一个对应的适中的报价。此时，谷歌就是你的竞争对手之一，因此，Google 为你提供的报价就是你将与之竞争的价格。

你至少需要拥有 200 名粉丝，才有资格发布 SponsoredTweets 广告。此外，它还要求账户的注册时间超过 4 个月。一旦开始接收广告，就务必要关注你的粉丝数量的变化。一旦发现粉丝数量在广告出现之后大幅下滑，就需要问问他们原因所在。

这恰好体现出 Twitter 的过人之处。在其他网站上，你很难从读者那里获得他们对广告的反馈意见。很大程度上只能查看数据并试图从这堆数据中猜测正在发生的事情。而在 Twitter 上，你能够及时地询问读者的想法，了解他们对广告的感觉——是很有帮助，还是生硬扎眼？也许通过询问，往往会发现问题出在广告商户或广告文案方面，而非你安插广告这件事本身。

我认为 SponsoredTweets 这个网站的前景非常可观，它还有各种收入最大化的策略可供你选择。不过，通过它挣钱的首要条件是你已拥有 200 名粉丝，并且使用 Twitter 超过四个月，更重要的是你已成功注册成为该网站的用户。

当然，还可以通过其他工具在时间轴中安插广告。Ad.ly 网站（www.ad.ly.com）提供的服务与 SponsoredTweets 提供的相似，可以按照你自己设定的价格将预先获得认可的广告安插在你的时间轴中。随着德鲁博士（Dr.Drew，@drdrew）、妮科尔·里奇（Nicole Richie，@nicolerichie）等知名推客的加入，Ad.ly 网站提供的服务正使视频广告成为主流。罗伯特·斯科博（Robert Scoble）也发布其长期赞助商希捷公司的推帖。斯科博也会明确注明这些推帖是广告，但重要的是他这么做其实是正在向公众推荐与自己相关的企业。没有人会对此感到惊讶，而且，尽管这些推帖被打上了“广告”的标志，公众仍会觉得这是私人推荐。这是一个理想的结合，但是，寻找公司赞助并不容易，除非你也在自己的领域内拥有罗伯特·斯科博在科技类读者圈中拥有的名气。

先吸引到几百名粉丝，然后再等上几个月就可以从中获取收入，这确实是一个非常简单的赚钱方法。你可以在 http://twitpwr.com/earn 上注册为 Sponsored-Tweets 的会员。

10.2 提供特殊化服务

要通过大批粉丝挣钱，在时间轴中插入广告无疑是显而易见又容易操作的方法。自称“CSS 狂人”的贾斯廷·罗克韦尔（Justin Rockwell）想出了一个更有创意的方法（见图 10-3）。

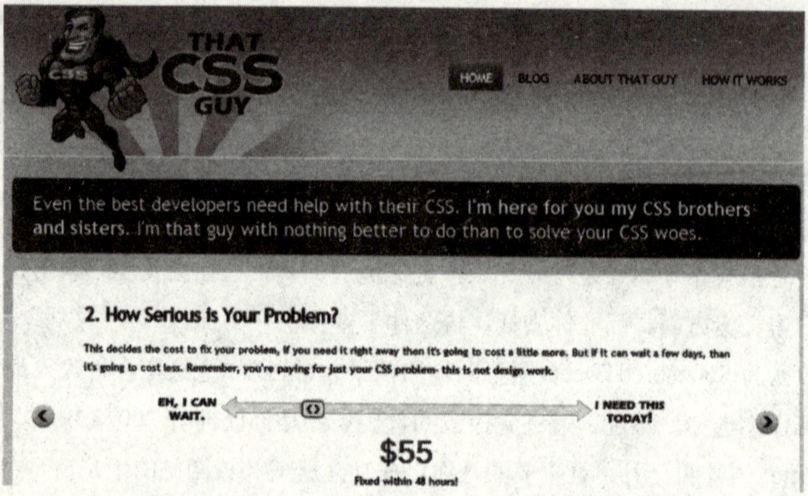

图 10-3 ThatCSSGuy.com 网站是“CSS 怪客”贾斯廷·罗克韦尔接受推客求助订单的地方，由买家自主选择他们愿意支付的价格

他利用他的时间轴@ThatCssGuy 搜索 Twitter 上碰到 CSS 问题需要帮助的人，为他们提供快捷的解决方案。此外，他还会给出一些有关 CSS 的小建议，以此来建立自己的粉丝队伍（见图 10-4）。

贾斯汀的这些做法都能免费帮他建立口碑。从事网页开发的人遇到复杂问题时可以点击他个人简介上方的链接，访问他的个人网站 www.thatcssguy.com。在这个网站上，网页开发者可以填一张表格来描述自己遇到的问题，选择愿意为解决方案支付的费用。

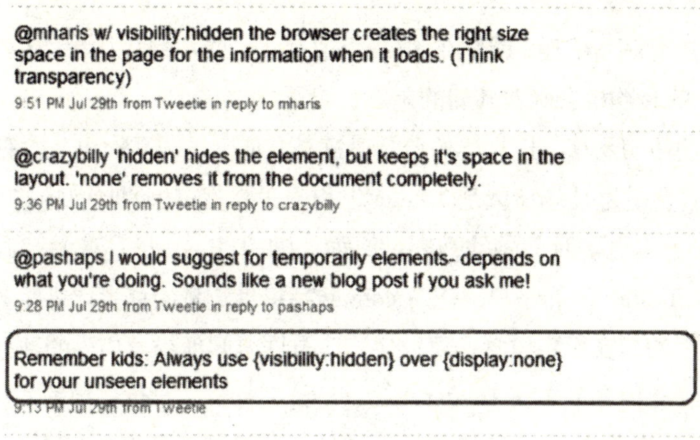

图 10-4 贾斯廷·罗克韦尔的时间轴中发布了大量有价值的技巧，足以吸引特定的粉丝。注意，这些技巧有着固定的格式，可以引发粉丝热议，并充分展示出他的专长

没错，他们可以自主选择费用。贾斯汀制作了一个简洁的电子滚动条，支付的费用越多，得到反馈的速度就越快。解决方案的起步价为 35 美元，承诺三天内回复；支付 135 美元则几乎即时就能获得他长达两小时的技术支持。

滚动条的默认值设置为 55 美元，这个做法很明智，令人觉得这是推荐价位。曾有报道称贾斯廷通过这种方式给别人提供建议每月能挣 1400 美元。而且他不必放弃白天的工作，就能为自己在固定收入以外找一份收入不错的兼职。

任何有一技之长的人，不管是什么领域，都可以模仿这个模式。园艺爱好者向人们提供收费的除草建议，又有何不可？技师可以提供修车方面的建议，教师则可以提供他所擅长的学科方面的建议。

不过，在提供建议的过程中，方式也很重要。贾斯汀在他的时间轴及其个人网站上一直营造着轻松的氛围。他总能给人以这样的印象：他给别人建议不是为了挣钱，而是因为真心诚意地喜欢帮助别人。在 Twitter 上，要吸引更多粉丝，保持这种轻松随意的氛围十分重要。

免费给予别人帮助的同时，建议人们根据自己的意愿付费以便获取更优质快捷的服务（当然，你的要价得合理），你会发现，那些真正需要你帮助的人还是很乐意为你的服务掏腰包的。

10.3 以物易物，倒卖挣钱

Twitter 上充满了机遇，就像在 eBay 上通过买入卖出挣钱一样，人们也可以利用 Twitter 上的套购机会赚取其间的差价。

这种方法简明易懂。你挑选的产品要符合“低价进、高价出”的标准。

淘这类商品的最佳场所就是 Twitter 上相当于分类广告的时间轴。Twitter 通讯录 Twellow 上有这类时间轴的列表。比如，OLX_English（@OLX_English）是 OLX.com 在 Twitter 上的账户。OLX.com 网站提供免费的分类广告服务，并定期发布一些重要的新品发售信息。要记住，还有许多其他分类广告的网站甚至报纸都会直接将补充信息发布到 Twitter 上，这就给了你大量可供选择的信息，你不用东奔西跑，就可以直接从自己的 Twitter 主页上浏览这些信息。

事实上，通过寻找并关注不同的分类广告时间轴，就能够为自己创建一个集中平台用以查看待售商品。

与一般的实物买卖一样，这种套购交易成功的关键在于你非常熟悉某个细分市场领域内的产品价格。假如试图在不熟悉的领域寻找特价商品，就很可能要为此支付市场利率。不管是 DC 动漫、福特野马汽车，还是芭比娃娃，只有专做某一类产品，才更容易找到特价产品，并转手卖出去，通过二者的差价赚取利润。

鉴于 Twitter 上产品的流动性较大，你也许会想专门创建一个时间轴用以进行商品交易。这样就能避免你的 Twitter 主页被各类商品销售信息挤爆而其他重要信息则被淹没的尴尬。但是，由于 Twitter 不可能对你看到的所有分类广告都进行过滤，要想找到自己真正需要的东西，还得下一番苦功。

可以选择使用 iList Micro（@ilistmicro）的 # 标签。iList Micro 是一项非常简洁的服务，通过它推客可以相互提供商品。与关注分类广告时间轴不同的是，使用 iList Micro 并不能接触到其他网站上发布的所有分类广告，但却可以专注于一类产品，让这个市场中的其他人知道你的存在。

Micro.ilist.com 网站本身还允许买方与卖方搜索产品。要给自己的列表增添产品，只需在推帖中加入 #ihave 或 #iwant 标签。比如，卖望远镜的人可以在介绍产品信息的推帖末尾加上 #ihave 标签（见图 10-5）。而买家既可以在 iList Micro 网站上搜索到上述帖子，也可以选择在自己的推帖中加入关键词“望远镜”与#iwant

标签。每当有人发布含有上述关键词的推帖，iList Micro 就会把该推帖的链接发给那位商人。你还可以为搜索设置地域范围，也可以只搜索包含图片的推帖。

图 10-5　是想买一架望远镜（telescope）吗

尤其对 eBay 商人来说，Twitter 为之提供了更为广阔的货品资源和销售渠道。

如果不想花钱买这些商品，还可以选择以物换物。除了简单易懂的 Twitter 分类广告以外，你还会发现有许多人提供自己的服务与物品以换取自己想要的东西，可以是实物也可能是技能。尽管这种方法不能让你致富，但你可以用一些对自己来说一文不值的东西换来价值更高的东西。这就是有利可图的交易。

Twitter 本来就不是迅速致富的工具，那么看待 Twitter 只会令你失望。Twitter 是结交朋友、拓展人脉之所，这些广阔的人脉网络最终将为你带来长期生意。也许本章中所举的简单例子能帮助你工作之余利用 Twitter 挣一点儿小钱，但对于真正的企业家来说，这并不是 Twitter 真正的用途。

在下一章中，读者将了解到一些让 Twitter 发挥更大作用的工具。

第 11 章

Twitter.com 之外：需要了解的第三方工具

Twitter 真正有趣的地方在于它提供了大量插件供用户选择。Twitter 允许程序员编写应用程序供所有用户使用，从而赋予 Twitter 更大的影响力。

有些程序有点古怪（我到目前为止还未发现 Twitter in Second Life 这个程序的可取之处）。但是，有些程序确实是非常有用的（比如，有各种应用程序可以让你不用打开浏览器就能发布或关注推帖）。

这种尝试新鲜事物的兴奋感会持续几个小时——这正是有技术头脑的人乐此不疲的。

另一方面，如果希望跳过繁琐的试用环节而使用到最有帮助的应用程序，下面这些程序相信能满足你这个愿望。

11.1 SocialOomph

在 Twitter 上关注某些人，他们很可能会反过来关注你。这并没有百分百的保证，但的确屡试不爽。正因如此，赢得粉丝的策略之一就是尽可能关注更多的人。

这条策略之所以屡试不爽，是因为回报性关注是有礼貌的体现。如果有人关注你，似乎只有反过来关注他们才是正确的做法。正如我先前所述，这个策略算不上是最明智的，因为它会让你看上去像是个发送垃圾邮件的人，而且，你也不可能紧密关注一长串名单上的所有人，但许多人还是选择了这种做法。

简单是许多人选择这种做法的原因。SocialOomph（www.SocialOomph.com）

可以为你设置自动关注。无论什么时候一旦有人关注你，你都会自动关注他们（见图 11-1）。

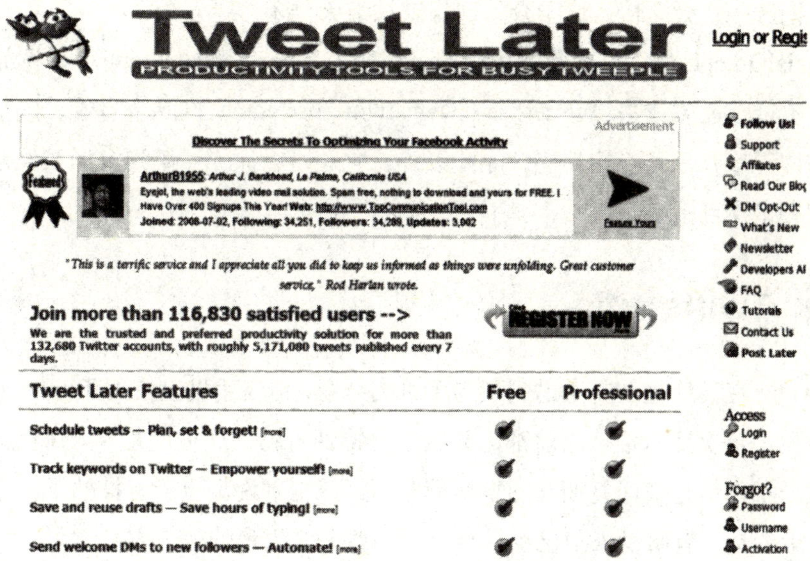

图 11-1　通过 SocialOomph 你可以预先设定推帖

这是一个非常有用的功能，但并不是这个程序的主要功能。

SocialOomph 最有价值之处是它可以帮助你事先设置好推帖，就像一个自动回复工具那样。

目前，这个功能真的很有用。

它意味着即使你在睡觉、在工作或与孩子们共度周末，你也可以让时间轴一直保持运转状态。当然，你不能让自己的时间轴给人错误的印象。明明在温泉中心度假，当然不能发推帖说自己正在努力创作博客，但是你可以准备一些随想类推帖以及其他推帖，让时间轴保持在活跃状态。

最有用的是，可以利用 SocialOomph 准备一系列推帖，把你的粉丝引到一个你希望他们点击的链接上去。

SocialOomph 还具有关键词提醒功能及自动致谢功能。前者可能有用，而后者则需谨慎使用。在他人眼中，充斥着个人致谢推帖的时间轴是乏味的，无论你感谢的是个人还是他的推帖，都一样。SocialOomph 建议你通过发送私密消息的方式发送欢迎信息，我却认为这也算不得好主意。对于那些回复你的推帖或称赞你的产品的人，提及他们的名字也能为你带来回报，你应该把这些回报积攒起来。等到你把这些感激之情公诸于众，回报就被最大化了。

SocialOomph 是一个免费应用程序，直接去 www.SocialOomph.com 网站下载即可。不过，还应该去 Twittertise（www.twittertise.com）网站上看看。这个网站拥有与该程序几乎同样的功能，除此以外，它还可以让你了解到安插在推帖中的链接拥有多少点击率。

11.2 Twitterrific

Twitter 在设计之初就考虑到了与手机的结合，但在手机上使用 Twitter 却一直不够方便。每次发布推帖之前都需要拨一个特别号码，这有点儿令人讨厌。如果你连发送私密信息或回复朋友的推帖都做不到，更别说浏览所有推帖了。

幸运的是，有研发人员已经设计出了一些非常出色的变通方案。

Twitterrific 是 Twitter 网站在苹果电脑上的一个客户端。这个软件可以显示粉丝发布的推帖，并允许你回复这些推帖。程序的界面引人入胜，妙趣横生，重要的是使用该程序就不必在浏览器中打开 Twitter 主页面（见图 11-2）。

图 11-2　Twitterrifc 让你将 Twitter 放进口袋

Twitterrific 最大的优点是可以在 iPhone 手机上使用。它为此开发了一个迷你浏览器，这样即使你点击某个链接，时间轴也不会消失，并让自己的粉丝知道你的位置。

对于出门在外的推客来说，Twitterific 是一个非常实用的程序。可以到 Icon Factory 的网站上下载，网址是 http://iconfactory.com/software/twitterrific。该程序的免费版植入有赞助商的广告，但花几美元就可以购买无广告的版本。

11.3 Twhirl

对于 iPhone 用户来说，Twitterrific 应该是个很酷、很实用的应用程序（此外，iPhone 手机软件专卖店里的 Tweetie 软件也很棒）。其他品牌的手机用户也不必着急，大可使用其他程序实现同样的功能，例如，含有电子邮件功能的手机可以试试 TwitterMail 程序（www.twittermail.com），Java 手机则可以使用 Cellity 程序（www.cellity.com），黑莓手机可使用 Blackbird 程序（http://dossy.org/twitter/blackbird/）。

对于台式电脑用户来说，Twitterrific 也存在一定的局限性。该软件只能在 Mac 上使用。PC 机的用户得寻找其他的 Twitter 客户端。很多人选择了 Seesmic 网站的 Twhirl 程序（见图 11-3）。

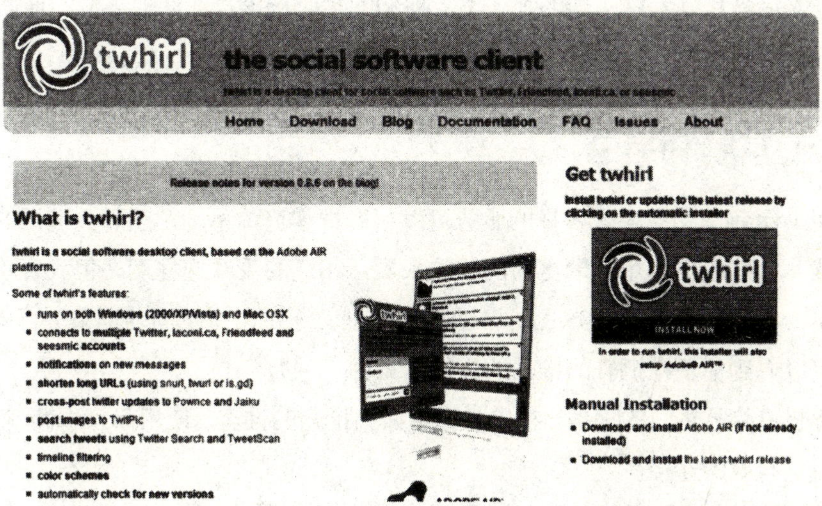

图 11-3　通过 Twhirl，即使是台式电脑用户，也能离线发布推帖

和 Twitterrific 一样，Twhirl 也能把推客从 Twitter 主页面中解放出来，发布、接收推帖均可在一个具有吸引力、类似即时消息风格的客户端上完成。同时，这个程序还集合了很多其他有用的功能，比如自动缩短 URL 地址功能、搜索功能以及在 TwitPic 上发布图片的功能。Twhirl 程序运行的基础是 Adobe AIR 软件。因此，必须先下载 Adobe AIR，然后才能使用 Twhirl。好在这两个程序都是免费的，从 www.twhirl.org 上下载即可。

11.4 Twitterfeed

我已经不止一次在本书中提到 Twitterfeed 了。只要花点时间看些推帖，就会碰到许多实例，能够证明这个程序确实有用。

通过 Twitterfeed，可以把某种特定类型的内容添加到你的时间轴中，方便快捷而且实用。但要记住一点，Twitterfeed 在方便你将博客更新同步到 Twitter 上的同时，也抹杀了 Twitter 账户本身应具备的人性化。如果你的博客十分受欢迎，可以专门建立一个 Twitter 账户，并通过 Twitterfeed 使之与博客的更新同步，这样或许能获得成功。

但对于大多数人而言，Twitterfeed 的更新只能是其所有推帖的一种，是他们设置好之后就可以置之不理的那一类，他们的重心应该放在其他类型的推帖上。

只需在 www.twitterfeed.com 上注册即可免费使用 Twitterfeed。

11.5 Trendistic

在 Twitter 上，有各式各样的服务可以帮助推客追踪不同话题和关键词的受欢迎程度。有些程序使用频繁更新的标签来显示相应的受欢迎程度，但我喜欢的是 Trendistic 设计的图标。这些图标既准确又详细，还可以对不同的词条进行比较，甚至可以看到你正在调查的推帖的实例（见图 11-4）。

要想追踪最热门的词条、找出与你有共同话题的推客，使用 Trendistic 应该是一个行之有效的途径。

不仅有效，而且简单明了。

可以登录 trendistics.com 找到该程序。

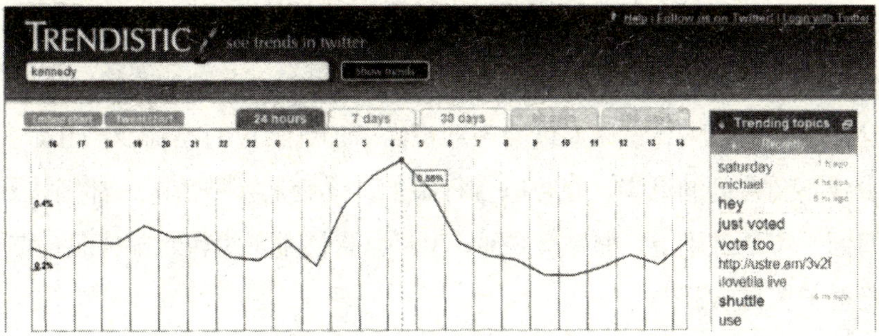

图 11-4 Trendistic 把看图表也变成了一件赏心乐事

11.6 Twellow

Trendistics 能够帮助你找到志同道合的人，而 Twellow 则能够大大简化这个过程。Twellow 由 WebProNews 负责经营管理，本可算作社会化媒体界的“大黄页”，但是它的实际经营方式更像是 Twitter 版的雅虎（见图 11-5）。

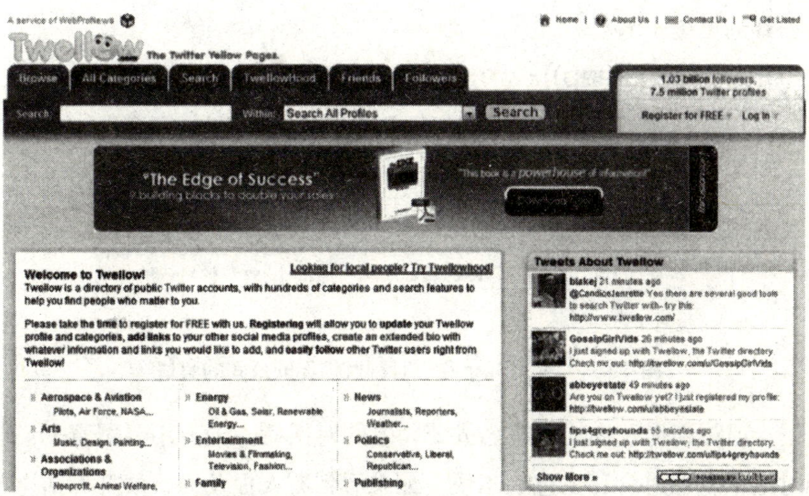

图 11-5 Twellow：Twitter 的“大黄页”

Twellow 网站追踪 Twitter 上进行的谈话，并对谈话背后的推客进行分类。点击其中一个类别，就可以看到该类别下所有推客的清单。清单中包括推帖实例、个人信息、头像以及粉丝的数量。

对于那些正在寻找既有趣又有交往价值的关注对象的人来说，这是一个极好的资源。

当然，对于希望被关注的推客来说，Twellow 也具有其独特的价值。

一旦开始发布推帖，该网站就会自动将你添加到相应的类别中；但如果你在其网站上找不到自己的名字，也可以自行添加。无论是哪种情况，都应该看一看自己被归到了哪个类别下，如果有必要，也可以自己手工编辑这些信息；要知道，这么做绝对是值得的。

要使用 Twellow，请登录 www.twellow.com。

11.7 TweetBeep

Twellow 网站能告诉你其他人喜欢谈论的内容，但是你应该也很想知道哪些人正在谈论你感兴趣的话题。

正如我曾提到的，每当 Twitter 上有人提到你设定的关键词，TweetBeep 就会发出常规提醒。对于任何一名希望通过微博进行市场营销的人来说，TweetBeep 是必备利器（见图 11-6）。

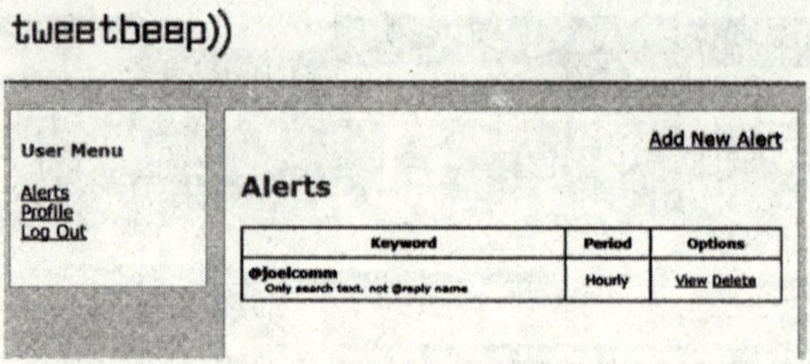

图 11-6　TweetBeep 帮你时刻监控你的公司的舆情

记住，追踪到提及你的用户名或公司名的对话后，千万不要冒冒失失地径直加入到对话中，那总会让人感到不快。如果看到有人提及你，展开对话之前先关注这个人是比较好的选择。

可以在 www.tweetbeep.com 上直接设置自己的关键词提醒。

11.8 TwitterCounter

在寻找关注对象时，要想了解某个账户的影响力，还可以利用另一种更有用的计算模型——粉丝的增长率。

在追踪自己的推帖及其效果时，得到二者的数据很方便；但是，在查看其他人的个人资料时，却不能确定他的粉丝是否是在一年前就有了的，也不清楚他的推帖是否仍具有吸引力。

TwitterCounter 可以为你解决这一难题，帮助你看到某时间段内其他推客的粉丝数量（见图 11-7）。

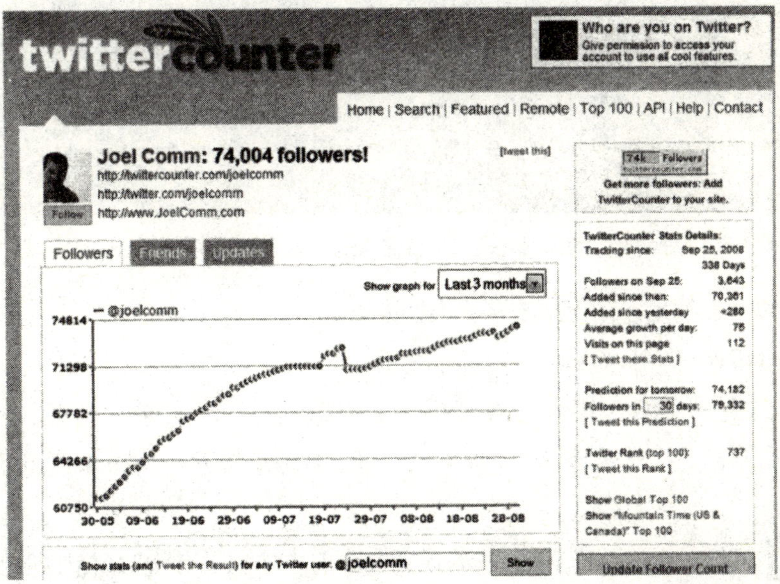

图 11-7 在 Twitter 上，数字并非全部，但 TwitterCounter 的增长曲线图提供的数据还是有点意思的

只要在 TwitterCounter 的网站上输入推客的名字，你就会收到一张图表，上面会显示这位推客的粉丝数量在过去一个星期内的增减情况。

这个工具既不乏趣味性，又相当实用，尤其是在你寻找关注对象或你想了解某个粉丝情况的时候。

快来 www.twittercounter.com 体验一下吧。

11.9 TweetDeck

Twitter 的优势在于它的简洁性。短小精悍的帖子、简短的回复以及快节奏的对话构成了这个简单实用的交流工具。但是，Twitter 自身也存在着较大局限性。

比如，在 Twitter 上追踪谈话不太容易。你可能会同时进行好几场对话，并且交谈对象不只一个，话题也不尽相同。当新的推帖进来时，其他对话就会被最新的这一条挤下去，你就很难再跟上这些对话节奏（见图 11-8）。

图 11-8 TweetDeck 为同时进行多项任务操作的推客提供了一个便利的控制面板

Twitter 也不允许你根据主题给推帖分组。

TweetDeck 则可以帮助你实现这一点。

对于那些拥有大量粉丝的人来说，这个工具是不可或缺的。利用它，就可以创建多个专栏，并根据话题将它们分门别类。这是最接近 Facebook 群组功能的方法。

这个工具对于追踪带有#标签的谈话和当前事件也很有帮助。由于推帖是实时更新的，因此无需刷新页面就可以看到最新的交谈与推帖更新。

使用这个程序之前也需要先安装 Adobe AIR 程序，www.tweetdeck.com 网站上就可免费下载。

写作本书时，我已经开始测试另一个适用于台式电脑的 Twitter 客户端。这个名为 TweetGlide.com 的客户端比起 TweetDeck 似乎更胜一筹，值得一试。

11.10 TwitThis

严格来看，TwitThis 不算 Twitter 应用程序。尽管如此，它仍是一个有用的程序，可作为利用 Twitter 进行市场营销的基础工具（见图 11-9）。

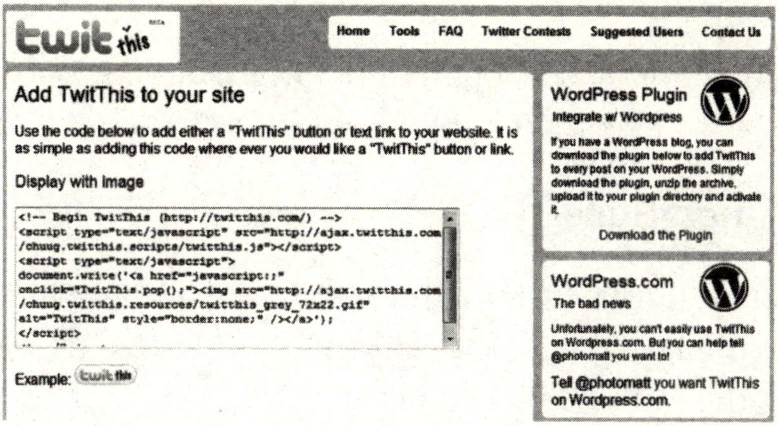

图 11-9 利用 TwitThis 展开及时的、大规模的市场营销

大家应该都见过博客总喜欢在文章最后敦促人们将文章推荐到 Digg 网或 StumbleUpon 网上。有了 TwitThis，你同样也可以建议人们把网页的地址连同一个简短的介绍发给他们在 Twitter 上的粉丝。

这个简单、高效的办法可以帮助你的博客或网站强化 Twitter 的影响力。

来 www.twitthis.com 设置你的按钮吧。

11.11 TweetAways

最成功的 Twitter 营销方式之一就是竞争性免费赠品。企业已经通过赠送各种礼品（如书、演出门票、相机、电脑等，无所不包），既赚足了公众眼球，也获得了不错的曝光度。最常用的方法是邀请人们关注你，并替你转发含有链接与#标签的推帖，以便识别，然后，你只需在固定的时间段内随机挑选一条推帖作为获奖推帖，并以私密消息的方式通知获奖者。

不得不说这个方法过于直白，但其展示的威力确实强大。只需少数几个人将他们期盼获奖的消息告诉其粉丝，你的推帖就会在 Twitter 上流传开来。你提供的奖品越有价值，推帖传播的速度自然也就越快，范围也就越广。

相对而言，最难操作的其实是选定获胜者，这也正是 TweetAways 这样的工具得以发挥专长的地方。它会承担最困难的这部分工作，追踪所有符合要求的推帖，然后在你设定的时间段内随机选出一位幸运者。你要做的只是汇总获奖者的名单和地址，安排发货。

可以在 www.tweetaways.com 上找到这个工具。另外，还可以去 www.twiveaway.com 网站看看，上面提供的软件功能与 TweetAways 相似。

11.12 HootSuite

HootSuite 是为专业商务推客设计的综合性客户端。它允许多个用户同时对一个账户进行操作，追踪多个时间轴与统计数据，并对品牌进行监控——所有这一切工作都可由一个软件完成（见图 11-10）。

图 11-10 HootSuite 自称是“专业 Twitter 客户端”

一旦你开始认真对待 Twitter 营销时，你很可能就会选择 HootSuite——尤其是它还是一个免费使用的程序。有了这个程序，Twitter 商业用途所需的各个核心元素的操作都变得简单起来。

在 www.hootsuite.com 网站上可下载此程序。

11.13 TwitPic

最后要介绍的 TwitPic 可能算是 Twitter 上使用最广泛的扩展功能（见图 11-11）。这个程序允许推客在推帖中加入图片一并发布；更确切地说，它允许推客在推帖中添加 TwitPic.com 网站图片的链接。

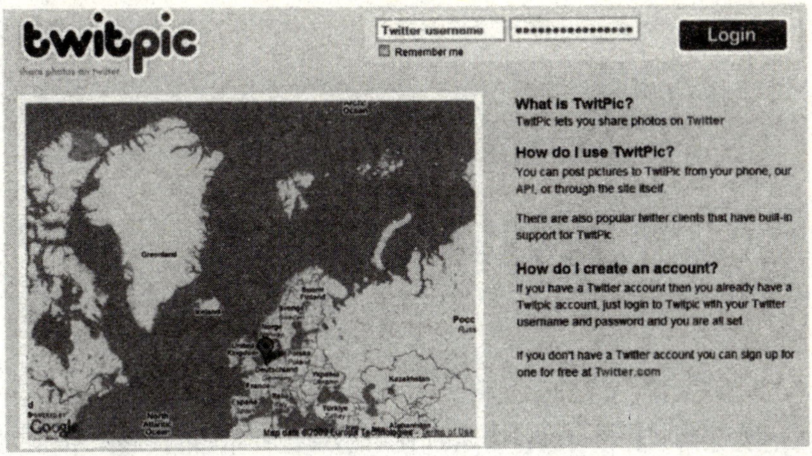

图 11-11　TwitPic 可以给你的推帖增加图片，这也许是 Twitter 最受欢迎的延展服务了

可以通过各种 Twitter 客户端上传照片，带照相功能的手机上使用的 Twitter 客户端也可以。步骤很简单：拍照，打开 Twitter 客户端，选择相片上传。你的粉丝可以在照片下方添加评论，以一种全新的方式展开讨论。

至于上传何种类型的图片，TwitPic 对此没有任何限制。如果图片可以增加推帖的趣味性，给你的时间轴添加更多个人特色，并更好地诠释你所谈论的内容，那这个程序对你来说肯定是有百利而无一害。

可以在 www.twitpic.com 网站以及你的 Twitter 客户端上找到这个工具。

以上仅是一些我目前发现并认为非常有实用价值的 Twitter 工具。除此之外，还有许多其他功能各异、五彩纷呈的工具。几乎每天都有新的工具涌现出来，它们往往拥有更好的界面、更多功能以及更精巧的设计。

你可以花几个小时把它们都下载下来试用，直到找到最适合你的为止，然后用这些程序组建属于自己的“工具箱”。由于不少软件的功能都很类似，因此如何选择全凭个人喜好。

无论如何选择，总体而言，你的工具箱应囊括以下几种功能：帮助你寻找关注对象，追踪关键词，管理粉丝以及轻松发帖、回帖等。上述功能均为基础功能，只要你想在 Twitter 营销方面有所建树，都会用到。

第 12 章

在 Twitter 平台上建立有效的解决方案

我们已经了解了许多可以让 Twitter 使用起来更加简便的扩展程序和工具。事实上，许多推客在完成账户注册之后就再也没有访问过 Twitter 主页面，与该网站及其他推客的所有互动都通过 Twhirl 和 Twitterrific 这样的客户端来完成。

然而，那些软件并不都是以营利为目的的专业软件公司制作的。许多程序都是一些懂得编程并想让其他推客的生活更美好的 Twitter 爱好者设计的。比如，TwitPic 就是软件工程师 Noah Everett（@noaheverett）的杰作。毫无疑问，负责其他程序研发的公司至少都已将一只眼睛对准了钱，它们的目的是推出优质的产品来满足消费者的需求，从而获取利润。例如，Twitterrific 就是由 20 世纪 90 年代中期成立的 Icon Factory 公司开发的。这家公司由设计人员和编程人员组成。

但是，无论这些程序的研发者是个人还是企业，Twitter 创始人最明智的决定之一就是开放 API，这是他们得以在 Twitter 基础上制作应用程序的必要前提。

在本章中，我将解释什么是 API，Twitter 的 API 有何作用，以及它能为你做些什么。

API 是个相当先进的东西，也是在 Twitter 上取得成功的必要环节。即使你不会编程也不知道 API 与苹果之间的区别，你仍然可以利用 Twitter 支配属于你的那个市场。由其他研发人员替推客完成 API 的工作，而作为推客的你则直接享受其成果，这本就无可厚非。

但是，若能掌握一些 API 的基本知识，则可以为个人和企业创造更多受益的机会。技多不压身，稍作了解，又有何妨。

12.1 那么，API到底是什么

API即应用程序编程接口（Application Programming Interface）的英文首字母缩写。它是一种语言，是能让程序与程序相互交谈的一门特殊语言。比如，如果有程序可以实现把所有提及公司名称的推帖分类，并转发给精心挑选出来的员工去回复，那就没有什么能阻止你开发这个程序。但是，该程序的运行需要接入到Twitter中，提出数据需求，并能够下载这些数据。

这些应用程序与Twitter交流的接口就是API。

事实上，Twitter有两种不同的API。REST API可以让应用程序与Twitter的服务器连接上，进入时间轴，发布推帖，发送私密信息，关注用户等，进行推客可以在Twitter网站上进行的所有活动。

Search API则可以让应用程序搜索Twitter的数据库，并从中下载选定的信息。

如此对API分工在实际应用中确实不够理想，也有将两者合并的一些设计。但是目前，的确存在两种不同的API，任何希望实现上述两个功能的应用程序都必须同时使用这两类API。很多人都是这么做的。

另外，Twitter还有第三种途径允许开发人员进入其服务器。数据源（Data feed）可以直接进入数据库并下载数据，但它们不允许应用程序与Twitter交流或发布“发布推帖”、“关注用户”等指令。

正如你看到的，有许多方法可供开发人员与Twitter沟通。不论他们采用哪种方式，API（或数据源）本身并不聪明，唯有开发人员合理利用API的成果才是智慧的体现。

12.2 API可以为你做什么？让你的Twitter经历自动化

在上一章中，我列举了一些基于Twitter的API建立的、最有用的应用程序。只要看看那个简短的列表，你就会发现，即使句法简单，Twitter也能为用户带来各种利益，从提醒类推帖、自动发送推帖到综合性客户端；综合性客户端还允许各个团队成员进入同一个账户，管理不同账户，并实时监控Twitter。

Twitter应用程序最突出的功能就是自动化。要想不用每天登录Twitter检查哪些人回复了你的推帖或提及了你的公司，你完全可以编写一个程序来代替你完成上述工作。例如，每当有人在推帖中同时提到“漏洞”和你的软件产品时，你就可以利用你的应用程序自动发送一条推帖询问他们是否需要帮助，也可以邀请他们打开服务票据（service ticket）。

但是，我并不建议你这么做。除非你每天都能找到数十个投诉推帖（如果真是这种情况，我想你的问题基本已经超出Twitter可解决的范围了），你最好亲自回复这些推帖，而不是依靠那些自动化的程序。这不需要很长时间，反而能体现出你对他人评价的关心，体现出你的责任感。

不过，你完全可以设定一个程序，定期随机发布一条引言，以保持时间轴的活力；也可以定期发布一些与你的产品有关的小建议。这样，既能减轻你的工作量，也能在一定程度上保持时间轴的吸引力。

也可以制作一个程序记录所有提到你的公司、你的产品甚至你所在行业的推帖。Twitter 的搜索引擎是出了名的不牢靠。旧推帖经常无法在搜索结果中显示出来；尽管你也可以在谷歌上搜索具体的推帖（时间轴的搜索格式为：[关键词] www.twitter.com/［用户名]），但如果要确保不遗漏任何有价值的信息，还是设置为自动下载所有这类推帖更稳妥。

另外，还可以给程序添加重复发布推帖功能。我们已经看到，Twitter 的确有一些工具供你放在自己的页面上。但是，制作自己的应用程序可以允许你明确选择需要重新发布的推帖类型。因此，你可以选择那些提及你的产品及行业新闻的推帖，甚至可以为推帖设置区域限制，比如选定一个地区为圆心，然后设定半径，选择在此圆圈内发布的推帖。甚至可以允许程序用户与那些推客交流。

假设你有一家有关亚洲古董的网站。你可以编写一个应用程序去搜索 Twitter 上任何涉及各种亚洲古董的推帖，并在自己网站上专门开辟一个版块来转发这些推帖。方便收藏家访问你的网站，阅读网站内容，并与其他古董爱好者进行实时交流，这一切却都不需要他们登录自己的 Twitter 账户。你还能想到哪些有助于自己在线经营的功能呢？不要着急，你大可以展开你的想象力。

你甚至可以设计一个本身就会赚钱的应用程序。

当然，那并不容易做到。网络中已经有成千上万种应用程序，而且大多数都是免费的。但这并不表示市场上没有收费的程序。尽管还没有得到完整的数据，但

Twitterific 的免费应用程序无疑是推广其无广告优质服务版本的绝佳工具。HootSuite 正在计划收费，一旦有足够多的人认识到它的巨大价值，它大概就会付诸行动。

只要你能想到应用程序的创意，并且该创意可以提供真正有价值的服务，就当然可以尝试直接收费或寻找广告赞助，让这个程序成为本身就能赚钱的赚钱工具。

12.3 编写你的 Twitter 程序

如果你懂些编程，就可以按自己的设计编写出相应的应用程序。但我不是程序员，这本书也不是应用程序编程指南。我们公司制作的应用程序 TwitPwr.com 以及我们开发的 iPhone iFart 程序都是公司自己的程序员编写的，我没有编写过一行代码。

由此可见，即使你不是一名程序员，API 仍然可以为你带来巨大的利益，只要雇佣研发人员为你做这些大量的数字信息处理工作即可。

在 Twitter 页面最下方，你会找到标有 API 字样的链接。点击这个链接，就会被带到 Twitter 的 API 协作页面（见图 12-1）。

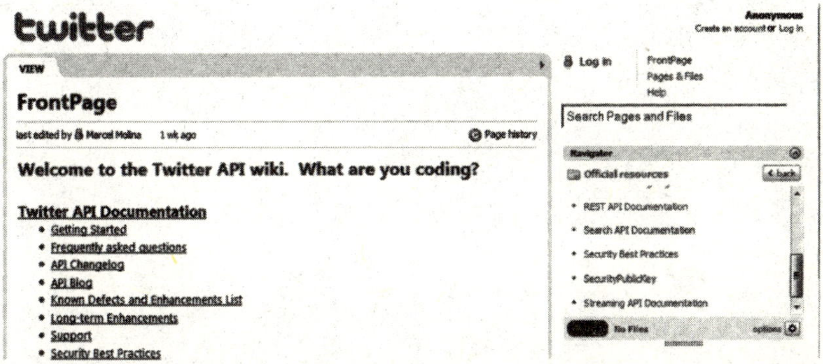

图 12-1　Twitter 的 API 协作页面拥有丰富的资源，是寻找编程人员的不二选择

这个页面包含了大量 Twitter 的 API 的信息及功能。但对于编程的门外汉来说，这个页面最大的用处是寻找愿为你工作的研发人员。就在协作页面下方的“社区资源”一栏中，可以找到标有“求职中的研发人员”的链接。点击这个链接，就可以看到整个页面上都是准备着为你服务的程序员的个人信息——当然，查看他的信息是要支付一定费用的。

在你雇用某个程序员之前，一定要浏览他们的网页并阅读其推帖。这样，就可以很好地了解他们的性格以及与他们合作的难易程度。

但是，你必须确定即将研发的程序应具备什么功能，这是首要的。研发人员可以为你提供想法和建议，但你作为指挥者，发出的指示越清楚，结果就越好。

编写一个应用软件需要做大量的工作。但是，一旦开发成功，它不但能够为你减轻大量的工作负担，还能为你赚钱。如果你灵光忽现，冒出了有关 Twitter 应用程序开发的创意，别匆匆掠过，这本身确实是一件值得深入挖掘的事。

第 13 章

总　　结

根据前文可以看出，Twitter 能在极简之中蕴育出极为强大的力量。推客通过 Twitter 的服务相互联系，构成了一个巨大的关系网，人人都可在其中自得其乐；同时，许多商家也已经发现微博能够对社区的紧密性、网站的流量、客户关系及品牌的影响力产生深远的影响。

它使用方便，乐趣无穷，而且成效显著。

但是，我希望能帮你把它变得更简单，更容易操控。每启用一个新工具，总要花时间去摸索，以便对系统的工作方式有一定的认识，并找到让工具尽其所能的方法。

这段经历可能让你收获颇丰，但不免会存在风险。

因为在看不到结果的摸索阶段里，商业用户可能会心生动摇，不知道自己努力了半天图的是什么。他们并没看到流量的增加，也没看到销售的增长，粉丝增多的速度也不足以对其品牌产生影响。

于是，他们感觉乏了、倦了、厌了，便停止了摸索。

这段时间就变成了巨大的浪费。

在你建立粉丝队伍之初，Twitter 的好处与乐趣并不会马上展现出来。当你的账户建立起来并开始飞速运转，当你有了特定的圈子并能在一起天南海北神侃一番，当你看到人们通过点击你的网站上的链接去访问你的 Twitter 时间轴（反之亦然）的时候，你才会真正体味到 Twitter 的好处和乐趣。

在本章中，我将为你介绍 30 天掌控 Twitter 的方案，帮助你尽快达到上述境界。

诚然，即使你严格按照我的建议步步为营，我也无法承诺你在 30 天后就一定能拥有 1000 名粉丝或任何其他类似结果。你所能取得的成绩，很大程度上取决于你确立的主题本身——当然，还涉及你发布的推帖的质量。

一旦你的时间轴建立好了，就必须继续每天发帖，回帖，增加新的粉丝。日常目标在上述基本活动之外。

显然，要为自己在 Twitter 上获得成功奠定基础，我的"30 天计划"不是唯一的办法，但它却可以帮助你的账户迅速运转起来，并在短时间内见效，如果你一时没有更好的主意，不妨耐着性子坚持一个月，相信你只要领悟了本书的精髓，30 天后，你定能成为引领一方的"围脖"达人。

30 天玩转 Twitter

第 1 天　注册与安顿

先从填写注册表开始。在个人品牌、网站与公司之间选定一个作为你第一个 Twitter 时间轴的推广目标，选择一个恰如其分、简短好记的用户名，再写一段短小精悍、精彩绝伦的个人介绍。采用本书为你介绍的模板可以让这个过程变得容易些。记住，此时你可以随时对此进行修改。

在第一次使用 Twitter 的用户眼中，Twitter 可能是个奇怪的地方。相互之间并不认识，却都在发布一些古怪的推帖，描述各自所谓的状态，不但如此，他们还总喜欢抢着回答陌生人的问题。

这就是 Twitter 的真实面目。因此，第一天应该花一点时间去了解几个粉丝，阅读他人的推帖。你会发现你也开始乐此不疲。

也可以在第一天就注册 TweetBeep 的账户，为你的企业名称和产品定制提醒服务。你会十分惊讶地发现有些人已经在谈论你了。

第 2 天　制作背景图案

第二天要留给你发挥你的艺术创造力。背景图案很重要，一定要认真把它做好，这是百分之百值得的。使用免费模板能让你不费吹灰之力就搞定一幅，但是，如果让设计师为你添加一些独特的元素或者索性自己摸索着进行设计，你的背景效果则会更好。

我的建议是去 Twitterank 网上看看那些最杰出的推客所使用的背景图案，以作参考。

第 3 天 阅读

很快你就将准备一大堆推帖供你的新粉丝阅读，因此，今天你应该给自己留点时间去阅读。浏览帖子很有意思，但此刻并非寻求娱乐之时，你务必要批判性地阅读。阅读的重点放在你将要发布的推帖的主题上，留意那些能够引发回复的推帖，并注意参与到讨论中的人。

你可能会发现，虽然有大量的粉丝愿意阅读特定主题的推帖，在讨论中表现活跃的人仍然为数不多。

但是，暂时不要关注他人。当那些推客访问你的时间轴时，你应该有早已备好的推帖供他们阅读品鉴。

第 4 天 编写第一条推帖

这一天是推帖发布日。下载并安装一个诸如Twhirl或Twitterrific这样的Twitter客户端后，就不必一直开着浏览器了。每隔几个小时，就你的所做、所想写个简短的帖子发布。

不要担心自己会写出可笑的东西——记住，推帖是可以删除的——但应尽量赋予推帖娱乐性与趣味性。开始享受吧！不过，要记住从这天开始你就要每天都发布推帖了。

第 5 天 开始关注

这下该切入正题了。到目前为止，你可能已经迫不及待地想要吸引一大批粉丝了。你的阅读已经让推客中的部分业内人士知晓了你的存在，再加上你已经准备好了大量推帖供回访者阅读，因此，你已经为关注这些业内人士做好万全的准备工作了。

点击“关注”按钮，并观察他们中有哪些人也反过来关注你。第五天结束前，你就会发现自己已经吸引到第一批粉丝了——这很可能是最重要的一批。

别为这一点成绩沾沾自喜，不要忘记继续发布推帖！

第 6 天 添加朋友和熟人——并开始回复推帖

找一找你在 Twitter 上的朋友、熟人及联系人，扩充你粉丝名单的规模。你可能找不到太多人，但是至少可以找到一些。一旦你将他们加为关注对象，在回复他们的推帖时就不要有心理负担。尽管也可以直接给他们发送私密消息，但你对他人推帖的回复也会显示在你的时间轴中，丰富你可能还处于“赤贫状态”的时间轴。当他们反过来回复你的推帖时，你就会顺利出现在他们的时间轴中，你的名字便有了展现在他们的粉丝面前的机会，这是获得额外粉丝的简便方法之一。

第7天　着手吸引粉丝大户

截至目前，你已经拥有了少量粉丝。其中，有些是你所关心的话题的权威推客，他们正是你在阅读推帖的时候发现的，其他人则是你在网站上找到的熟人。

今天努力把那些拥有大量粉丝的推客变为自己的粉丝。然后，用 Twellow 找出不同领域里的活跃分子，关注他们，并在对他们的回复中加入既有趣又有价值的信息。

第8天　添加更多的粉丝

推客达人，即那些定期发布推帖并拥有众多粉丝的人，就像网络中的节点。这一特点让他们成为你的最佳起点：每当他们回复你的推帖时，你的名字就会在他的交际圈中传播开来。但是，你也可以主动加入他的交际圈。

今天研究粉丝名单中的每一个人。关注他们，回复他们的推帖，并观察他们中有多少人也反过来关注你。

第9天　提问题

至此，你的粉丝名单应该已经足够长了，可以开始利用这份名单了。

试着从你的粉丝身上获取信息。

提一个想问的问题，看是否能够得到回应。

问题本身并不是今天的重点，我只想让你了解一件 Twitter 可以帮助你做的事情。你会为粉丝的知识面之广而惊叹不已。

第10天　回答问题

你已经看到 Twitter 是多么的有用。现在，是时候让你认识到回答问题也是你应尽的义务。

如果你的某个粉丝问了一个你能够回答的问题，那正是你一展所长的好机会。但如果你的粉丝没有主动提出这样的问题，那就试着用搜索页面找到提过问题的人。关注他们，然后回答他们的问题。他们可能会感到惊讶，但是这类随机遇到的人正是 Twitter 令人兴奋的真正原因之一。

第 11 天 享受乐趣

Twitter 也许是一个很有价值的市场营销工具，但同时也非常令人享受。享受 Twitter 才是你正确使用 Twitter 的征兆，并会吸引你一直使用下去。

今天的任务只是放松，享受乐趣。写一些能够让你开怀大笑、积极思考的推帖，并回复你认为有趣的推帖。不用想太多有关如何壮大粉丝队伍或娱乐粉丝的事情。

如果你开心，他们也会开心的。

第 12 天 寻找你的“狂热鼓吹者”

我们来换个方式。在你的粉丝中，有些人在你时间轴上的活跃程度要远高于其他人，他们不仅回复你的推帖，还给你发私密消息。他们正是你需要加以鼓励、努力取悦的人。

当然，可能还有些人被你忽略了，就是那些会在 Twitter 上提及你的网站或谈论你的产品的人。利用 Twitter 的搜索引擎生成一个主要“狂热鼓吹者”以及潜在推广人员的名单。

第 13 天 “狂热鼓吹者”卷轴

这个名单生成后马上就可以投入使用了。

关注你的“狂热鼓吹者”，并像往常一样回复他们的推帖，但是要表现出你对他们观点的重视，比如你可以就自己的产品向他们提出问题，也可以处理他们指出的问题，还可以向他们透露一些工作计划，让他们先睹为快。

这些人会在 Twitter 上推广你的品牌并不求任何回报，你一旦取悦了他们，在 Twitter 上便多了许多助力！

第 14 天 为顾客服务

尽管“狂热鼓吹者”能够为你带来诸多好处，你仍会发现 Twitter 上也不乏对你的服务不满意的人。今天，你就要解决那些负面评价。

搜索你的产品或公司的名称，向所有投诉的人道歉，并请求他们提出更多的建议。

第15天 发布带有链接的推帖

你应该每天都发布推帖，而且还得一天发布多次。因此，你很可能已经发布过带有短链接的推帖了，至少发布过一条。

今天，你要有意这么做，并监测结果。

选择自己网站上的某个页面，并对其过去一周的数据进行回顾。发布一条推帖，向大家推荐这个页面，同时附上该页面的链接。在推帖发布后，该页面访问量的变化可能很小，但要关注广告的点击量以及页面左侧的评论的变化。你可能还会发现你的Twitter浏览量虽小，影响却大，而且大很多。

第16天 发布讨论类推帖

跟昨天一样，今天我们要观察讨论类推帖会带来什么影响。就某问题发表自己的观点，然后询问粉丝的想法。

尽管这不会对你的网站产生任何影响，但却能展现出你的粉丝的活跃程度以及他们为你的时间轴做贡献的渴望程度。

第17天 发布行动类推帖

带有链接的推帖就是行动类推帖的一种，它之所以算作行动类推帖，是因为它在鼓励粉丝点击你推荐的网站。但事实上，这类帖子可以在Twitter上产生更有影响力的结果。

今天，你就能够看到这些结果。

鼓励你的粉丝采取行动往往能创造出有价值的东西。比如，你可以在推帖中推荐一个产品，并将产品的链接包含在其中，也可以邀请大家成为你的邮箱联系人。

不要对这一步抱太大期望，因为目前你仍在初期阶段，但确实没有什么比看到粉丝为你赚钱更令人振奋了。

第18天 整合推帖

经过这些天，你已经尝试了不同类型的推帖，对结果应该也很满意。今天，你可以试着创作系列推帖来号召人们采取行动。

首先要明确你希望粉丝在看到系列推帖后采取的行动。然后，使用TweetLater创作时间跨度为一天的系列推帖，来引导粉丝采取这个行动。

第 19 天　尝试不同的序列

今天，你可以重复昨天做的事情，但要通过改变推帖的先后顺序来改变结果。如此一来，你就可以对不同顺序的系列推帖进行对比，看哪种顺序产生的结果更好。

你将花费大量时间来测试推帖的内容及发布顺序，这正是你实践的绝好机会！

第 20 天　享受乐趣

在过去的两天里你已经让你的粉丝十分疲惫了，因此今天要适当收敛一些。今天的工作就是发布推帖，参与讨论，阅读他人的时间轴，同时寻找新的关注对象。

今天是你粉丝的休息日，也是你的休息日！

第 21 天　进行 Twitter 之外的市场营销

截至目前，你的时间轴应该进展得不错。你拥有的活跃粉丝的数量应该不少（记住，只要粉丝数量达到 100 名，你的成绩就比 96%的推客更优秀了），也已经尝到鼓励粉丝采取行动的甜头了。

今天，你可以通过一些 Twitter 之外的市场营销活动来进一步扩大粉丝队伍。在 TwitThis 网站上注册，把该网站的标识添加到你的博文之中。在你的网站上添加 Twitter 的标识，并确保你用于邮箱和论坛的签名都含有你的 Twitter 的 URL 地址。

此外，不要忘记追踪相关数据，以便观察这个方法的效果。

第 22 天　整合你的社会化媒体工具

今天要做更多 Twitter 之外的市场营销活动，但是这次将借助其他社会化媒体工具的力量。

如果你正在使用 Facebook，那么此刻应在你的账户中加入 Twitter 应用程序。这样一来，你的 Twitter 推帖就会同步出现在你的 Facebook 页面上。在其他社会化媒体账户上提及自己的时间轴，可以让更多人了解你的所作所为，并吸引他们访问你的 Twitter 时间轴。

第 23 天　鼓励粉丝购买促销商品

现在，我们将开始提升一个层次。你已经完成了基础工作并看到了相应的结果，下面让我们做一些稍微复杂一些的事情吧。在以后的几天里，你要鼓励粉丝采取更有价值、也更为复杂的行动。

首先，鼓励你的粉丝购买某些促销商品。你可以推荐自己的商品并给大家提供优惠折扣，也可以与某家零售商合作，允许你以更低的价格将商品卖给粉丝。

可以在粉丝采取行动之前发布系列推帖作为铺垫，也可以直入主题看看情况如何。无论选择哪种方法，都一定要记录结果。

第24天 推动粉丝访问博客

劝说人们购物总是有点棘手。因此，我们可以尝试更简单的做法：链接到你的博客。

不要模仿 Twitterfeed 的风格，只是发布一些标题；应当相当正式地宣布你有新博文上传，并邀请人们前去评论。观察一下，当你真正推动粉丝访问你的博客时，会产生什么结果。

第25天 推动粉丝订阅博客更新

延续昨天的目标，今天的任务是把粉丝变成 RSS 博客更新的订阅人。

为此，你可以尝试把你在博客上进行的讨论放到 Twitter 上进行。询问粉丝对你的博文有何看法。经过一天的讨论之后，晚些时候就可以敦促他们订阅你的博客。

第26天 推动粉丝购买正价商品

今天要做一件大事。说服粉丝购买特价商品相对比较简单。你应当已经让他们感觉到自己是你的专属会所中的一员，对于他们的关注你也做出了相应的回报。大胆邀请他们去购买商品，同时你也要多做些努力。

针对想要出售的产品或合作方的产品，制作一个系列推帖，在这个系列推帖的结尾呼吁粉丝采取行动，并追踪结果。无论商品成功出售与否，你都能获得一条基准线，用于与今后的促销活动进行比较。

第27天 享受乐趣

经过上述一番努力之后，是时候再休息一天了，这样才能让你的粉丝感到你在乎的是他们，而不是他们的钱包。

第28天 创建第二个时间轴

当你的时间轴顺利发展时，创建第二个 Twitter 账户的时机就成熟了。并不是每个人都需要两个账户，但是，多一个时间轴有助于你为不同的产品树立各自独立的品牌。

甚至可以把第二个时间轴专门用于自动发布推帖。

第 29 天　为新的时间轴寻找粉丝

今天专门用于为新的时间轴寻找粉丝。为此付出多少努力取决于你创建第二个时间轴的目的，也许工作量不会太大。如果它只是在 Twitterfeed 支持下自动发布推帖，只要将创建第二个时间轴的消息告诉第一个时间轴上的粉丝就足够了。

第 30 天　享受乐趣

终于到了 Twitter 速成培训的最后一天了。我们结束这次速成培训的方式也是你今后应该坚持的方式：享受 Twitter，享受发布推帖、回复推帖、与日渐增加的粉丝聊天的全过程。

第 14 章

Twitter 达人

从某种程度上，可以将 Twitter 看作是某种广播频道，就像其他的频道一样，Twitter 上也有自己的明星播音员。@barackobama 曾一度是粉丝最多的 Twitter 账户，但巴拉克·奥巴马总统的竞选团队只是利用它与粉丝进行单方面的交流。我很遗憾地说，在整个竞选过程中，这个账户未曾发布过真正的推帖。

但也有拥有成千上万粉丝的用户真的在使用 Twitter 与其他的成员建立联系并相互联络。这些用户中也有许多演艺界人士、体育界名人、商界领袖以及各行各业的权威人士，等等。本章内容将聚焦少数几位著名的“微生物”，用目前微博上的流行语来说，他们可称得上是 Twitter 一族的“领袖”。

Robert Scoble（@scobleizer）

自诩为“痴迷于科技的博主”的罗伯特是一位科技爱好者，也是一位视频博客的“狂热鼓吹者”。他写给 *Fast Company* 杂志的多篇专稿中都提到了新技术改变网络的方式。罗伯特的大部分推帖用于回复粉丝。对社会化媒体他也有许多新鲜的观点，并频繁发表对 FriendFeed、Facebook、谷歌、Qik 以及 Flickr 网站的看法。罗伯特平均每天发布 24 条推帖。如果你的推帖既有吸引力又切题，他就很可能会与你交流。想关注他，可访问网址 twitter.com/scobleizer 或他的网站 Scobleizer.com。

Gary Vaynerchuk（@garyvee）

加里从 2007 年开始使用 Twitter，2008 年他已成为了 Twitter 上的“摇滚明星”，是社会化媒体及网络造星运动中的典型范例。简单地说，加里对品酒甚为痴迷。更具体地说，他坚信品酒文化已经远离了普通的美国民众。他觉得这是种耻辱，因为没有任何理由可以阻止符合法定年龄的人去享受品酒的过程。他的网络品酒节目 WineLibrary.tv 中发布了许多贴近生活的品酒体验，因成功塑造了积极健康、幽默风趣的氛围，而深入人心。凭借其不拘一格的风格与睿智不凡的观点，加里也获得了主流媒体的青睐，在多个电视节目中均出现了他的身影，如 *Conan*、*Ellen*、*Nightline* 等。他每天平均要发布 10 条推帖，读者可以在 Twitter 上关注他(twitter.com/garyvee)，或访问他的个人网站 WineLibrary.tv。

Peter Shankman（@skydiver）

除了新闻发布会以外，宣传方法还有很多。在这方面没有人比彼得更为在行了。彼得是纽约 Geek Factory 公司的首席执行官。该公司以精品店推广和公共关系策划为主营业务，彼得本人则以擅长为顾客炒作以博取媒体注意而声名远播。因曾与一些全球知名企业有过合作，彼得常获邀以学者身份参加美国多个主要新闻频道的节目。他每日以电子邮件的方式发布三份简报，名为 Help a Reporter Online，这一成就为他赢得了更多关注。这份免费的电子简报用他独有的新闻资源把许多记者联系在一起。截至本书完成时，彼得已有三万六千多名会员，他正以草根式的努力在常人最不可能出现的领域建立自己的人脉网。6 条推帖是他平均每天的发帖量，你不妨对他多加关注，机会出现时才能准确把握。他认为自己是个惯于寻找多动症兴奋点的人，你可以去 twitter.com/skydiver 或访问网站 Shankman.com 以了解彼得最新的惊人之举。

Kevin Rose（@kevinrose）

Digg.com 已经成为全世界最著名、最具影响力的社会化书签网站之一。作为该网站创始人兼设计师，凯文·罗斯已经成为社会化媒体界的名人，并全身心投入到聚光灯下。凯文的合作伙伴阿力克斯·阿尔布雷克特也非常出色，每周两人共同为众多忠实观众奉献一档名为 *Diggnation* 的网络节目。在 Twitter 上，凯文拥有成千上万名粉丝，但他的关注对象显然没有这么多。不管怎样，他基本每天都会通过 iPhone 发布 7 条推帖。他经常讨论的领域是科技与攀岩。去 Twitter.com/keveinrose 关注他或是访问他的网站 KevinRose.com。

Guy Kawasaki（@guykawasaki）

盖伊·川崎是一名科学技术的狂热爱好者，也是一家老牌风险投资公司的常务董事，同时闻名于科技界与经济界。他先后毕业于斯坦福大学和加利福尼亚州立大学洛杉矶分校，因其在苹果公司的工作经历及多部著作而名声大噪。他在 Twitter 上极为活跃，平均每天发布 30 条推帖。为了推广其最新投资的 AllTop.com 网站（以当下热点话题为主要内容的网络杂志），他发布的推帖中除了对粉丝的回复外，还包含各种有关 AllTop 网站的文章。可以在 twitter.com/guykawasaki 上关注他，也可以访问他的网站 GuyKawasaki.com。

Michael Arrington（@techcrunch）

迈克尔是博客网站 TechCrunch.com 的创始人，该网站致力于"集中介绍、评论互联网界的新产品和新企业"。迈克尔同时也是一名活跃的 Twitter 用户，因发布科技类推帖而为人所熟知。他平均每天的发帖量为 13 条，主题从微软、谷歌到 Windows Mobile 手机系统、MySpace，无所不包。如果你希望了解当下最新的科技动态，他是个不错的关注对象。可以去 twitter.com/techcrunch 关注他，或访问他的网站 TechCrunch.com。

Wil Wheaton（@wilw）

威尔·惠顿最为人熟知的是他主演的电影《伴我同行》以及他在美剧《星际迷航之下一代》中扮演的韦斯利少尉一角。他在自己的 Twitter 个人资料中写道："你知道吗？我就是个普通人。"威尔从不会随意关注其他人，他自诩为怪人、自由论者，并把 Twitter 当作分享个人观点的平台。他平均每天发布 7 条推帖，内容大多是自己的生活素描，而非宣传某个特定的项目，也与当下热点新闻无关。他常通过 Twitter 陈述自己当前的活动，这恰恰符合 Twitter 创建的初衷。可以访问他的网站 wilwheaton.typepad.com，也可以去 twitter.com/wilw 关注他。

Chris Brogan（@chrisbrogan）

克里斯的职业是社会化媒体顾问，他通过技术革新帮助企业与个人实现他们的目标。克里斯在 Twitter 上非常活跃，定期与自己的粉丝进行交流与互动。他平均每天发布的推帖多达 35 条，其中有科技评论，也涵盖了许多日常话题。对于像克里斯这样的专家级推客来说，这二者是一体的。在 Twitter 上讨论的话题没有所谓的开始与结束——这是一个不断延续的过程。要关注他，可以去 twitter.com/chrisbrogan 或访问他的网站 ChrisBrogan.com。

Shaquille O'Neal（@The_Real_Shaq）

篮球界的超级明星沙克·奥尼尔自 2008 年 11 月在 Twitter 上注册以来，一直以每天 9 条推帖的速度发布推帖。传说仅仅 30 天，这位篮球界的传奇人物就已跻身 Twitter 排行榜前列，拥有近两万名粉丝。尽管他是第一位承认自己打字水平不及格的明星，但他很乐于分享自己当前的想法和活动。从评论菲尼克斯太阳队目前的状态到告诉我们他刚刚看完电影《惩罚者》的影碟，显然沙克为自己的生活中有了 Twitter 这项新技术而兴奋不已。投篮，得分！多么激动人心的场景！如果喜欢这项运动，你不妨去 twitter.com/The_Real_Shaq 关注他。

Justine Ezarik（@ijustine）

来自洛杉矶的贾斯汀将女性特有的美感及其丰富的因特网知识带入了社会化媒体。她创作视频和推帖的目的除了娱乐还是娱乐。她自称是苹果电脑用户、博主以及网民，并在网络上展现出一种“你看到的就是你体验到的”真实感。她每天发布的 8 条推帖，就像是这个过于严肃的世界里的一缕新鲜空气。去 twitter.com/ijustine 关注她，或访问她的博客 TastyBlogSnack.com，那会让你心旷神怡。

Rick Warren（@rickwarren）

里克是加利福尼亚州 Lake Forest 市 Saddleback 教堂的牧师。那是座规模宏伟的大教堂，每周会有一万五千多名教友到这里出席各种仪式。他还是畅销书《标杆人生》（*The Purpose-Driven Life*）的作者以及上百万人的导师。里克的时间轴似乎更强调其个人形象，他看上去很随意，容易接触，在背景图案的衬托下更显得和蔼可亲，更重要的是，他的推帖扩大了他著作中包含的智慧的影响范围。在 Twitter 上，他引用《圣经》中的名言描述他的信仰，与粉丝深入交流，激励他人。从粉丝的角度来讲，这些推帖绝对是他们 Twitter 页面的有益补充。进入 twitter.com/RickWarren，你就可以看到这些推帖，他的网站是www.purposedriven.com。

Carrie Wilkerson（@barefoot_exec）

卡丽是 SOHO 一族（尤其是女性朋友）的顾问和策略师。她引导新兴的小创业者克服经营中遇到的各种困难，涵盖的范围从处理组织机构中的细节和文案工作，到发现机遇并把机遇转化为收益。她的推帖中包含大量的实用信息，还有各种奇思妙想，当然最重要的是提供了任何成功创业所需的创新精神和无穷活力。你可以在 twitter.com/barefoot_exec 以及她的博客 blogbarefoot.com 上阅读她绝妙的文字。

Pete Cashmore（@mashable）

皮特·凯什摩尔是位列博客网站排行榜前 20 位的社会化网站 Mashable 的创始人。皮特本人就是通过树立个人品牌为企业成功提供助力的最佳范例。查看他的时间轴，你会发现他发布推帖的方法很特别。在他的时间轴中，你找不到太多有关私人话题的推帖。反之，他会经常转发或者说介绍一些在他的网站上很受欢迎的文章，以及网络上其他与社会媒体相关的文章。其中，有些推帖只是选取文章的标题，有些会加入带有明显个人风格的评论。仅仅如此，这些推帖就已为他吸引到上百万名粉丝。他在 Twitter 上的用户名使用的是他网站的名称，如果对他有兴趣，就去 twitter.com/mashable 或者 www.mashable.com 看看吧。

Ashton Kutcher（@aplusk）

明星使用 Twitter 的方法各有不同。有些人仅仅将 Twitter 作为其产品或活动的公共关系渠道。聪明人则会通过 Twitter 直接与粉丝建立联系。这样，他们就能成功跳过那些八卦的娱乐小报，不用应付无聊的采访就可以与粉丝进行互动，让粉丝了解自己的最新消息。据说，已经有明星成功凭借庞大的粉丝队伍，迫使某些八卦的娱乐专栏作家为其恶意中伤的报道道歉。演员、明星、黛米·摩尔的丈夫，身兼数重身份的艾什顿·库奇使用 Twitter 的理由最正当：因为喜欢。他发布的推帖内容都与他支持的事业、他的兴趣以及他的生活息息相关。他也会与粉丝展开互动，回复他们的推帖。不仅如此，他更是一个 Twitter 的狂热鼓吹者，他曾与美国有线电视新网 CNN 比赛，看谁的粉丝率先突破一百万。这场史无前例的竞赛不仅为他的网站带来了巨大知名度，同时也从一定程度上凸显了传统主流媒体的劣势。访问 twitter.com/aplusk，成为他百万粉丝大军中的一员吧。

谢家华（@Zappos）

谢家华是知名网上商城 Zappos 的首席执行官。该商城于 2009 年被亚马逊以将近十亿美元的价格收购。对那些乐于分享思想或经历的成功人士，企业家与商界人士又怎能轻易错过与之亲密交流的机会？谢家华使用 Twitter 已有一段时间，他熟谙 Twitter 的使用秘诀，清楚知道采用何种策略可以创造出一个吸引人的时间轴。他旁征博引，分享公司的近况，也不时把人们带进他的个人生活，这其中以后者最为重要。你可以在 twitter.com/zappos 上阅读这位身价十亿的首席执行官的推帖。

结　论

Twitter 实在是令人惊叹。它的创意本身简单得难以置信，但给人们带来的收益与欢乐却足以用“不可思议”来形容。它令人着迷，乐趣无穷，而且效果非常显著。

对于网民来说，Twitter 是绝佳的交流工具。对于网络出版人来说，再没有其他工具可以让读者、顾客与自己如此贴近了。而在商业用户看来，它更是功能强大的品牌推广利器。

在本书中，我已经为大家介绍了一些运用 Twitter 进行网络营销的方式。

首先，我将 Twitter 放到大环境中去。Twitter 只是网络上众多微博工具的一种（尽管是到目前为止最成功的一种），它也只是令网络及出版界发生天翻地覆变化的社会化媒体现象的一部分。

现如今，任何人只要拥有一台电脑并有网络连接就可以同世界上数百万的人讲话。了解这一点对于认清 Twitter 及其他社会化媒体工具的用途来说至关重要。

宣传的力量掌握在你的手中——而且，从宣传中获取利益的力量也同样掌握在你的手中。

对于 Twitter 而言更是如此。很多推客都是拥有高收入、高学历的专业人士。当你向粉丝发送推帖时，你完全可以肯定自己的读者群是一个很有价值的市场。而且，这个群体还可以为你提供各种有用的信息与人际关系。

因此，正确起步很重要：要为自己选择一个简单好记的用户名，在个人简介中详细介绍自己，用背景图案树立品牌并指引充满好奇的新粉丝去访问你的商业类网站。上述内容在前文已有详细介绍，此处不再赘言。

我还介绍了如何在 Twitter 上建立粉丝队伍，如何在粉丝的数量与质量间寻求平衡。

但是，要想保持粉丝队伍不断扩大，还得依靠恰当的推帖：短小精悍，既有娱乐性、趣味性又能提供有用信息，既遵循推帖礼仪又能鼓励粉丝采取行动。

然而，劝说粉丝采取行动并不是你唯一可以做的事。推客是宝贵创意与反馈意见的源泉，同时，Twitter 网站本身还可以作为一个非常有用的交流工具。至于如何才能最大限度地利用 Twitter 的这两个特性，前文也已有详细阐述。

接下来，我还为大家介绍了大型企业是如何使用 Twitter 来树立品牌的，并重点回顾了几个用于传递品牌信息的策略。

我也详细阐述了如何利用组合推帖来鼓励粉丝采取特定行动，介绍了几个能够拓展 Twitter 功能的重要工具，并讲解了如何在 Twitter 提供的基础平台上制定强有力的解决方案。

最后，我为你提供了一份三十天的日程表，希望能使你迅速熟悉并熟练使用 Twitter。

本书提及的每个方法都可以帮助大家建立自己的粉丝名单，然后利用 Twitter 宣传产品、公司或网站。

结果当然令人振奋。但也许 Twitter 本身最令人惊叹的是，阅读、编写 140 个字符的推帖竟能给人带来如此多的乐趣。很少有营销工具能像它一样在重拳出击的同时给使用者本身带来无穷的乐趣。

因此，如果在读完本书后，你决定只采用一种 Twitter 战略，那么请选择：

尽情享受这个过程吧！

若你现在真切地感受到了 Twitter 给你带来的乐趣，那就说明——你做对了。

版权声明

站在巨人的肩上

Standing on Shoulders of Giants

图灵教育

www.ituring.com.cn

站在巨人的肩上

Standing on Shoulders of Giants

图灵教育

www.ituring.com.cn